BIBLIOTHÈQUE LITTÉRAIRE.

ALEXANDRE DUMAS
ŒUVRES COMPLÈTES.

ISABEL
DE BAVIÈRE

II

PARIS
MICHEL LÉVY FRÈRES, LIBRAIRES-ÉDITEURS
DES ŒUVRES COMPLÈTES D'ALEXANDRE DUMAS
de la Bibliothèque dramatique et du Théâtre de Victor Hugo,
Rue Vivienne, 1.
1848

ŒUVRES COMPLÈTES
D'ALEXANDRE DUMAS

CHEZ LES MÊMES ÉDITEURS.

THÉATRE COMPLET DE VICTOR HUGO, un beau vol. grand in-8, orné du portrait de Victor Hugo et de six gravures sur acier, d'après les dessins de MM. Raffet, L. Boulanger, J. David, etc.—Prix : 8 fr. Chaque pièce se vend séparément 75 cent. — Hernani. — Marion Delorme. — Le Roi s'amuse. — Lucrèce Borgia. — Marie Tudor. — Angelo. — Ruy Blas. — Les Burgraves. — La Esméralda.

LE FAUST DE GOETHE, traduction revue et complète, précédée d'un Essai sur Goethe, par Henri Blaze, édition illustrée de 10 vignettes, par Tony Johannot, gravées sur acier par Langlois et tirées sur papier de Chine. Un volume grand in-8. — Prix : 12 francs, publié en 40 livraisons à 30 centimes.

LES JÉSUITES, depuis leur origine jusqu'à nos jours, histoire, types, mœurs, mystères, par A. Arnould, illustrés de 20 gravures sur acier et de 100 gravures sur bois, d'après les dessins de MM. Tony Johannot, J. David, E. Giraud, Janet-Lange, E. Lorsay, Hadamard, Frère et Dupuis, 2 volumes grand in-8. — Prix : 20 francs, publiés en 67 livraisons à 30 centimes.

Paris. — Imp. Lacrampe fils et Comp., rue Damiette, 2.

ISABEL
DE BAVIÈRE

PAR

ALEXANDRE DUMAS

II

PARIS

MICHEL LÉVY FRÈRES, LIBRAIRES-ÉDITEURS

des Œuvres complètes d'Alexandre Dumas,

DE LA BIBLIOTHÈQUE DRAMATIQUE ET DU THÉATRE DE VICTOR HUGO,

Rue Vivienne, 1.

1848

ISABEL DE BAVIÈRE.

I.

Six mois environ s'étaient passés depuis la scène que nous avons essayé de décrire dans le chapitre précédent; la nuit s'abaissait sur la grande cité, et du haut de la porte Saint-Germain, on voyait lentement et tour à tour, selon qu'ils étaient plus ou moins éloignés, s'effacer dans la brume les clochers et les tours dont se hérissait le Paris de 1417. Ce furent d'abord les clochetons aigus du Temple et de Saint-Martin, qui, vers le nord, se confondirent avec l'ombre accourant rapide et épaisse comme une marée; bientôt elle atteignit et enveloppa les aiguilles aiguës et dentelées de Saint-Gilles et Saint-Luc, qui de loin semblaient au milieu du crépuscule deux géans prêts à lutter, gagna Saint-Jacques-la-

Boucherie, qui n'apparut plus dans la brume que parce qu'il y traçait une ligne verticale plus foncée, puis se joignit au brouillard qui se levait de la Seine, et qu'un vent bas et pluvieux enlevait par immenses flocons ; l'œil put distinguer encore un instant, à travers un voile de vapeur, le vieux Louvre et sa colonnade de tours, Notre-Dame la métropolitaine et le clocher élancé de la Sainte-Chapelle ; puis, comme un cheval de course, l'ombre s'élança sur l'Université, enveloppa Sainte-Geneviève, gagna la Sorbonne, tourbillonna sur les toits des maisons, s'abaissa dans les rues, dépassa le rempart, se répandit dans la plaine, alla effacer à l'horizon la ligne rougeâtre que le soleil avait laissée, comme un dernier adieu à la terre, et sur laquelle quelques minutes auparavant se détachait encore la silhouette noire des trois clochers de l'abbaye Saint-Germain-des-Prés.

Cependant, sur la ligne de remparts qui étreint comme une ceinture le colosse endormi, on distingue de cent pas en cent pas des gardes chargés de veiller à sa sûreté : le bruit mesuré et monotone de leur marche ressemble, si nous poursuivons la comparaison, à la pulsation du pouls qui annonce que la vie est là, quoiqu'elle revête un instant l'apparence de la mort ; de temps en temps le cri de *Sentinelles, veillez !* part d'un point, et comme un écho parcourt de jalons en jalons toute cette ligne circulaire, pour revenir s'éteindre à l'endroit d'où il est parti.

Sous l'ombre projetée par la porte Saint-Germain, dont la masse carrée s'élève au-dessus des remparts, une de ces sentinelles se promène plus triste et plus silencieuse que les autres. A son accoutrement demi-militaire, demi-bourgeois, il est facile de deviner que, quoique momentanément celui qui le porte remplisse les fonctions d'un soldat, il appartient à cette corporation d'ouvriers, qui, par l'ordre du connétable d'Armagnac, a fourni cinq cents hommes pour la garde de la ville; de temps en temps il s'arrête, s'appuie sur la pertuisane dont il est armé, fixe un regard vague sur un point de l'espace, puis avec un soupir reprend la marche circonscrite d'un factionnaire nocturne.

Tout-à-coup son attention fut attirée par la voix d'un homme qui, du chemin qui bordait les fossés extérieurs, demandait l'ouverture de la porte Saint-Germain; l'individu attardé paraissait compter sur la complaisance du gardien, qui seul pouvait, passé neuf heures du soir, en permettre l'entrée, et sous sa responsabilité personnelle. Il faut croire qu'il ne s'était pas trompé sur l'influence qu'il se flattait d'exercer, car le jeune factionnaire eut à peine entendu sa voix, qu'il descendit le talus que le rempart formait intérieurement, et alla frapper à une petite fenêtre que dénonçait la clarté d'une lampe, en criant assez haut pour être entendu de l'intérieur :

— Mon père, levez-vous vite, et allez ouvrir la porte à messire Juvénal des Ursins.

La lampe annonça par ses mouvemens que ces paroles avaient été entendues; un vieillard sortit de la maison, une lanterne d'une main et un trousseau de clefs de l'autre, et s'avança, accompagné du jeune homme qui l'avait appelé, sous la voûte formée par la porte massive.

Cependant, avant de mettre la clef dans la serrure, et comme si l'assurance donnée par son fils n'était pas suffisante, il s'adressa à l'individu qu'on entendait marcher en frappant du pied de l'autre côté de la herse.

— Qui êtes-vous? demanda-t-il.

— Ouvrez, maître Leclerc; je suis Jean Juvénal des Ursins, conseiller au parlement de notre sire le roi. Je me suis attardé chez le prieur de l'abbaye Saint-Germain-des-Prés, et comme nous sommes de vieilles connaissances, j'ai compté sur vous.

— Oui, oui, murmura Leclerc, aussi vieilles connaissances que peuvent l'être un vieillard et un enfant. C'était votre père, jeune homme, qui pouvait parler ainsi, car nous sommes nés tous deux dans la ville de Troyes en 1340, et une connaissance de soixante-huit ans méritait mieux que la nôtre le titre que vous lui donnez.

En disant ces paroles, le gardien faisait tourner deux fois la clef dans la serrure, fixait dans une position perpendiculaire la barre de fer horizontale qui fermait la porte, et de ses deux mains poussant l'un, tirant l'autre, entrebâillait les battans massifs, qui donnèrent à l'instant passage à un jeune homme de vingt-six à vingt-huit ans.

— Merci, maître Leclerc, dit-il en frappant sur l'épaule du vieillard avec un geste mêlé d'affection et de respect; merci, et comptez sur moi dans l'occasion, comme j'ai compté sur vous.

— Messire Juvénal, dit le jeune factionnaire, puis-je réclamer ma part dans cette promesse, comme j'ai eu ma part dans le service que mon père vient de vous rendre? car, sans moi, qui l'ai prévenu, vous eussiez couru grand risque de passer la nuit de l'autre côté des murailles.

— Ah! c'est toi, Perrinet! et que fais-tu dans cet accoutrement, à cette heure de la nuit?

— Je monte la garde par l'ordre de monsieur le connétable, et comme j'étais libre de choisir l'endroit de ma faction, je suis venu demander à dîner à mon vieux père...

— Et il a été le bienvenu, ajouta le vieillard ; car c'est un digne garçon qui craint Dieu, respecte le roi, et aime ses parens.

Le vieux Leclerc tendit à son fils une main ridée et tremblante. Celui-ci la serra dans les siennes ; Juvénal prit l'autre.

— Je vous remercie une seconde fois, mon vieil ami ; ne restez pas plus longtemps dehors ; j'espère qu'un second importun ne viendra pas mettre votre complaisance à l'épreuve.

— Et il aura raison, messire des Ursins ; car, fût-ce notre seigneur le dauphin Charles, que Dieu conserve, je crois que je ne ferais pas pour lui ce que j'ai fait pour vous. C'est une grande responsabilité, dans ces temps de troubles, que la garde des clefs d'une ville. Aussi, quand je veille, elles ne quittent pas ma ceinture, et, quand je dors, mon chevet.

Après avoir donné à sa louange cette preuve de vigilance, le vieillard secoua une dernière fois les deux mains qu'il tenait, ramassa la lanterne qu'il avait posée à terre, et reprit le chemin de sa maison, laissant les jeunes gens seuls.

— Que voulais-tu me demander, Perrinet ? reprit Juvénal en s'appuyant sur le bras du jeune vendeur de fer que nous avons introduit en scène dans le chapitre précédent, et que nous retrouvons ici.

— Des nouvelles, messire ; vous qui êtes maître des requêtes et conseiller, vous devez savoir tout ce qui se passe, et je suis bien inquiet, car on dit que de grandes choses sont arrivées du côté de Tours, où est la reine.

— Vraiment, dit Juvénal, tu ne pouvais mieux t'adresser, et je vais t'en raconter de toutes fraîches.

— Remontons, si vous voulez bien, sur le rempart ; le connétable fera probablement sa ronde de nuit, et s'il ne me trouvait pas à mon poste, mon vieux père pourrait perdre sa place, et moi gagner quelques coups de ceinturon sur les reins.

Juvénal s'appuya familièrement sur le bras de Perrinet, et tous deux reparurent sur la plate-forme déserte un instant.

— Voici comme les choses se sont passées, reprit Juvénal. (Son auditeur paraissait lui prêter la plus vive attention.) Tu sais que la reine était prisonnière à Tours, sous la garde de Dupuy, le plus soupçonneux et le moins aimable des geôliers. Cependant, malgré sa vigilance, la reine avait trouvé moyen d'écrire au duc de Bourgogne et de réclamer son secours. Celui-ci comprit bien vite quelle puissante alliée lui serait Isabel de Bavière, puisque, aux yeux de beaucoup, sa rébellion contre le roi devenait dès lors une protection chevaleresque accordée à une femme.

Comme on n'observait pas aussi soigneusement Madame et la duchesse de Bavière que la reine, cette dernière avait, par leur moyen, des nouvelles du duc, et lorsqu'elle apprit qu'il avait mis le siége devant Corbeil et que ses gens avaient pénétré jusqu'à Chartres, elle ne désespéra pas de se sauver.

En conséquence, elle feignit une dévotion profonde à l'abbaye de Marmoutiers, et elle engagea Madame à prier Dupuy de permettre que les princesses et leurs femmes y allassent à la messe. Dupuy, tout brutal qu'il était, n'osa refuser à la fille de son roi une grâce qui ne lui parut d'aucune conséquence. La reine accoutuma insensiblement son geôlier à la voir aller faire ses dévotions à Marmoutiers. Elle parut ne plus remarquer l'insolence de cet homme : elle lui parla doucement. Dupuy, satisfait de voir plier devant sa volonté l'orgueil d'une reine, commença à s'humaniser. Il souffrit qu'elle allât à l'abbaye toutes les fois qu'elle le voulait, en prenant la précaution d'être toujours avec elle et de mettre sur la route des corps-de-garde de distance en distance, bien qu'il lui parût inutile de s'astreindre à tant d'exactitude, à cinquante lieues qu'il était de l'ennemi.

Mais la reine remarqua que ses gardes, convaincus de l'inutilité de leurs soins, faisaient leur service avec une extrême négligence, et que, si on les attaquait à l'improviste, on en aurait bon marché. Elle forma dès-lors le projet de se faire enlever à Marmoutiers par le duc de Bourgogne; elle lui manda, par un de ses serviteurs, toutes ces particularités. Il les goûta, et la reine, par un nouveau message, lui désigna le jour où elle devait se rendre à cette abbaye.

L'entreprise était hasardeuse; il fallait traverser cinquante lieues de pays sans être découvert. Si le duc de Bourgogne tentait ce coup de main avec peu de monde, Dupuy avait assez de gardes pour résister; s'il y allait à grande assemblée, il paraissait impossible qu'il ne fût pas averti, et alors il pouvait enlever la reine et la faire passer dans le Maine, le Berry ou l'Anjou. Le duc de Bourgogne ne se rebuta pas. Il comprenait trop que le seul moyen de soutenir son parti était de s'autoriser du nom d'Isabel, et il prit des mesures si justes, qu'il arriva à son but sans être découvert, et voici comment.

L'attention de Perrinet Leclerc parut redoubler.

— Il choisit dans son armée dix mille hommes de cheval, parmi les hommes les plus vaillans et les chevaux les plus robustes ; il fit repaître abondamment les uns et les autres, et la nuit du huitième jour du siége de Corbeil, il se mit à leur tête et prit le chemin de Tours. On marcha toute la nuit dans un profond silence, et l'on ne s'arrêta qu'une heure avant le jour pour faire manger les chevaux, puis on recommença à marcher quinze heures de suite, mais avec beaucoup plus de diligence que pendant la nuit. A la fin du jour on s'arrêta encore : on n'était qu'à six lieues de Tours. Cette armée avait jeté l'étonnement dans tous les lieux où elle avait passé ; on était surpris de son silence et de sa vitesse ; mais le matin du second jour, comme le duc de Bourgogne craignait, malgré les précautions qu'il avait prises, que les gardiens de la reine fussent prévenus, il arriva sur les huit heures du matin à Marmoutiers, entoura l'église, et ordonna au sire Hector de Saveuse d'y pénétrer avec soixante hommes. Lorsque Dupuy aperçut cette troupe qu'il reconnut pour bourguignonne, à la croix rouge qu'elle portait, il ordonna à la reine de le suivre, voulant la faire sortir par une petite porte latérale où son carrosse l'attendait, mais elle s'y refusa formellement. Il fit alors un signe aux deux autres gardiens, qui essayèrent de l'enlever de force ; mais elle se cramponna à la grille du chœur près duquel elle était agenouillée, passant son bras à travers les barreaux, et jurant sur le Christ qu'on la tuerait plutôt que de l'arracher de là. Les dames et princesses qui l'accompagnaient couraient çà et là, implorant du secours et criant à l'aide, si bien que le sire de Saveuse, voyant qu'il n'y avait pas à balancer, fit un signe de croix pour que Dieu, dans la maison duquel il se trouvait, lui pardonnât cette action, puis il tira son épée, et ses gardes en firent autant.

A cette vue, Laurent Dupuy comprit bien que tout était perdu pour lui; il se sauva par la petite porte, s'élança sur un cheval, et rentra bride abattue dans la ville de Tours; à laquelle il donna l'alarme, et qui se mit incontinent en défense.

Aussitôt qu'il fut disparu, le sire de Saveuse s'avança vers la reine, et la salua respectueusement au nom du duc de Bourgogne.

— Où est-il? demanda-t-elle.

— Devant le portail de l'église, où il vous attend.

La reine et les princesses s'avancèrent alors vers la porte d'entrée, au milieu d'une haie d'hommes qui criaient : « Vivent la reine et monseigneur le dauphin! » Le duc de Bourgogne, en l'apercevant, descendit de son cheval et mit un genou en terre.

— Mon très cher cousin, lui dit-elle en s'approchant gracieusement de lui et en le relevant, je dois vous aimer plus qu'aucun homme dans le royaume. Vous avez tout laissé pour vous rendre à mon mandement, et vous m'avez délivrée de ma prison. Soyez assuré que jamais je n'oublierai ces choses. Je vois bien que vous avez toujours aimé monseigneur le roi, sa famille, le royaume et la chose publique.

Et ce disant, elle lui donna sa main à baiser.

Le duc lui répondit quelques mots de respect, de dévouement, laissa près d'elle le sire de Saveuse et mille chevaux, et, avec le reste de son armée, s'avança rapidement vers Tours, avant que cette ville fût revenue de son étonnement. On ne lui fit aucune résistance, et pendant que la plupart de ses gens se glissaient par les endroits les plus bas, le duc fit son entrée par les portes, que les soldats de Dupuy avaient abandonnées. Ce malheureux fut lui-même au nombre des prisonniers, et servit d'exemple à la postérité, qu'on ne doit jamais manquer de respect aux têtes couronnées, en quelque extrémité qu'elles soient réduites.

— Que lui est-il arrivé? demanda Perrinet.
— Il fut pendu sur le midi, répondit Juvénal.
— Et la reine?
— Elle revint à Chartres, puis repartit pour Troyes en Champagne, où elle tient sa cour. Les états-généraux de Chartres, qui sont composés de ses créatures, l'ont déclarée régente, de sorte qu'elle a fait faire un sceau, où sont, d'un côté, les armes écartelées de France et de Bavière, et de l'autre, son portrait avec ces mots : *Isabel, par la grâce de Dieu, reine régente de France.*

Ces détails politiques paraissaient intéresser fort peu Perrinet Leclerc, tandis qu'au contraire il semblait désirer en connaître d'autres, qu'il hésitait à demander; enfin, après un instant de silence, et comme il vit que messire Juvénal s'apprêtait à prendre congé de lui, il lui demanda d'un ton qu'il essaya de rendre aussi indifférent que possible :

— Et dit-on qu'il soit arrivé quelque accident aux dames qui accompagnaient la reine?
— Aucun, répondit Juvénal.

Perrinet respira.

— En quel endroit de la ville la reine tient-elle sa cour?
— Au château.
— Une dernière question, messire. Vous qui êtes un savant, qui connaissez le latin, le grec et la géographie, dites-

moi, je vous prie, vers quel côté de l'horizon il faut que je me tourne pour regarder la ville de Troyes?

Juvénal s'orienta un moment, puis prenant de la main gauche la tête de Perrinet, il la tourna vers un point de l'espace qu'il indiquait en même temps de sa main droite.

— Tiens, lui dit-il, regarde entre les deux clochers de Saint-Yves et de la Sorbonne, un peu à gauche de la lune qui se lève derrière ce clocher : vois-tu une étoile plus brillante que les autres?

Perrinet fit signe qu'il la voyait.

— On la nomme Mercure. Eh bien ! en traçant une ligne verticale de l'endroit où elle te paraît suspendue jusqu'à la terre, cette ligne, vue d'ici, partagerait en deux la ville dont tu me demandes la position.

Perrinet laissa passer sans observation ce qui lui paraissait peu clair dans la démonstration astronomico-géométrique du jeune maître des requêtes, et ne s'attacha qu'à ce point, qu'en regardant un peu à gauche du clocher de la Sorbonne ses yeux seraient fixés vers l'endroit du monde où respirait Charlotte. Peu lui importait le reste : cet endroit n'était-il pas pour lui le monde tout entier?

Il remercia d'un geste Juvénal, qui s'éloigna gravement, enchanté d'avoir donné à son jeune compatriote cette preuve d'une science dont l'affectation était, avec la manie de vouloir persuader qu'il descendait de la famille Orsini *, le seul dé-

---

* Le père de Juvénal tirait son nom de l'hôtel des Ursins, que lui avait donné la ville de Paris, et sur le portique duquel étaient sculptés deux jeunes ours.

faut que l'on pût reprocher à cet impartial et sévère historien.

Perrinet était resté seul adossé contre un arbre, et quoique la partie de Paris qu'on nommait alors l'Université fût devant ses yeux, comme son esprit l'emportait au-delà, elle disparut complétement de sa pensée. Bientôt, comme si son regard eût percé réellement l'espace, il ne vit plus à l'horizon que la ville de Troyes, dans la ville que le vieux château, et dans le château qu'une chambre, celle qu'habitait Charlotte... encore s'ouvrait-elle pour lui comme ces décorations de théâtre, fermées de tous côtés, excepté de celui qui se trouve en face du spectateur, et là, dans cette chambre dont il se figurait la couleur de la tenture, la forme des meubles, libre des soins que lui imposait sa place près la reine, une jeune fille blonde et gracieuse, éclairant de ses vêtemens blancs l'appartement sombre qu'elle habite, comme ces anges de Martin et de Danby, qui, portant leur lumière en eux, illuminent de leurs rayons le chaos qu'ils traversent et sur lequel n'a pas encore lui le premier soleil.

A force de rassembler toutes les puissances de son esprit sur une seule pensée, cette apparition était devenue pour lui une réalité; et si son imagination lui eût présenté, au lieu de sa Charlotte calme et rêveuse, Charlotte courant quelque danger, certes il eût étendu les bras et se fût précipité en avant, croyant qu'il n'aurait eu qu'un pas à faire pour la protéger.

Perrinet était tellement absorbé dans cette contemplation, qui pourrait faire croire à ceux qui l'ont éprouvée qu'il existe dans certains momens et dans certaines organisations un don réel de la double vue, qu'il n'entendit point le bruit que fit en montant la rue du Paon une troupe d'hommes à cheval, qui un instant après déboucha à quelques pas de lui sur le rempart à la sûreté duquel il était chargé de veiller.

Celui qui commandait cette ronde nocturne fit signe à sa troupe de s'arrêter, et s'avança seul sur la muraille. Là sa vue chercha de tous côtés la sentinelle qui devait y être, et ses yeux s'arrêtèrent sur Perrinet, qui, dans la même position, continuant le même rêve, n'avait rien distingué de ce qui se passait autour de lui.

Le commandant de la petite troupe marcha alors vers cette ombre immobile, et enleva du bout de son épée le bonnet de feutre qui couvrait la tête de Leclerc.

La vision s'évanouit avec la rapidité d'un palais doré qui s'écroule et disparaît sous la secousse d'un tremblement de terre; une espèce de commotion électrique courut par tout son corps, et, par un mouvement instinctif, il écarta de sa pertuisane l'épée qui le menaçait, en criant :

— A moi, les écoliers !

— Tu n'es pas encore bien éveillé, jeune homme, ou tu rêves tout haut, dit le connétable d'Armagnac, tandis que la lame de son épée coupait comme un jonc la lance garnie de fer que Leclerc avait présentée à la visière de son casque, et dont le bout se ficha en terre en tombant.

Leclerc reconnut la voix du gouverneur de Paris, jeta le tronçon qui restait entre ses mains, croisa les bras sur sa poitrine, et attendit avec calme que le connétable fixât la punition qu'il savait avoir méritée.

— Ah ! messieurs les bourgeois, continua le comte d'Armagnac, on vous confie la garde de votre ville, et c'est ainsi que vous vous acquittez de votre devoir ! Holà ! mes maîtres, ajouta-t-il en se tournant vers sa troupe, qui fit un mouvement pour s'approcher de lui, trois hommes de bonne volonté !

Trois hommes sortirent des rangs.

— Que l'un de vous achève la faction de ce drôle, dit-il.

Un soldat descendit silencieusement de son cheval, en jeta la bride au bras de l'un de ses camarades, et alla prendre, sous l'ombre de la porte Saint-Germain, la place qu'y occupait Leclerc.

— Quant à vous, continua le connétable, en s'adressant aux deux autres soldats qui attendaient ses ordres, pied à terre, enfans, et comptez sur les épaules de ce truand vingt-cinq coups du fourreau de vos épées.

— Monseigneur, dit froidement Leclerc, c'est une punition de soldat, et je ne suis point un soldat.

— Faites ce que j'ai dit, ajouta le connétable en mettant le pied à l'étrier.

Leclerc marcha à lui et l'arrêta par le bras.

— Réfléchissez, monseigneur.

— J'ai dit vingt-cinq : pas un de plus, pas un de moins, reprit le connétable, et il se mit en selle.

— Monseigneur, dit Leclerc en se jetant à la bride du cheval, monseigneur, c'est une punition de serf et de vassal, et je ne suis ni l'un ni l'autre : je suis homme libre et bourgeois de la ville de Paris, ordonnez-moi quinze jours, un mois de prison, et je m'y rendrai.

— Vous verrez, dit le connétable, qu'il faudra choisir à ces misérables une punition selon leur goût ! Arrière !

A ce mot, il piqua son cheval, qui fit un bond en avant, et assénant sur la tête nue de Leclerc un coup de poing avec son gantelet de fer, il l'étendit aux pieds des deux soldats qui devaient être les exécuteurs de l'ordre qu'il venait de donner.

C'était toujours avec plaisir que de pareils commandemens étaient reçus par les gens de guerre, lorsque le patient était un bourgeois. Il y avait entre les soldats et les corporations une haine réelle que les rapprochemens politiques, qui de temps en temps s'opéraient entre eux, ne pouvaient parvenir à éteindre; aussi était-il bien rare que le soir un écolier et un soldat se rencontrassent dans une rue écartée sans que l'un jouât du bâton et l'autre de l'épée. Nous sommes forcés d'avouer que Perrinet Leclerc n'était point un de ceux qui, dans l'occasion, cédaient le haut du pavé pour éviter ces sortes de rencontres.

Ce fut donc une véritable bonne fortune pour les gens d'armes du connétable, que l'exécution dont les avait chargés leur maître, de sorte que, lorsque Perrinet roula à leurs pieds, ils se jetèrent tous deux sur lui, si bien qu'en revenant de son étourdissement, il se trouva nu jusqu'à la ceinture, les poings liés en croix au-dessus de sa tête, et attachés à une branche d'arbre, de manière à ce que la pointe de ses pieds seulement touchât la terre; puis les soldats détachèrent leurs épées du ceinturon, posèrent les lames sur le gazon, et avec le fourreau élastique et pliant, ils commencèrent à frapper, en alternant avec autant de flegme et de régularité que les bergers de Virgile.

Le troisième soldat s'était approché et comptait les coups.

Les premiers résonnèrent sur ce corps ferme et blanc sans qu'ils parussent produire aucune impression sur celui qui les recevait, quoiqu'à la lueur de la lune on pût distinguer les sillons bleuâtres qu'ils y traçaient; bientôt chaque fourreau, en se pliant comme un cerceau sur le dos meurtri, enleva avec lui une lanière de chair. Insensiblement le bruit des coups changea de nature : d'aigu et sifflant qu'il était d'abord, il devint sourd et mat, comme s'ils tombaient sur de la boue ; puis, vers la fin de l'exécution, les soldats furent obligés de ne plus frapper que d'une main, l'autre étant occupée à garantir leur visage de la rosée de sang et des parcelles de chair qui jaillissaient sous chaque volée.

Au vingt-cinquième coup, ils s'arrêtèrent, religieux observateurs de leur consigne. Le condamné n'avait pas jeté un cri, pas proféré une plainte.

Alors, comme c'était fini, un des hommes d'armes reprit son épée et la remit tranquillement dans le fourreau, tandis que l'autre, à l'aide de la sienne, coupait la corde entre la branche et les mains du patient.

Aussitôt que la corde fut coupée, Perrinet Leclerc, qui ne restait debout que soutenu par elle, tomba, mordit la terre et s'évanouit.

II.

Un mois après que ces choses s'étaient passées à Paris, de grands événemens politiques s'accomplissaient à l'entour de cette ville.

Jamais la monarchie française n'avait été menacée d'une ruine plus prochaine qu'en ce moment : trois partis déchiraient le royaume à belles dents, et c'était à qui en tirerait à lui les plus riches lambeaux.

Henri V, roi d'Angleterre, accompagné des ducs de Clarence et de Glocester ses frères, était, comme nous l'avons dit, débarqué à Touques, en Normandie ; il avait aussitôt attaqué le château de ce nom, qui, après quatre jours de combats, avait capitulé ; de là il était allé mettre un siège régulier devant Caen, que défendaient deux seigneurs de mérite et de nom, Lafayette et Montenais. Leur résistance opiniâtre ne servit qu'à faire prendre la ville d'assaut. Le souvenir récent des victoires d'Honfleur et d'Azincourt, se mêlant au bruit de ces nouveaux triomphes, la consternation se répandit dans la Normandie ; plus de cent mille personnes émigrèrent et se sauvèrent en Bretagne, si bien que le roi d'Angleterre n'eut besoin, pour conquérir Harcourt, Beaumont-le-Roger, Évreux, Falaise, Bayeux, Lisieux, Coutances, Saint-Lô, Avranches, Argentan et Alençon, que de se montrer devant ces villes, ou d'y envoyer des détachemens. Cherbourg seul, défendu par Jean d'Angennes, l'arrêta plus de temps devant ses murs que ne l'avaient fait ensemble toutes les villes que nous avons nommées ; mais cette place se rendit enfin à son tour, et avec elle toute la Normandie, dont elle est la porte, tomba sous la domination de Henri V d'Angleterre.

De son côté, la reine et le duc occupaient la Champagne, la Bourgogne, la Picardie et une partie de l'Île-de-France : Senlis tenait pour les Bourguignons ; et Jean de Villiers, seigneur de l'Île-Adam, qui commandait pour le roi à Pontoise, ayant eu à se plaindre du connétable qui le traitait avec hauteur, avait livré cette ville, située à quelques lieues de Paris seulement, au duc de Bourgogne, qui y avait envoyé un renfort et en avait maintenu l'Île-Adam gouverneur.

Le reste de la France, où commandait le connétable sous le nom du roi et du dauphin, était d'autant moins capable de résister longtemps à tous ses ennemis, que le comte d'Armagnac, obligé de concentrer toutes ses troupes sur la capitale du royaume, n'avait pu exécuter ce mouvement sans que les bourgeois de la ville et les paysans des environs n'eussent beaucoup souffert du passage et du séjour des soldats, qui, manquant de solde et de vivres, existaient à leurs dépens. Le mécontentement était donc général, et le connétable avait presque autant à craindre de la part de ses alliés que de celle de ses ennemis.

Le duc de Bourgogne, désespérant de s'emparer de Paris par la force, essaya de tirer parti du mécontentement général que le connétable avait soulevé contre le gouvernement du roi, et de lier des intelligences dans la place. Des agens qui lui étaient dévoués pénétrèrent déguisés dans la ville, et une conspiration se forma pour lui livrer la porte Saint-Marceau. Un homme d'église et quelques bourgeois qui demeuraient près de là, en avaient fait faire de fausses clefs, et avaient envoyé un message au duc pour convenir du jour et de l'heure de l'entreprise. Il en chargea le sire Hector de Saveuse, qui lui avait déjà donné, en enlevant la reine à Tours, une preuve de son habileté et de son courage, et lui-même, avec six mille hommes, se mit en marche pour le soutenir.

Tandis que cette armée s'avance silencieusement pour tenter ce coup hasardeux, nous introduirons le lecteur dans la grande salle du château de Troyes en Champagne, où la reine Isabel tient sa cour, entourée de la noblesse bourguignonne et française.

Certes, qui la verrait ainsi sur un fauteuil doré, dans cette chambre gothique, où tout le luxe de la maison de Bourgogne est déployé ; qui la verrait, dis-je, sourire à l'un, tendre gracieusement sa belle main à l'autre, jeter quelques douces paroles à un troisième, et qui, descendant au fond du cœur de cette orgueilleuse princesse, y pourrait lire les sentimens de haine et de vengeance qui le bouleversent, serait effrayé du combat qu'elle doit soutenir pour enfermer tant de passions dans son sein, et pour que son front calme présente avec elles un si étonnant contraste.

Ce jeune seigneur, debout à sa droite, auquel elle adresse la parole le plus souvent parce qu'il est le dernier arrivé à sa cour, est le sire Villiers de l'Ile-Adam. Lui aussi, sous un sourire gracieux et de douces paroles, cache des projets de vengeance et de haine dont il a déjà mis une partie à exécution, en livrant au duc de Bourgogne la ville confiée à sa garde. Seulement, comme le duc a pensé que, traître une fois, il pourrait l'être deux, il n'a point voulu qu'il l'accompagnât dans le coup de main qu'il tente sur Paris, et, comme à un poste d'honneur, il l'a laissé près de la reine.

De chaque côté d'elle et un peu en arrière, s'appuyant, dans une pose demi respectueuse, demi familière, sur le dossier de son fauteuil, causent à demi voix, suivant une conversation particulière, nos anciennes connaissances, les sires de Giac et de Graville, qui, ayant payé rançon, se sont trouvés libres de revenir offrir à leur belle souveraine leur amour et leurs épées. Chaque fois qu'elle se retourne de leur côté, son front se rembrunit, car ils étaient les frères d'armes du chevalier de Bourdon, et souvent le nom de ce malheureux jeune homme, prononcé tout-à-coup par eux, lui semble un écho douloureux et inattendu de la voix qui crie vengeance au fond de son cœur.

A sa gauche et aux pieds des marches qui élèvent le fauteuil royal comme un trône, le baron Jean de Vaux raconte aux seigneurs de Chatelux, de l'An et de Bar, comment, avec son parent Hector de Saveuse, ils ont, quelques jours auparavant, surpris dans l'église de Notre-Dame de Chartres le sire Hélyon de Jacqueville, dont ils avaient juré la mort; comment, pour ne pas tacher de son sang le marbre de l'autel, ils l'ont traîné hors de l'église, et là, malgré ses prières, malgré l'offre d'une rançon de 50,000 écus d'or, ils lui ont fait de si profondes blessures, que dans les trois jours il en est mort.

Derrière chacun de ces seigneurs, et sur une ligne circulaire, se tient une foule de pages richement vêtus aux couleurs de leurs maîtres ou à celles de leurs dames, parlant aussi, mais plus bas qu'eux, de chasse et d'amour.

Au milieu du bourdonnement général que faisaient tous ces chuchotemens, parmi lesquels chacun suivait une conversation particulière, de temps en temps la voix de la reine s'élevait; tout rentrait dans le silence, et chacun entendait distinctement la question qu'elle adressait à l'un des seigneurs qui se trouvaient là, et la réponse que faisait celui-ci. Puis la conversation générale reprenait aussitôt son cours.

— Vous prétendez donc, sire de Graville, dit la reine en se retournant à demi pour adresser la parole au jeune seigneur de ce nom, que nous avons indiqué comme étant placé derrière elle, et en occasionnant par le seul son de sa voix une de ces interruptions dont nous avons parlé; vous prétendez donc que notre cousin d'Armagnac a juré par la Vierge et le Christ de ne point porter vivant la croix rouge de Bourgogne, que nous, sa souveraine, avons adoptée pour le signe de ralliement de nos braves et loyaux défenseurs.

— Ce sont ses propres paroles, madame la reine.

— Et vous ne les lui avez pas renfoncées dans la bouche avec le pommeau de votre épée ou la coquille de votre poignard, sire de Graville ! dit d'un ton où perçait un peu de jalousie Villiers de l'Ile-Adam.

— D'abord, je n'avais ni poignard ni épée, vu que j'étais son prisonnier, seigneur de Villiers ; puis un si grand homme de guerre ne laisse pas, tel brave que l'on soit, d'imposer un certain respect à qui se trouve face à face avec lui. D'ailleurs je sais quelqu'un à qui il a dit une fois de plus dures paroles encore que celles que je viens de rapporter : celui-là était libre ; il portait à son côté une dague et une épée, et cependant il n'a point osé, ce me semble, mettre à exécution le conseil qu'il donne aujourd'hui avec une audace à laquelle l'absence du connétable doit ôter quelque peu de son prix aux yeux de notre royale souveraine.

Le sire de Graville se remit à causer tranquillement avec Giac.

L'Ile-Adam fit un mouvement ; la reine l'arrêta.

— Est-ce que nous ne ferons pas manquer le connétable à son serment, sire de Villiers ? dit-elle.

— Écoutez, madame, répondit l'Ile-Adam ; je fais vœu comme lui, par la Vierge et le Christ, de ne pas manger à une table, de ne pas coucher dans un lit, que je n'aie vu de mes yeux le connétable d'Armagnac porter la croix rouge de

Bourgogne, et si je manque à ce vœu, que Dieu n'ait miséricorde de mon âme ni dans ce monde ni dans l'autre.

— Le sire de Villiers, dit le baron Jean de Vaux en tournant la tête et en le regardant ironiquement par-dessus son épaule, fait un vœu qu'il n'aura pas grand'peine à accomplir, car il est probable qu'avant que le sommeil et l'appétit ne lui viennent, nous apprendrons ce soir que monseigneur le duc de Bourgogne est entré dans la capitale, et cela étant, le connétable sera trop heureux de présenter à deux genoux les clefs de ses portes à la reine.

— Dieu vous entende, baron, dit Isabel de Bavière. Il est temps enfin que ce beau royaume de France retrouve un peu de paix et de tranquillité, et je suis bien aise que l'occasion se soit présentée de reprendre Paris sans courir les chances d'un combat, où votre courage nous assurait certainement la victoire, mais dans lequel chaque goutte de sang versé fût sortie des veines de l'un de mes sujets.

— Messeigneurs, dit Giac, à quand notre entrée dans la capitale ?

Au même instant on entendit un grand bruit au dehors, comme serait celui d'une troupe considérable d'hommes à cheval qui reviendraient au galop. Des pas précipités résonnèrent sous le péristyle ; les deux portes de la chambre s'ouvrirent ; un chevalier armé de toutes pièces, couvert de poussière, la cuirasse hachée et bosselée de coups, s'avança jusqu'au milieu de la salle, et jeta avec un blasphème son casque ensanglanté sur une table.

C'était le duc de Bourgogne lui-même.

Tous ceux qui se trouvaient là poussèrent un cri de surprise et restèrent effrayés de sa pâleur.

— Trahis! dit-il en frappant son front de ses deux poings armés de gantelets de fer, trahis par un misérable marchand pelletier! Voir Paris, le toucher! Paris, ma ville, en être à une demi-lieue, n'avoir qu'à étendre la main pour la prendre et échouer! échouer par la trahison d'un malheureux bourgeois qui n'a pas eu un cœur assez large pour enfermer un secret! Eh! oui, oui, messieurs! Vous me regardez d'un air étonné! Vous me croyiez à cette heure, n'est-ce pas, frappant à la porte du palais du Louvre ou de l'hôtel Saint-Paul! Eh bien, non! moi! Jean de Bourgogne, qu'on a surnommé Sans-Peur, j'ai fui! Oui, messeigneurs, j'ai fui! et j'ai laissé sur la place Hector de Saveuse, qui ne pouvait fuir, lui! et j'ai laissé dans la ville des hommes dont les têtes tombent en ce moment en criant: *Vive Bourgogne!* et je ne puis les secourir! Comprenez-vous, messieurs? C'est une horrible revanche à prendre, et nous la prendrons, n'est-ce pas? et à notre tour? Eh bien! à notre tour, nous donnerons besogne au bourreau, et nous verrons tomber les têtes qui crieront: *Vive Armagnac!* Et à notre tour, enfer et démons! à notre tour!... Oh! malédiction sur ce connétable! Cet homme me rendra fou, si je ne le suis déjà!

Le duc Jean poussa un éclat de rire horrible à entendre, puis il fit un tour sur lui-même, frappant du pied, tirant ses cheveux à pleines mains, et alla rouler, plutôt que s'asseoir, sur les marches du fauteuil de la reine.

Isabel, effrayée, se jeta en arrière.

Le duc de Bourgogne la regarda, appuyé sur ses deux poings et secouant sa tête, sur laquelle son épaisse chevelure se dressait comme la crinière d'un lion.

—Reine, lui dit-il, c'est cependant pour vous que se font

toutes ces choses. Je ne parle pas de mon sang (et il passa sa main sur son front ouvert par une blessure), il m'en reste encore assez, comme vous le voyez, pour n'avoir pas à regretter celui que j'ai perdu ; mais pour celui de tant d'autres, avec lequel nous engraissons les plaines des environs de Paris à y faire pousser des moissons doubles ; et tout cela, Bourgogne contre France, sœur contre sœur ! Tandis que l'Anglais arrive, l'Anglais, que rien n'arrête, que personne ne combat ! Oh ! savez-vous, messieurs, que nous sommes insensés !

Chacun comprenait que le duc était dans un de ces momens de violence qui ne permettent ni interruption ni conseils ; aussi chacun le laissait-il parler, sachant qu'il en reviendrait bientôt à sa haine contre le roi et le connétable, et à son projet favori, la prise de Paris.

— Quand je pense qu'à l'heure qu'il est, continua-t-il, je pourrais être à l'hôtel Saint-Paul, où est le dauphin, entendre cette brave population de Paris, dont, après tout, plus des trois quarts est à moi, crier : *Vive Bourgogne !* que vous, ma reine, vous pourriez donner par toute la France de véritables ordres, signer de vrais édits ; que je verrais ce damné connétable demandant grâce et miséricorde ! Oh ! cela sera, continua-t-il en se dressant de toute sa hauteur ; cela sera, n'est-ce pas, messeigneurs ? cela sera, car je le veux ; et si un seul de vous me dit non, celui-là en aura menti par la gorge.

— Monsieur le duc, dit la reine, calmez-vous. Je vais faire appeler un médecin pour panser votre blessure, à moins que vous n'aimiez mieux que moi-même...

— Merci, madame, merci, répondit le duc ; c'est une égratignure, et plût au ciel que mon brave Hector de Saveuse n'en eût pas davantage.

— Et quel coup a-t-il donc reçu ?

— Le sais-je ? ai-je eu seulement le temps de descendre de cheval pour aller lui demander s'il était mort ou vivant ? Non ; je l'ai vu tomber avec un trait d'arbalète planté au milieu du corps comme un échalas dans une vigne. Pauvre Hector ! c'est le sang d'Hélyon de Jacqueville qui retombe sur lui ! Messire Jean de Vaux, prenez garde à vous ! vous étiez de moitié dans le meurtre ; vienne un combat, et peut-être serez-vous de moitié aussi dans la punition.

— Grand merci ! monseigneur, dit Jean de Vaux ; mais cela arrivant, mon dernier soupir sera pour mon noble maître le duc Jean de Bourgogne, ma dernière pensée pour ma noble maîtresse la reine Isabel de Bavière.

— Oui, oui, mon vieux baron, dit en souriant Jean-sans-Peur, qui peu à peu oubliait sa colère, je sais que tu es brave, et qu'à ton dernier moment, si Dieu ne veut pas de ton âme, tu es homme à la disputer au diable lui-même, et en rester propriétaire, malgré les petites peccadilles qui donnent bien à Satan quelques droits sur elle.

— Je ferai de mon mieux, monseigneur.

— Bien ; mais si la reine n'a rien à nous ordonner, mon avis, messieurs, est que nous prenions un repos qui ne nous sera pas inutile demain. C'est toute une guerre à recommencer, et Dieu sait quand elle finira.

La reine Isabel de Bavière se leva, indiquant d'un geste qu'elle approuvait la proposition du duc de Bourgogne, et elle sortit de la salle, appuyée sur le bras que lui avait offert le sire de Graville.

Le duc de Bourgogne, aussi oublieux déjà de ce qui venait de se passer que si c'était un rêve, les suivait, riant avec Jean de Vaux, et paraissant totalement insensible à la douleur de la blessure qui ouvrait sur son front ses lèvres rouges et saignantes. Chatelux, de l'An et de Bar venaient ensuite, puis enfin de Giac et l'Ile-Adam. Ils se rencontrèrent à la porte.

— Et votre vœu ? dit en riant Giac.

— Je l'accomplirai, répondit l'Ile-Adam, et ce à compter de ce soir.

Ils sortirent.

Quelques minutes après, cette salle, pleine un instant auparavant de bruits confus et de clartés étincelantes, était redevenue le domaine du silence et de l'obscurité.

Si nous avons réussi à donner à nos lecteurs une connaissance exacte du caractère d'Isabel de Bavière, ils se représenteront facilement que la nouvelle que venait de lui annoncer Jean de Bourgogne, et qui lui enlevait toutes ses espérances, avait fait sur elle un effet tout contraire à celui que nous lui avons vu produire sur celui du duc ; du sang-froid du combat, ce dernier était passé à la colère de la réflexion, qui s'était évanouie à son tour dès qu'elle avait pu s'évaporer en paroles. Isabel, au contraire, avait écouté le récit avec le calme calculé d'une âme haineuse, mais politique ; c'était du fiel encore sur son cœur déjà plein de fiel, où tant de passions s'amassaient en silence, cachées à tous les yeux, pour en sortir enfin toutes à la fois, comme du cratère d'un volcan sortent au jour de l'éruption, avec ses propres entrailles, tous les corps étrangers que, dans ses intervalles de repos, y a jetés la main des hommes.

Seulement, en rentrant chez elle, son visage était pâle, ses bras raidis, ses dents serrées. Trop agitée pour s'asseoir, trop tremblante pour se tenir debout, elle saisit avec une convulsion nerveuse une des colonnes de son lit, laissa aller sa tête sur le bras qui la soutenait, et à demi penchée, la poitrine oppressée et ardente, elle appela Charlotte.

Quelques secondes se passèrent sans qu'elle obtînt de réponse, ni qu'aucun bruit dans la chambre voisine annonçât qu'elle eût été entendue.

— Charlotte ! répéta-t-elle en frappant du pied et en donnant à sa voix une expression sourde et inarticulée qui faisait ressembler ce mot au cri d'amour ou de rage d'une bête fauve, plutôt qu'à un nom prononcé par une bouche humaine.

Presque aussitôt la jeune fille qu'elle appelait parut, craintive et tremblante, sur la porte ; elle avait distingué, dans cet accent bien connu de sa maîtresse, tout ce qu'il y avait de colère et de menace.

— N'entendez-vous pas que je vous appelle, dit la reine, et faut-il toujours vous appeler deux fois ?

— Mille pardons, ma noble maîtresse, mais j'étais là..... avec.....

— Avec qui ?

— Avec un jeune homme que vous connaissez, que vous avez déjà vu.... auquel vous avez la bonté de vous intéresser.

— Qui ? qui donc ?

— Perrinet Leclerc.

— Leclerc, dit la reine ; d'où arrive-t-il ?

— De Paris.

— Je veux le voir.

— Lui aussi, madame, voulait vous voir et demandait à vous parler, mais je n'osais.....

— Fais-le entrer, te dis-je. Tout de suite ! à l'instant ! où est-il ?

— Là, dit la jeune fille, et, soulevant la tapisserie, elle appela : Perrinet Leclerc ! Celui-ci s'élança plutôt qu'il n'entra dans l'appartement ; la reine et lui se trouvèrent face à face.

C'était la deuxième fois que le pauvre vendeur de fer allait traiter d'égal à égal avec l'orgueilleuse reine de France ; deux fois, malgré la différence de leurs conditions, les mêmes sentimens les amenaient des deux extrémités de l'échelle sociale vis-à-vis l'un de l'autre. Seulement, la première fois c'était l'amour, et la seconde, la vengeance.

— Perrinet ! dit la reine.

— Madame ! répondit celui-ci en la regardant fixement, et sans que le regard de sa souveraine fit baisser le sien.

— Je ne t'ai pas revu, ajouta Isabel.

— A quoi bon ? Vous m'avez dit, si on le transportait vivant dans une autre prison, de le suivre jusqu'à la porte ; si l'on déposait son corps dans un tombeau, de l'accompagner jusqu'à la tombe, et mort ou vivant, de revenir vous dire : *Il est là !* Reine, ils ont prévu que vous pouviez sauver le prisonnier ou déterrer le cadavre, et ils l'ont jeté vivant et mutilé dans la Seine.

— Pourquoi ne l'as-tu ni sauvé ni vengé, malheureux ?

— J'étais seul, ils étaient six ; deux sont morts. J'ai fait ce que j'ai pu. Aujourd'hui, je viens faire davantage.

— Voyons, dit la reine.

— Ah! le connétable, vous l'exécrez, n'est-ce pas, madame? Paris, vous voudriez le reprendre ; et à un homme qui vous offrirait à la fois de vous livrer Paris, et de vous venger du connétable, vous accorderiez bien une grâce, hein!...

La reine sourit avec une expression qui n'appartenait qu'à elle.

— Oh! dit-elle, tout ce que cet homme me demanderait!... tout! la moitié de mes jours, la moitié de mon sang. Où est-il seulement?

— Qui?

— Cet homme!...

— C'est moi, reine.

— Vous! toi! dit Isabel étonnée.

— Oui, moi.

— Et comment?

— Je suis fils de l'échevin Leclerc; mon père garde la nuit, sous son chevet, les clefs de la ville; je puis aller un soir chez lui, l'embrasser, me mettre à sa table, me cacher dans la maison au lieu d'en sortir, et la nuit, la nuit, m'introduire dans sa chambre, voler les clefs, ouvrir les portes...

Charlotte poussa un léger cri, Perrinet ne parut pas l'entendre, la reine n'y fit point attention.

— Oui, cela est vrai, dit Isabel réfléchissant.

— Et cela sera comme j'ai dit, reprit Leclerc.

— Mais, dit timidement Charlotte, si au moment où vous prendrez les clefs votre père se réveille?

Les cheveux de Leclerc se dressèrent sur sa tête, la sueur coula de son front à cette idée ; puis, après un instant, il porta la main à son poignard, le tira à demi, et prononça ces seuls mots :

— Je le rendormirai.

Charlotte poussa un second cri et tomba sur un fauteuil.

— Oui, dit Leclerc sans faire attention à sa maîtresse presque évanouie; oui, je puis être traître et parricide, mais je me vengerai !

— Que t'ont-ils donc fait? dit Isabel en se rapprochant de lui, en lui prenant le bras et en le regardant avec le sourire d'une femme qui comprend la vengeance, quelque atroce qu'elle soit, quelque chose qu'elle coûte.

— Que vous importe, reine? C'est mon secret à moi. Tout ce que vous avez besoin de savoir, c'est que je tiendrai ma promesse, si vous tenez la vôtre.

— Eh bien donc, que veux-tu? Est-ce Charlotte que tu aimes?

Perrinet secoua la tête avec un rire amer.

— Est-ce de l'or? je t'en donnerai.

— Non, dit Perrinet.

— Est-ce la noblesse, des honneurs? Si nous prenons Paris, je t'en donne le commandement et te fais comte.

— Ce n'est point cela, murmura Leclerc.

— Qu'est-ce donc? dit la reine.

— Vous êtes régente de France?

— Oui.

— Vous avez droit de vie et de mort?

— Oui.

— Vous avez fait faire un sceau royal qui peut conférer votre pouvoir à celui qui est porteur d'un parchemin scellé par lui?

— Eh bien?

— Eh bien ! il me faut ce sceau au bas d'un parchemin, et

que ce parchemin me donne une vie, une vie dont je pourrai faire ce que je voudrai, dont je ne devrai compte à personne, que j'aurai le droit de disputer même au bourreau.

La reine pâlit.

— Ce n'est ni celle du dauphin Charles, ni celle du roi?

— Non.

— Un parchemin et mon sceau royal! dit vivement la reine.

Leclerc prit sur une table l'un et l'autre, et les lui présenta. Elle écrivit :

« Nous, Isabel de Bavière, par la grâce de Dieu régente de France, ayant, à cause de l'occupation de monseigneur le roi, le gouvernement et l'administration du royaume, cédons à Perrinet Leclerc, vendeur de fer au Petit-Pont, notre droit de vie et de mort sur.... »

— Le nom? dit Isabel.

— Sur le comte d'Armagnac, connétable du royaume de France, gouverneur de la ville de Paris, répondit Leclerc.

— Ah! dit Isabel en laissant tomber sa plume; c'est pour le tuer au moins, que tu me demandes sa vie, n'est-ce pas?

— Oui.

— Et tu lui diras, à l'heure de sa mort, que je lui prends son Paris, sa capitale, en échange de l'existence de mon amant, qu'il m'a prise : troc pour troc ; tu le lui diras, j'espère.

— Pas de condition, dit Leclerc.

— Pas de sceau, alors, dit la reine en repoussant le parchemin.

— Je le lui dirai ; faites vite.

— Sur ton âme ?
— Sur mon âme !

La reine reprit la plume, et écrivit en continuant :

« Cédons à Perrinet Leclerc, vendeur de fer au Petit-Pont, notre droit de vie et de mort sur le comte d'Armagnac, connétable du royaume de France, gouverneur de la ville de Paris ; renonçant à tout jamais à réclamer aucun droit sur la personne et la vie dudit connétable. »

Elle signa et appliqua le sceau à côté de la signature.

— Tiens, dit-elle en présentant le parchemin.
— Merci, répondit Leclerc en le prenant.
— C'est infernal ! s'écria Charlotte.

La jeune fille, blanche et pure, semblait un ange forcé d'assister au pacte que font entre eux deux démons.

— Maintenant, ajouta Leclerc, un homme d'exécution avec lequel je puisse me concerter et m'entendre ; noble ou vilain, peu m'importe, pourvu qu'il ait pouvoir et volonté.

— Appelle un valet, Charlotte.

Charlotte appela ; un valet parut.

— Dites au seigneur Villiers de l'Ile-Adam que je l'attends à l'instant même, et ramenez-le ici.

Le valet s'inclina et sortit.

L'Ile-Adam, fidèle à son vœu, s'était jeté sur le parquet, tout habillé dans son manteau de guerre ; il n'eut donc qu'à se lever pour être en état de paraître devant la reine.

Cinq minutes après, il se trouvait en sa présence.

Isabel s'avança vers lui, et sans faire attention à son salut respectueux :

— Sire de Villiers, dit-elle, voici un jeune homme qui me

livre les clefs de Paris ; j'ai besoin d'un seigneur de courage et d'exécution à qui je les remette : j'ai songé à vous.

L'Ile-Adam tressaillit; ses yeux s'enflammèrent; il se retourna vers Leclerc, étendant la main pour presser la sienne, lorsqu'il s'aperçut, à la mise du vendeur de fer, quelle était la basse extraction de celui à qui il allait donner cette marque d'égalité. Sa main retomba le long de sa cuisse, et sa figure reprit l'expression de hauteur habituelle qui un instant l'avait abandonnée.

Aucun de ces mouvemens n'échappa à Leclerc, qui resta immobile, les bras croisés sur sa poitrine, lorsque l'Ile-Adam lui tendit la main, comme lorsqu'il la retira.

— Gardez votre main pour frapper l'ennemi, sire de l'Ile-Adam, dit en riant Leclerc, quoique j'aie quelque droit à la toucher; car, ainsi que vous, je vends mon roi et ma patrie. Gardez votre main, seigneur de Villiers, quoique nous soyons frères en trahison.

— Jeune homme !... s'écria l'Ile-Adam.

— C'est bien, parlons d'autre chose. Me répondez-vous de cinq cents lances ?

— J'ai mille hommes d'armes dans la ville de Pontoise, que je commande.

— La moitié de cette troupe suffira, si elle est brave. Je l'introduirai avec vous dans la ville. Là cesse ma mission. Ne me demandez rien de plus.

— Je me charge du reste.

— Eh bien ! partons sans perdre un instant, et le long de la route je vous instruirai de mes projets.

— Bon courage ! seigneur de l'Ile-Adam, dit Isabel.

L'Ile-Adam mit un genou en terre, baisa la main que lui tendait sa noble maîtresse, et sortit.

— Rappelez-vous votre promesse, Perrinet, dit la reine. Qu'il sache, avant de mourir, que c'est moi, son ennemie mortelle, qui lui prends Paris, en échange de la vie de mon amant.

— Il le saura, répondit Leclerc en enfonçant dans sa poitrine le parchemin et en boutonnant son pourpoint par-dessus.

— Adieu, Leclerc, dit à demi-voix Charlotte.

Mais le jeune homme ne l'entendit pas, et s'élança hors de l'appartement sans lui répondre.

— Que l'enfer les conduise et qu'ils arrivent au but, dit la reine.

— Que Dieu veille sur eux, murmura Charlotte.

Les deux jeunes gens descendirent aux écuries ; l'Ile-Adam choisit ses deux meilleurs chevaux, chacun sella, brida le sien et sauta dessus.

— Où en trouverons-nous d'autres quand ceux-ci seront morts? dit Leclerc ; car au train dont nous allons les mener, ils ne nous conduiront guère qu'au tiers de la route.

— Je me ferai reconnaître aux postes bourguignons qui se trouveront sur notre passage, et l'on m'en donnera.

— Bien !

Ils enfoncèrent leurs éperons dans le ventre de leurs montures, leur jetèrent la bride sur le cou et partirent comme le vent.

Certes, celui qui, à la lueur des étincelles qu'ils faisaient jaillir dans leur course, les eût vus dans l'ombre de cette nuit grisâtre, glisser ainsi côte à côte, chevaux et cavaliers dévorant l'espace, crinières et cheveux au vent, aurait raconté, pendant longues années, qu'il avait assisté au passage d'un nouveau Faust et d'un autre Méphistophélès se rendant sur des coursiers fantastiques à quelque réunion infernale.

III.

Le moment était on ne peut mieux choisi par Perrinet Leclerc pour mettre à exécution le projet qu'il avait conçu de livrer Paris ; l'exaspération des bourgeois était à son comble, et tout le monde accusait le connétable, qui chaque jour redoublait de rigueur et de cruauté envers les Parisiens, de malheurs qui étaient ceux des temps. Ses gens d'armes maltraitaient les citoyens, sans qu'ils pussent avoir justice de leurs mauvais traitemens. Depuis que leur général avait été forcé de lever le siège de Senlis, ils étaient plus furieux encore à cause de leur défaite. Personne ne pouvait sortir de la ville, et si quelqu'un, par hasard, voulait le faire malgré les ordres donnés, s'il était surpris par les soldats, il était dévalisé ou frappé ; puis, s'il allait se plaindre au connétable ou au prévôt, ils répondaient : « C'est bon ; qu'alliez-vous faire là ? » Ou bien : « Vous ne vous plaindriez pas ainsi, si c'étaient vos amis les Bourguignons, » et autres choses pareilles.

Le *Journal de Paris* raconte que les vexations s'étendaient jusqu'aux serviteurs de l'hôtel du roi. Quelques-uns d'entre eux étant allés au bois de Boulogne chercher des arbres pour fêter le 1er mai, les gens d'armes qui gardaient Ville-l'Évêque, et qui appartenaient au connétable, les poursuivirent, en tuèrent un et en blessèrent plusieurs. Ce n'était pas tout : comme on manquait d'argent, le connétable résolut d'en faire par tous les moyens possibles. Il fit prendre les ornemens des églises et jusqu'aux vases de Saint-Denis. Les campagnes ravagées ne fournissaient plus de vivres. On faisait travailler aux remparts et aux machines de guerre de pauvres ouvriers qu'on ne payait pas, et qu'on battait et appelait canaille, s'ils avaient l'imprudence de réclamer leur salaire. Ces vexations, qui toutes venaient originairement du comte d'Armagnac, occasionnaient le soir des rassemblemens dans les rues de la capitale. Les bruits les plus ridicules y circulaient et y étaient accueillis avec des cris de haine et de vengeance ; mais bientôt une troupe d'hommes d'armes paraissait à l'extrémité de la rue, dont elle tenait toute la largeur, mettait l'épée à la main, les chevaux au galop, et, frappant et écrasant tout ce qui se trouvait devant elle, dissipait ces attroupemens, qui allaient se reformer autre part.

Dans la soirée du 28 mai 1418, un de ces rassemblemens encombrait la place de la Sorbonne. Des écoliers, armés de bâtons ; des bouchers, leur couteau au côté ; des ouvriers, tenant à la main les instrumens qui leur servaient dans leurs travaux, et qu'à la rigueur et entre les mains d'hommes aussi exaspérés on pouvait regarder comme des armes, en formaient la majeure partie. Les femmes aussi y jouaient un rôle actif et qui n'était pas toujours sans danger pour elles ; car les gens d'armes frappaient indistinctement hommes, femmes, enfans, vieillards, qu'ils se défendissent ou non, qu'ils vinssent en ennemis ou en curieux, et posaient dès qu'ils vinssent en ennemis ou en curieux, et posaient dès cette époque les principes d'un art dont les gouvernemens modernes paraissent avoir retrouvé toutes les traditions.

— Savez-vous, maître Lambert, disait une vieille femme en se tenant sur celle de ses deux jambes qui était la plus longue, afin d'arriver au coude de celui auquel elle s'adressait ; savez-vous pourquoi on a pris de force la toile chez les marchands? Dites : le savez-vous?

— Je présume, mère Jehanne, répondit celui auquel elle s'adressait, et qui était un potier d'étain bien connu pour ne pas laisser passer un de ces attroupemens sans s'y mêler ; je présume, dis-je, que c'est pour faire, comme le dit ce damné connétable, des tentes et des pavillons pour l'armée.

— Eh bien ! vous vous trompez : c'est pour coudre toutes les femmes dans des sacs et les jeter à la rivière.

— Ah ! dit maître Lambert, qui paraissait beaucoup moins indigné que son interlocutrice de cette mesure arbitraire ; ah ! vous croyez?

— J'en suis sûre.

— Bah ! si ce n'était que cela ! dit un bourgeois.

— Eh bien ! qu'est-ce qu'il vous faut donc de plus, maître Bourdichon? reprit notre ancienne connaissance, la mère Jehanne.

— Ce ne sont pas les femmes que les Armagnacs craignent, ce sont les corporations d'hommes ; aussi tous ceux qui font partie de pareilles associations doivent-ils être égorgés. Ceux d'entre eux qui d'avance ont prêté serment de vendre plutôt Paris aux Anglais que de le rendre aux Bourguignons seront épargnés.

— Et à quoi les reconnaîtra-t-on? interrompit le potier

d'étain avec une précipitation qui annonçait l'importance qu'il attachait à cette nouvelle.

— A un écu de plomb portant d'un côté une croix rouge, et de l'autre le léopard d'Angleterre.

— Moi, dit un écolier en montant sur une borne, j'ai vu un étendard aux armes du roi Henri V d'Angleterre ; il avait été brodé au collége de Navarre, qui n'est composé en entier que d'Armagnacs, et les maîtres devaient le planter sur les portes de la ville.

— A sac ! à sac, le collége ! dirent plusieurs voix qui heureusement s'éteignirent l'une après l'autre.

— Moi, dit un ouvrier, ils m'ont fait travailler vingt-cinq jours à leur grande machine de guerre qu'ils appellent la griète, et quand j'ai été demander mon argent au prévôt, il m'a dit : « Canaille, n'as-tu donc pas un sou pour acheter une ficelle et t'aller pendre ? »

— A mort ! à mort, le prévôt et le connétable ! vivent les Bourguignons !

Ces cris eurent plus d'écho que ceux qui les avaient précédés, et furent bientôt répétés par toutes les bouches.

Au même instant, on vit briller à l'extrémité de la rue les lances d'une compagnie franche, composée de Génois au service particulier du connétable.

Alors commença l'une de ces scènes dont nous avons parlé, et que nous n'avons pas besoin de peindre, certains que nous sommes que chacun de nous peut s'en faire une idée. Hommes, femmes et enfans se mirent à fuir en jetant des cris affreux. La troupe se déploya dans toute la largeur de la rue, et, comme un ouragan chasse les feuilles d'automne, balaya devant elle ce tourbillon de créatures humaines, frappant les unes de la pointe de leur lance, écrasant les autres sous les pieds de leurs chevaux, fouillant chaque recoin de maison, chaque enfoncement de porte, avec un acharnement et une inhumanité que déploient presque toujours les gens de guerre quand ils ont affaire aux bourgeois.

Au moment où les gardes avaient paru, tout le monde, comme nous avons dit, avait cherché à fuir, à l'exception d'un jeune homme couvert de poussière, qui, depuis quelques minutes seulement, s'était mêlé à l'attroupement : il s'était contenté de se retourner du côté de la porte contre laquelle il s'était appuyé, et introduisant la lame de son poignard entre le pêne de la serrure et le mur, il avait, en l'employant comme un levier, fait céder la porte, était entré dans l'allée, et l'avait refermée sur lui. Puis, dès que le bruit des chevaux, qui allait s'affaiblissant, lui eut appris que le danger était passé, il avait rouvert cette porte, avancé la tête sur la place; et voyant qu'à l'exception de quelques mourans qui râlaient, elle était libre, il avait pris tranquillement la rue des Cordeliers, qu'il descendit jusqu'au rempart Saint-Germain, et, s'arrêtant devant une petite maison qui y attenait, il pressa un ressort caché dont le jeu la fit ouvrir.

— Ah ! c'est toi, Perrinet, dit un vieillard.

— Oui, mon père, je viens vous demander à souper.

— Sois le bien venu, mon fils.

— Ce n'est pas tout, mon père : il y a une grande émeute parmi la populace de Paris, et les rues sont mauvaises de nuit. Je voudrais coucher ici.

— Eh bien ! répondit le vieillard, n'y as-tu pas toujours ta chambre et ton lit, ta place au foyer et à la table, et m'as-tu jamais entendu me plaindre que tu les vinsses prendre trop souvent?

— Non, mon père, dit le jeune homme en se jetant sur une chaise, et en appuyant sa tête dans ses mains; non, vous êtes bon et vous m'aimez.

— Je n'ai que toi, mon enfant, et tu ne m'as jamais fait aucun chagrin.

— Mon père, dit Perrinet en se levant, je me sens souffrant, permettez que je me retire dans ma chambre : je ne pourrais pas souper avec vous.

— Va, mon fils, tu es libre, tu es chez toi.

Perrinet ouvrit une petite porte qui amenait avec elle les trois premières marches d'un escalier dont la continuation était pratiquée dans l'intérieur du mur, et se mit à monter lentement cette espèce d'échelle sans détourner la tête, sans regarder son père.

— Cet enfant est triste depuis quelques jours, dit en soupirant le vieux Leclerc, et il se mit seul à la table, où l'arrivée du jeune homme lui avait fait placer un second couvert.

Pendant quelque temps, il écouta au-dessus de sa tête le pas de son fils, puis, n'entendant plus rien, il pensa qu'il dormait, murmura quelques prières pour lui, et, rentrant dans sa chambre, se mit au lit, après avoir pris la précaution de glisser, selon son habitude, les clefs dont il avait la garde, sous le traversin où reposait sa tête.

Une heure à peu près s'écoula sans que le silence qui régnait dans la maison du vieil échevin fût troublé. Tout à coup un léger grincement se fit entendre dans la première pièce; la porte dont nous avons déjà parlé s'ouvrit, et les trois degrés de bois craquèrent successivement sous les pas de

Perrinet, pâle et retenant son haleine. Lorsqu'il sentit le plancher sous ses pieds, il s'arrêta un instant pour écouter. Aucun bruit n'annonçait qu'il eût été entendu. Alors il s'avança sur la pointe des pieds, en s'essuyant le front avec la main, vers la chambre de son père : la porte n'en était point fermée, il la poussa.

La lanterne qui servait au vieillard, lorsque par hasard il était forcé de se lever pour aller reconnaître à la porte quelque bourgeois attardé, brûlait sur la cheminée, et sa pâle lueur jetait assez de clarté pour que l'échevin, s'il s'éveillait, pût reconnaître qu'il n'était pas seul dans sa chambre; mais Leclerc craignit, s'il soufflait cette lumière, de heurter dans l'obscurité quelque meuble dont le bruit pourrait tirer son père du sommeil où il était plongé; il préféra donc la laisser brûler.

C'était une chose effrayante à voir que ce jeune homme, les cheveux hérissés, le front ruisselant de sueur, la main gauche posée sur son poignard, s'appuyant de la droite à la muraille, s'arrêtant à chaque pas pour donner au parquet le temps de s'assurer sous ses pieds, avançant lentement, mais avançant enfin vers ce lit, que ne quittait pas une seconde son regard étincelant, suivant pour y arriver une ligne circulaire comme celle du tigre, et tressaillant au bruit des battemens précipités de son cœur, qui contrastait avec le souffle calme du vieillard; enfin le rideau à demi tiré lui cacha la tête de son père; il fit quelques pas encore, étendit la main, la posa sur la colonne du lit, s'arrêta un instant pour respirer, puis, ramassant son corps plié sur ses jarrets, il glissa sa main humide et tremblante sous le chevet, gagnant une ligne par minute, retenant son haleine, insensible aux douleurs que cette position forcée faisait courir par tous ses membres, car il comprenait que de la part du père un mouvement, un soupir, faisait le fils parricide.

Enfin il sentit le froid du fer, ses doigts crispés touchaient les clefs; il les passa dans l'anneau qui les rassemblait, les attira lentement à lui, les reçut dans sa seconde main, les serra de manière à ce que leur cliquetis ne pût être entendu; puis, avec les mêmes précautions qu'il avait prises en entrant, il se dirigea vers la sortie, possesseur du trésor qui devait assurer sa vengeance.

A la porte de la rue, les jambes lui manquèrent, et il tomba sur les marches de l'escalier qui conduisait au rempart; il y était à peine depuis quelques minutes, que la cloche du couvent des cordeliers sonna onze heures.

Perrinet se releva au onzième coup. Le seigneur de l'Ile-Adam et ses cinq cents hommes devaient être à quelques pas du rempart.

Leclerc monta rapidement l'escalier. Lorsqu'il fut au haut, il entendit le bruit d'une cavalcade qui se dirigeait de son côté : elle venait de la ville.

— Qui vive! cria la sentinelle.

— Ronde de nuit, répondit la voix rude du connétable.

Perrinet se jeta ventre à terre, le détachement passa à deux toises de lui; la sentinelle fut relevée et une autre laissée à sa place : le détachement s'éloigna.

Perrinet rampa comme un serpent vers le milieu de la ligne que le soldat parcourait dans sa faction, puis, quand celui-ci passa devant lui, il se leva tout-à-coup, et avant qu'il eût eu le temps de se mettre en défense, de pousser un seul cri, il lui enfonça jusqu'à la coquille son poignard dans la gorge.

Le soldat ne poussa qu'un soupir et tomba.

Perrinet traîna le cadavre à un endroit où la saillie de la porte rendait l'ombre plus épaisse, et son casque sur la tête, sa pertuisane à la main afin d'être pris pour lui, il s'approcha du bord de la muraille, fixa long-temps ses regards sur la plaine, et quand ils se furent habitués à l'obscurité, il crut apercevoir une ligne noire et épaisse qui s'avançait silencieusement.

Perrinet approcha ses deux mains de sa bouche et imita le cri du hibou.

Un cri pareil lui répondit de la plaine : c'était le signal convenu.

Il descendit et ouvrit la porte. Un homme était déjà adossé au dehors contre le battant : c'était le sire de l'Ile-Adam que son impatience y avait poussé en avant des autres.

— C'est bien, tu es fidèle, dit-il à demi-voix.

— Et vos hommes ?

— Les voici.

En effet, la colonne, commandée par le seigneur de Chevreuse, le sire de Ferry de Mailly et le comte Lyonnet de Bournonville, apparut au coin de la dernière maison du faubourg Saint-Germain, introduisit sa tête sous la herse levée, et, comme un long serpent, se glissa par cette ouverture dans l'intérieur de la ville. Perrinet referma la porte derrière elle, remonta sur le rempart, et jeta les clefs dans les fossés pleins d'eau.

— Que viens-tu de faire ? lui dit l'Ile-Adam.

— Je viens de vous ôter la possibilité de regarder en arrière, répondit-il.

— Allons donc en avant, reprit celui-ci.

— Voici votre chemin, dit Leclerc en lui indiquant la rue du Paon.

— Et toi?...

— Moi !... j'en prends un autre.

Et il s'élança dans la rue des Cordeliers, gagna le pont Notre-Dame, traversa la rivière, redescendit la rue Saint-Honoré jusqu'à l'hôtel d'Armagnac, et s'effaça derrière l'angle d'un mur, où il demeura aussi immobile qu'une statue de pierre.

Pendant ce temps, l'Ile-Adam avait joint la rivière, l'avait remontée jusqu'au Châtelet, et, arrivé là, avait partagé sa petite troupe en quatre bandes : l'une, commandée par le seigneur de Chevreuse, se dirigea vers l'hôtel du dauphin, qui logeait rue de la Verrerie; la seconde, conduite par Ferry de Mailly, descendit la rue Saint-Honoré pour investir l'hôtel d'Armagnac et surprendre le connétable, que l'Ile-Adam avait ordonné, sous peine de mort, qu'on ne lui amenât que vivant; la troisième, sous les ordres de l'Ile-Adam lui-même, s'avança vers l'hôtel Saint-Paul où était le roi; la quatrième, qui obéissait à Lyonnet de Bournonville, demeura sur la place du Châtelet, afin de porter secours à celle des trois autres qui en aurait besoin. Tous criaient : « Notre-Dame de la paix! vive le roi! vive Bourgogne! que ceux qui veulent la paix s'arment et nous suivent! »

A ces cris, et tout le long de la route, des fenêtres s'ouvraient, des têtes effrayées se dessinaient pâles dans l'ombre, écoutaient ces vociférations, reconnaissaient les couleurs et la croix de Bourgogne, répondaient par les cris de : *Mort aux Armagnacs! vivent les Bourguignons!* et peuple, bourgeois, écoliers, suivaient en armes et en tumulte chacune de ces bandes.

Ce fut certes une grande imprudence aux chefs qui les commandaient d'avoir ainsi donné l'éveil, car le plus précieux des prisonniers qu'ils comptaient faire leur échappa. Tanneguy Duchâtel, au premier bruit, courut chez le dauphin, renversa tout ce qui s'opposait à son passage, pénétra jusqu'à la chambre où il était couché, et le trouvant accoudé sur son lit et écoutant la rumeur qui arrivait déjà jusqu'à lui, sans perdre une minute, sans répondre à ses questions, l'enveloppa dans les couvertures de son lit, le jeta sur ses épaules robustes comme une nourrice son enfant, et l'emporta. Robert Le Masson, son chancelier, lui tenait un cheval prêt ; il y monta avec son précieux fardeau, et dix minutes après, la Bastille imprenable se referma sur eux, mettant à l'abri sous ses épaisses murailles le seul héritier de la vieille monarchie française.

Ferry de Mailly, qui s'avançait vers l'hôtel d'Armagnac, ne fut pas plus heureux que le seigneur de Chevreuse ; le connétable, que nous avons vu commandant quelques hommes de ronde, entendit les cris des Bourguignons, et, au lieu de rentrer à son hôtel, après avoir reconnu que toute défense était inutile, il songea à sa vie. Il se réfugia dans la maison d'un pauvre maçon, lui avoua qui il était, et lui promit une récompense proportionnée au service qu'il réclamait de lui : celui-ci le cacha et promit de lui garder le secret.

La troupe qui croyait le surprendre s'approcha donc de l'hôtel d'Armagnac, en garda toutes les issues, et se mit à enfoncer la porte principale. Au moment où elle céda, un homme se détacha de la muraille en face, écarta tout le monde et s'élança le premier dans l'hôtel ; Ferry de Mailly n'y entra que le second.

Pendant ce temps, le seigneur de l'Ile-Adam, plus heureux, investissait l'hôtel Saint-Paul, et, après un faible combat avec les gardes, pénétrait dans l'intérieur des appartemens et parvenait jusqu'à celui du roi. Ce pauvre et vieux monarque, dont se raillaient des serviteurs qui depuis longtemps n'obéissaient plus à ses ordres, paraissait avoir été ce soir complétement oublié par eux ; une lampe mourante éclairait à peine son appartement ; quelques restes d'un feu qui ne pouvait suffire à chasser le froid et l'humidité de cette vaste chambre, tremblaient sur l'âtre et dans un coin de la large cheminée gothique ; sur un escabeau de bois grelottait un vieillard à demi nu :

C'était le roi de France.

L'Ile-Adam se précipita dans la chambre, alla droit au lit qu'il trouva vide, et, en se retournant, aperçut le vieux monarque qui, de ses mains ridées et tremblantes, assemblait quelques restes de tisons.

Il s'avança respectueusement vers lui, et le salua au nom du duc de Bourgogne.

Le roi se tourna, laissant ses mains étendues vers le feu, regarda vaguement celui qui lui parlait, et dit :

— Comment se porte mon cousin de Bourgogne ? Il y a longtemps que je ne l'ai vu.

— Sire, il m'envoie vers vous pour que toutes les calamités qui désolent votre royaume prennent une fin.

Le roi se retourna vers le feu sans répondre.

— Sire, ajouta l'Ile-Adam, qui vit que dans ce moment de démence le roi ne pouvait ni comprendre ni suivre les raisons politiques qu'il allait développer; sire, le duc de Bourgogne vous prie de monter à cheval et de paraître à mes côtés dans les rues de la capitale.

Charles VI se leva machinalement, s'appuya sur le bras de l'Ile-Adam, et le suivit sans résistance, car il ne restait plus à ce pauvre prince ni mémoire ni raison. Peu lui importait donc ce qu'on ordonnait en son nom, et entre les mains de qui il tombait. Il ne savait plus même ce que c'était qu'Armagnac ou Bourguignon.

L'Ile-Adam, avec sa royale capture, se dirigea vers le Châtelet. Le capitaine avait compris que la présence du monarque au milieu des Bourguignons serait un signe d'approbation royale pour tout ce qui allait se passer; il remit donc son prisonnier entre les mains de Lyonnet de Bournonville, en lui recommandant une surveillance active, mais pleine d'égards.

Cette mesure politique accomplie, il prit au galop la rue Saint-Honoré, descendit à la porte de l'hôtel d'Armagnac, dans l'intérieur duquel on n'entendait que cris et blasphèmes; et, s'élançant sur l'escalier, heurta avec tant de violence un homme qui le descendait, que tous deux se retinrent l'un à l'autre pour ne pas tomber. Ils se reconnurent.

— Où est le connétable? dit l'Ile-Adam.

— Je le cherche, dit Perrinet Leclerc.

— Malédiction sur Ferry de Mailly, qui l'a laissé échapper!

— Il n'est pas rentré dans son hôtel.

Et tous deux s'élancèrent dehors comme deux insensés, prenant chacun de leur côté la première rue qu'ils trouvèrent devant eux.

Pendant ce temps, un carnage affreux s'exécutait. On n'entendait que ces cris : *A mort! à mort les Armagnacs! tuez! tuez tout!*. Des corporations d'écoliers, de bourgeois et de bouchers, parcouraient les rues, enfonçant les maisons qu'on savait appartenir aux partisans du connétable, et découpaient ces malheureux à coups de hache et d'épée. Des troupes de femmes et d'enfans achevaient avec leurs couteaux ceux qui respiraient encore.

Le peuple avait nommé, aussitôt qu'il s'était vu délivré du joug du connétable, Vaux de Bar, prévôt de Paris, en remplacement de Duchâtel. Le nouveau magistrat, trouvant les Parisiens agités d'une telle rage, n'osait pas leur résister, et disait à l'aspect de ces massacres :

— Mes amis, faites ce qui vous plaira.

Aussi, ce ne fut bientôt qu'une horrible boucherie. Des Armagnacs s'étaient réfugiés dans l'église du prieuré de Saint-Éloy, quelques Bourguignons découvrirent leur retraite et la signalèrent à leurs camarades. Vainement, pour les protéger, le sire de Villette, abbé de Saint-Denis, s'avança sur la porte, revêtu de ses habits sacerdotaux et tenant la sainte hostie en main. Déjà les haches teintes de sang dégouttaient sur sa chasuble et tournoyaient sur sa tête, lorsque le seigneur de Chevreuse le prit sous sa protection et l'emmena. Son départ fut le signal d'une tuerie générale dans l'intérieur de l'église; on n'entendait que des cris, on ne voyait flamboyer que haches et épées, les morts s'entassaient dans la nef, et de ce monceau de corps humains, coulait, comme une source au bas d'une montagne, un ruisseau de sang. L'Ile-Adam qui passait entendit ces vociférations, s'élança à cheval sous le portail :

— C'est bon, dit-il en les voyant à l'œuvre ; voilà qui va bien, et j'ai là de bons bouchers !... Enfans, n'avez-vous pas vu le connétable ?

— Non ! non ! dirent vingt voix à la fois. — Non ! Mort au connétable ! mort aux Armagnacs !

Et la destruction continua.

L'Ile-Adam tourna bride, et alla chercher son ennemi ailleurs.

Une scène du même genre se passait à la tour du palais. Quelques centaines d'hommes s'y étaient réfugiés, et tentaient de s'y défendre. Au milieu d'eux, le crucifix à la main, étaient les évêques de Coutances, de Bayeux, de Senlis et de Xaintes ; l'assaut ne dura qu'un instant ; les Bourguignons escaladèrent la tour malgré une pluie de pierres ; puis une fois maîtres du palais, ils égorgèrent tous ceux qui y étaient renfermés.

Au milieu de ce carnage, un homme plus pâle, plus haletant, plus couvert de sueur que les autres, se précipita tout-à-coup.

— Le connétable, dit-il, le connétable est-il ici ?

— Non, répondirent en foule les Bourguignons.

— Où est-il ?

— On ne sait pas, maître Leclerc : le capitaine l'Ile-Adam a fait proclamer qu'il donnerait mille écus d'or à celui qui lui apprendrait où il était caché.

Perrinet n'en écouta pas davantage, s'élança vers l'une des échelles dressées contre la tour, et s'y laissant glisser, se trouva dans la rue.

Une troupe d'arbalétriers génois avait été surprise près du cloître Saint-Honoré, et quoiqu'ils se fussent rendus, et qu'on leur eût promis la vie, on les égorgeait après les avoir désarmés ; ces malheureux recevaient la mort à genoux en criant miséricorde : c'était à qui les frapperait. Deux hommes cependant, une torche à la main, se contentaient de leur arracher leurs casques, de les examiner les uns après les autres, puis ils laissaient à ceux qui les suivaient le soin de les tuer, se livrant à cette recherche avec la minutie de la vengeance. Ils se rencontrèrent au milieu de la foule et se reconnurent.

— Le connétable? dit l'Ile-Adam.

— Je le cherche, répondit Perrinet.

— Monsieur Leclerc ! dit en ce moment une voix.

Perrinet tourna la tête et reconnut celui qui lui adressait la parole.

— Eh bien, Thiébert, dit-il, que me veux-tu?

— Pouvez-vous me dire où je trouverai le seigneur de l'Ile-Adam?

— C'est moi, dit le capitaine.

Un homme vêtu d'un pourpoint taché de plâtre et de chaux s'avança.

— Est-il vrai, dit-il, que vous ayez promis mille écus d'or à celui qui vous livrerait le connétable?

— Oui, dit l'Ile-Adam.

— Venez me les compter, continua le maçon, et je vous indiquerai le lieu où il est caché.

— Tends ton tablier, dit l'Ile-Adam, et il y jeta des poignées d'or ; maintenant où est-il ?

— Chez moi, je vais vous y conduire.

Un éclat de rire retentit derrière eux; l'Ile-Adam se retourna pour chercher Perrinet Leclerc ; celui-ci avait disparu.

— Allons vite, dit le capitaine ; guide-moi.

— Un instant, reprit Thiébert, tenez-moi cette torche que je compte.

L'Ile-Adam, tremblant d'impatience, éclaira le maçon qui compta les écus les uns après les autres, et jusqu'au dernier ; il en manquait une cinquantaine.

— Je n'ai pas mon compte, dit-il.

L'Ile-Adam jeta dans son tablier une chaîne d'or qui valait six cents écus. Thiébert marcha devant lui.

Un homme les avait précédés : c'était Perrinet Leclerc.

A peine avait-il entendu le marché de sang que faisaient Thiébert et le capitaine, qu'il s'était élancé à perdre haleine dans la direction de la retraite du connétable ; il s'arrêta devant la porte de la maison de Thiébert ; elle était fermée en dedans, son poignard lui rendit le même service que sur la place de la Sorbonne, et la porte s'ouvrit.

Il entendit quelque bruit dans la seconde chambre.

— Il est là !... dit-il.

— Est-ce vous, mon hôte ? murmura à demi-voix le connétable.

— Oui, répondit Leclerc ; mais éteignez votre lumière, elle pourrait vous trahir.

Et il vit, à travers les fentes de la cloison, que le connétable venait de suivre ce conseil.

— Maintenant, ouvrez-moi.

La porte s'entrebâilla, Perrinet s'élança sur le connétable qui jeta un cri ; le poignard de Leclerc venait de lui traverser l'épaule droite.

Une lutte de mort s'engagea entre ces deux hommes.

Le connétable, qui se croyait en sûreté sur la foi de Thiébert, était sans armes et à demi nu. Malgré ce désavantage, il eût facilement étouffé Leclerc dans ses bras robustes, sans sa blessure, qui paralysait le mouvement de l'un d'eux ; néanmoins, de celui qui lui restait, il enveloppa le jeune homme, l'étreignit sur la poitrine, et pesant sur son adversaire de tout son poids et de toute sa force, il se laissa tomber avec lui, espérant lui briser le crâne sur le pavé.

Effectivement il y eût réussi, si la tête de Perrinet n'eût porté sur le matelas qu'on avait jeté par terre pour servir de lit.

Le connétable jeta un second cri.

Perrinet, qui n'avait pas lâché son poignard, venait de le lui enfoncer dans le bras gauche.

Il lâcha le jeune homme, se releva en chancelant, et alla tomber à reculons sur une table qui se trouvait au milieu de l'appartement, perdant par ces deux blessures son sang et ses forces.

Perrinet se releva, le cherchant et l'appelant, lorsque tout-à-coup une troisième personne, une torche à la main, parut à la porte de la chambre, et éclaira cette scène.

C'était l'Ile-Adam.

Perrinet se jeta de nouveau sur le connétable.

— Arrête !... dit l'Ile-Adam, sur ta vie, arrête !

Et il lui saisit le bras.

— Seigneur de l'Ile-Adam, l'existence de cet homme m'appartient, lui dit Leclerc ; la reine me l'a donnée, voilà son sceau, laissez-moi donc.

Il tira le parchemin de sa poitrine et le montra au capitaine.

Le comte d'Armagnac, renversé sur la table, rendu incapable par ses deux blessures de faire aucune résistance, regardait ces deux hommes : ses deux bras blessés pendaient et saignaient.

— C'est bien, dit l'Ile-Adam, je ne veux pas sa vie; ainsi tout est pour le mieux.

— Sur votre âme ! dit Leclerc en l'arrêtant encore.

— Sur mon âme ! mais j'ai un vœu à accomplir; laisse-moi faire.

Leclerc croisa les bras et regarda ce qui allait se passer; l'Ile-Adam tira son épée, prit l'extrémité de la lame à pleine main, de manière à ce que la pointe dépassât d'un pouce seulement le petit doigt, et s'approcha du connétable.

Celui-ci, voyant que tout était fini pour lui dans ce monde, ferma les yeux, renversa la tête en arrière, et se mit à prier.

— Connétable, dit l'Ile-Adam en lui arrachant la chemise qui couvrait sa poitrine, connétable, te souviens-tu d'avoir juré un jour par la Vierge et le Christ de ne point porter vivant la croix rouge de Bourgogne?

— Oui, répondit le connétable, et j'ai tenu mon serment, car je vais mourir.

— Comte d'Armagnac, reprit l'Ile-Adam en se baissant vers lui et en lui labourant la poitrine de la pointe de son épée, de manière à y tracer une croix sanglante, tu en as menti par la gorge : car tu portes vivant la croix rouge de Bourgogne. Tu as faussé à ton serment, et moi j'ai tenu le mien.

Le connétable ne répondit que par un soupir. L'Ile-Adam remit son épée dans le fourreau.

— Voilà tout ce que je voulais de toi, dit-il ; maintenant, meurs comme un parjure et comme un chien. A ton tour, Perrinet Leclerc.

Le connétable rouvrit les yeux et répéta d'une voix mourante :

— Perrinet Leclerc !

— Oui, dit celui-ci en se jetant de nouveau sur le malheureux comte d'Armagnac près d'expirer, oui, Perrinet Leclerc, celui que tu as fait déchirer de coups par tes soldats. Il paraît que vous avez fait chacun un serment, ici ? Eh bien ! moi, j'en ai fait deux : le premier, connétable, c'est que tu apprendrais à ton lit de mort que c'était la reine Isabel de Bavière qui te prenait Paris en échange de la vie du chevalier de Bourdon : le voilà accompli, car tu le sais. Le second, comte d'Armagnac, c'est que tu mourrais en l'apprenant ; et celui-là, ajouta-t-il en lui enfonçant sa dague dans le cœur, celui-là je l'ai rempli aussi religieusement que le premier. Dieu soit en aide, dans ce monde et dans l'autre, à qui tient honnêtement sa parole !

IV.

Ainsi, Paris imprenable pour le puissant duc de Bourgogne et sa nombreuse armée, avait, comme une courtisane capricieuse, nuitamment ouvert ses portes à un simple capitaine commandant de sept cents lances. Les Bourguignons, la flamme d'une main, le fer de l'autre, s'étaient épandus dans les vieilles rues de la cité royale, éteignant le feu avec du sang, séchant le sang avec du feu. Perrinet Leclerc, cause obscure de ce grand événement, après y avoir pris ce qu'il en désirait avoir, la vie du connétable, était rentré dans les rangs du peuple, où l'histoire désormais le cherchera vainement, où il mourra obscur comme il était né inconnu, et d'où il était sorti une heure pour attacher à l'une des plus grandes catastrophes de la monarchie son nom populaire, tout ébloui de l'immortalité d'une grande trahison.

Cependant par toutes ses portes fondaient sur Paris, comme des vautours sur un champ de bataille, les seigneurs et les hommes d'armes qui voulaient emporter leur part de cette grande proie, que jusqu'à cette heure la royauté seule avait eu le privilége de dévorer. C'était d'abord l'Ile-Adam, qui, arrivé le premier, avait pris la part du lion; c'étaient le sire de Luxembourg, les frères Fosseuse, Crèvecœur et Jean de Poix; c'étaient, derrière les seigneurs, les capitaines des garnisons de Picardie et de l'Ile-de-France; enfin, c'étaient, à la suite des capitaines, les paysans des environs, qui, pour ne rien laisser après eux, pillaient le cuivre, tandis que leurs maîtres pillaient l'or.

Puis, quand les vases des églises furent fondus, quand les coffres de l'État furent vides, quand il ne resta plus une frange ni une fleur de lis d'or au manteau royal, on en jeta le velours nu aux épaules du vieux Charles; on le fit asseoir sur son trône à demi brisé, on lui mit plume à la main, quatre lettres patentes sur la table. L'Ile-Adam et Chatelux furent maréchaux; Charles de Lens amiral, Robert de Maillé grand-pannetier; et quand il eut signé, le roi crut avoir régné.

Le peuple regardait tout cela par les fenêtres du Louvre.

— Bon, disait-il, après qu'ils ont pillé l'or, les voilà qui pillent les places : heureusement qu'il y a plus de signatures au bout de la main du roi qu'il n'y avait d'écus dans ses coffres. Prenez, prenez, messeigneurs ; mais Hannotin de Flandre va venir, et, s'il n'est pas content de ce que vous lui aurez laissé, il pourra bien se faire une seule part avec toutes les vôtres.

Cependant Hannotin de Flandre (c'était le nom qu'en riant le duc de Bourgogne se donnait quelquefois lui-même) ne se pressait pas de venir, il n'avait pas vu sans jalousie un de ses capitaines entrer dans une ville aux portes de laquelle il avait deux fois frappé avec son épée sans qu'elle les lui ouvrît. Il reçut à Montbéliard le message qui lui annonça cette nouvelle inattendue, et aussitôt, au lieu de continuer sa route, il se retira à Dijon, l'une de ses capitales. La reine Isabel était, de son côté, demeurée à Troyes, toute tremblante encore du succès de son entreprise ; le duc et elle ne se voyaient pas, ne s'écrivaient pas : on eût dit deux complices d'un meurtre nocturne qui hésitaient à se retrouver face à face à la lumière du soleil.

Pendant ce temps, Paris vivait d'une vie fiévreuse et convulsive. Comme on disait que la reine et le duc ne rentreraient point dans la ville tant qu'il y resterait un Armagnac, et qu'on désirait revoir le duc et la reine, chaque jour ce bruit, auquel leur double absence paraissait donner quelque fondement, était le prétexte d'un nouveau massacre. Chaque nuit on criait : « Alarme ! » Le peuple parcourait la ville avec des torches. Tantôt les Armagnacs, disait-on, rentraient par la porte Saint-Germain, tantôt par la porte du Temple. Des groupes d'hommes, à la tête desquels on distinguait les bouchers à leurs larges couteaux luisans au bout de leurs bras nus, parcouraient Paris dans toutes les directions ; puis, quelqu'un disait-il : « Holà ! les autres ! voici la maison d'un Armagnac ! » les couteaux faisaient justice du maître, et le feu de la maison. Il fallait, pour sortir sans crainte, porter le chaperon bleu et la croix rouge. Des adeptes, renchérissant sur le tout, formèrent une compagnie bourguignonne qu'on nomma de Saint-André ; chacun de ses membres portait une couronne de roses rouges ; et comme beaucoup de prêtres y étaient entrés, soit par prudence, soit par sentiment, ils disaient la messe avec cet ornement sur la tête. Bref, en voyant de telles choses, on aurait pu croire Paris dans l'ivresse des fêtes du carnaval, si l'on n'avait pas rencontré dans chaque rue tant de places noires là où des maisons avaient été brûlées, tant de places rouges là où des hommes étaient morts.

Parmi les plus acharnés coureurs de nuit et de jour, il y en avait un qui se faisait remarquer par son impassibilité dans le massacre et son habileté dans l'exécution. Il n'y avait pas un incendie où il ne portât sa torche, pas un meurtre où il n'ensanglantât sa main. Quand on l'apercevait avec son chaperon rouge, sa huque sang de bœuf, son ceinturon de buffle serrant contre sa poitrine une large épée à deux mains, dont la poignée touchait son menton, et la pointe ses pieds, ceux qui voulaient voir décoller proprement un Armagnac n'avaient qu'à le suivre, car il y avait un proverbe populaire qui disait que maître Cappeluche faisait sauter la tête sans que le bonnet eût le temps de s'en apercevoir.

Aussi Cappeluche était-il le héros de ces fêtes ; les bouchers mêmes le reconnaissaient pour maître et lui cédaient le pas.

C'était lui qui était la tête de tous les rassemblemens, l'âme de toutes les émeutes. D'un mot il arrêtait la foule qui le suivait, d'un geste il la jetait en avant ; c'était une magie de voir comme tous ces hommes obéissaient à un homme.

Tandis que Paris retentissait de tous ces cris, s'éclairait de toutes ces lueurs, et chaque nuit se réveillait en sursaut, la vieille Bastille s'élevait à son extrémité orientale, noire et silencieuse. Les cris du dehors n'y avaient point d'écho, la clarté des torches point de reflets ; son pont était haut, sa herse était basse. Le jour, nul être vivant ne se montrait sur ses murailles ; la citadelle semblait se garder elle-même ; seulement, lorsqu'un rassemblement s'approchait d'elle plus que cela ne lui paraissait convenable, on voyait sortir de chaque étage et s'abaisser vers cette foule autant de flèches qu'il y avait de meurtrières, sans qu'on pût distinguer si c'étaient des hommes ou une machine qui les faisaient mouvoir. A cette vue, la foule, fût-elle conduite par Cappeluche lui-même, tournait le dos en secouant la tête ; les flèches rentraient au fur et à mesure que le rassemblement s'éloignait, et la vieille forteresse avait repris au bout d'un instant un air d'insouciance et de bonhomie pareil à celui du porc-épic, qui, lorsque le danger s'éloigne, couche sur son dos, comme les poils d'une fourrure, les mille lances auxquelles il doit le respect que lui portent les autres animaux.

La nuit, même silence et même obscurité ; vainement Paris éclairait ou ses rues ou ses croisées, nulle lumière ne passait derrière les fenêtres grillées de la Bastille, nulle parole humaine ne se faisait entendre à l'intérieur de ses murs ; seulement de temps en temps, aux fenêtres des tours qui s'élevaient aux quatre angles, passait la tête vigilante d'une sentinelle, qui ne pouvait que dans cette posture veiller à ce qu'on ne préparât point quelque surprise au pied des remparts; encore cette tête une fois passée restait-elle tellement immobile, qu'on aurait pu, lorsqu'un rayon de lune l'éclairait, la prendre pour un de ces masques gothiques que la fantaisie des architectes clouait comme un ornement fantastique aux arches des ponts ou à l'entablement des cathédrales.

Cependant, par une nuit sombre, vers la fin du mois de juin, tandis que les sentinelles veillaient aux quatre coins de la Bastille, deux hommes montaient l'escalier étroit et tournant qui conduisait à sa plate-forme. Le premier qui parut sur la terrasse était un homme de quarante-deux à quarante-cinq ans; sa taille était colossale, et sa force tenait tout ce que promettait sa taille. Il était couvert d'une armure complète, quoique pour arme offensive, à côté de la place où manquait l'épée, son ceinturon ne supportât qu'un de ces poignards longs et aigus qu'on appelait poignards de merci; sa main gauche s'y appuyait par habitude, tandis que de la droite il tenait respectueusement un de ces bonnets de velours garnis de poil, que les chevaliers échangeaient dans leurs momens de repos contre leurs casques de bataille, qui quelquefois pesaient de quarante à quarante-cinq livres. Sa tête nue laissait donc voir sous d'épais sourcils des yeux bleu foncé; un nez aquilin, un teint bruni par le soleil, donnaient à l'ensemble de cette physionomie un caractère d'austérité qu'une barbe longue d'un pouce, taillée en rond, de longs cheveux noirs qui descendaient de chaque côté des joues, ne contribuaient nullement à adoucir.

A peine l'homme que nous venons d'esquisser fut-il arrivé sur la plate-forme, que, se retournant, il étendit le bras vers l'ouverture à fleur de terre qui venait de lui livrer passage ; une main fine et potelée en sortit pour s'attacher à cette main forte et puissante, et aussitôt, à l'aide de ce point d'appui, un jeune homme de seize à dix-sept ans, tout de velours et de soie, à la tête blonde, au corps aminci, aux membres délicats, s'élança sur la terrasse, et, s'appuyant sur le bras de son compagnon, comme si cette légère montée eût été une longue fatigue, parut chercher par habitude un siége sur lequel il pût se reposer. Mais voyant qu'on avait jugé cet ornement inutile sur la plate-forme de la citadelle, il prit son parti, forma avec sa seconde main, qu'il attacha à la première, une espèce d'anneau au moyen duquel il fit supporter au bras athlétique auquel il se suspendit plutôt qu'il ne s'appuya, la moitié au moins du poids que la nature avait destiné ses jambes à soutenir, et commença ainsi une promenade qu'il paraissait faire plutôt par condescendance pour celui qu'il accompagnait, que par une décision de sa propre volonté.

Quelques minutes se passèrent sans que l'un ni l'autre troublât le silence de la nuit par une simple parole, ou interrompît cette promenade que l'exiguité de la plate-forme rendait assez rétrécie. Le bruit des pas de ces deux hommes ne formait qu'un seul bruit, tant la marche légère de l'enfant se confondait avec la marche alourdie du soldat : on eût dit un corps et son ombre, on eût cru qu'un seul vivait pour les deux. Tout-à-coup l'homme d'armes s'arrêta, le visage tourné vers Paris, et força son jeune compagnon d'en faire autant : ils dominaient toute la ville.

C'était précisément une de ces nuits de tumulte que nous avons essayé de peindre. D'abord on ne distinguait de la plate-forme qu'un amas confus de maisons, s'étendant de l'orient à l'occident, et dont les toits, dans l'obscurité, semblaient tenir les uns aux autres, comme les boucliers d'une troupe de soldats marchant à un assaut. Mais tout-à-coup, et quand un rassemblement prenait un chemin parallèle au cercle que pouvaient embrasser les regards, la lumière des torches, en éclairant une rue dans toute sa longueur, semblait fendre un quartier de la cité; des ombres rougeâtres s'y pressaient confusément avec des cris et des rires; puis, au premier carrefour qui changeait sa direction, cette foule disparaissait avec ses lumières, mais non pas avec son bruit. Tout redevenait sombre, et la rumeur qu'on entendait semblait les plaintes étouffées de la cité, dont la guerre civile déchirait les entrailles avec le fer et le feu.

A ce spectacle et à ce bruit, la figure du soldat devint plus sombre encore que de coutume; ses sourcils se touchèrent en se fronçant, son bras gauche s'étendit vers le palais du Louvre, et c'est à peine si ces paroles, adressées à son jeune compagnon, purent passer entre ses lèvres, tant ses dents étaient serrées :

— Monseigneur, voilà votre ville, la reconnaissez-vous?

La figure du jeune homme prit une expression de mélancolie dont un instant auparavant on l'aurait cru incapable. Il fixa ses yeux sur ceux de l'homme d'armes, et, après l'avoir regardé un instant en silence :

— Mon brave Tanneguy, dit-il, je l'ai souvent regardée à pareille heure des fenêtres de l'hôtel Saint-Paul, comme je la regarde en ce moment de la terrasse de la Bastille. Quelquefois je l'ai vue tranquille, mais je ne crois pas l'avoir jamais vue heureuse.

Tanneguy tressaillit : il ne s'attendait pas à une pareille réponse de la part du jeune dauphin. Il l'avait interrogé, croyant parler à un enfant, et celui-ci avait répondu comme l'aurait fait un homme.

— Que votre altesse me pardonne, dit Duchâtel ; mais je croyais que jusqu'à ce jour elle s'était plus occupée de ses plaisirs que des affaires de la France.

— Mon père (depuis que Duchâtel avait sauvé le jeune dauphin des mains des Bourguignons, celui-ci lui donnait ce nom), ce reproche n'est qu'à moitié juste. Tant que j'ai vu près du trône de France mes deux frères, qui maintenant sont près du trône de Dieu, oui, c'est vrai, il n'y a eu place en mon âme que pour des joyeusetés et des folies ; mais depuis que le Seigneur les a rappelés à lui d'une manière aussi inattendue que terrible, j'ai oublié toute frivolité pour ne me souvenir que d'une chose, c'est qu'à la mort de mon père bien-aimé (que Dieu conserve !), ce beau royaume de France n'avait pas d'autre maître que moi.

— Ainsi, mon jeune lion, reprit Tanneguy avec une expression visible de joie, vous êtes disposé à le défendre des griffes et des dents contre Henri d'Angleterre et contre Jean de Bourgogne ?

— Contre chacun d'eux séparément, Tanneguy, ou contre tous deux ensemble, comme ils l'aimeront mieux.

— Ah ! monseigneur, Dieu vous inspire ces paroles pour soulager le cœur de votre vieil ami. Depuis trois ans, voilà la première fois que je respire à pleine poitrine. Si vous saviez quels doutes passent dans le cœur d'un homme comme moi, lorsque la monarchie à laquelle il a dévoué son bras, sa vie, et jusqu'à son honneur peut-être, est frappée de coups aussi rudes que l'a été celle dont vous êtes aujourd'hui l'unique espoir; si vous saviez combien de fois je me suis demandé si les temps n'étaient pas venus où cette monarchie devait faire place à une autre, et si ce n'était pas une révolte envers Dieu que d'essayer de la soutenir, quand lui paraissait l'abandonner; car... que le Seigneur me pardonne si je blasphème, car, depuis trente ans, chaque fois qu'il a jeté les yeux sur votre noble race, ce fut pour la frapper, et non pour la prendre en miséricorde. Oui, continua-t-il, on peut penser que c'est un signe fatal pour une dynastie quand son chef est malade de corps et d'esprit, comme l'est notre sire le roi; on peut croire que toutes choses sont bouleversées, quand on voit le premier vassal d'une couronne frapper de la hache et de l'épée les branches de la tige royale, comme l'a fait le traître Jean à l'égard du noble duc d'Orléans, votre oncle; on peut croire enfin que l'État est en perdition, quand on voit deux nobles jeunes gens, comme les deux frères aînés de votre altesse, tomber, l'un après l'autre, de mort si subite et si singulière, que si l'on ne craignait d'offenser Dieu et les hommes, on dirait que l'un n'est pour rien dans cet événement, et que les autres y sont pour beaucoup; — et quand, pour résister à la guerre étrangère, à la guerre civile, aux émeutes populaires, il ne reste qu'un faible jeune homme comme vous, — oh! monseigneur, monseigneur, le doute qui tant de fois a manqué me faire faillir le cœur est bien naturel, et vous me le pardonnerez!

Le dauphin se jeta à son cou.

— Tanneguy, tous les doutes sont permis à celui qui comme toi doute après avoir agi, à celui qui comme toi pense que Dieu, dans sa colère, frappe une dynastie jusqu'en son dernier héritier, et enlève le dernier héritier de cette dynastie à la colère de Dieu.

— Et je n'ai pas hésité, mon jeune maître ; quand j'ai vu entrer les Bourguignons dans la ville, j'ai couru à vous comme une mère à son enfant ; car, qui pouvait vous sauver, si ce n'était moi, pauvre jeune homme ? Ce n'était point le roi votre père ; la reine, de loin, n'en aurait pas eu le pouvoir, et de près (Dieu lui pardonne !) n'en aurait peut-être pas eu le désir. — Vous, monseigneur, eussiez-vous été libre de fuir, eussiez-vous trouvé les corridors de l'hôtel Saint-Paul déserts, et sa porte ouverte, qu'une fois dans la rue, vous auriez été plus embarrassé dans cette ville aux mille carrefours, que le dernier de vos sujets. Vous n'aviez donc que moi ; en ce moment, monseigneur, il m'a bien semblé aussi que Dieu n'abandonnait pas votre noble famille, tant j'ai senti ma force doublée. Je vous ai enlevé, monseigneur, et vous ne pesiez pas plus à mes mains qu'un oiseau aux serres d'un aigle. — Oui, eussé-je rencontré toute l'armée du duc de Bourgogne, et le duc à sa tête, il me semblait que j'eusse renversé le duc et traversé l'armée sans qu'il nous arrivât malheur ni à l'un ni à l'autre, et à cette heure, certes, Dieu était avec moi. — Mais depuis, monseigneur, — depuis que vous êtes en sûreté derrière les remparts imprenables de la Bastille ; quand, chaque nuit, après avoir contemplé seul, du haut de cette terrasse, le spectacle que ce soir nous regardons à deux ; — quand, après avoir vu Paris, la ville royale, en proie à de telles révolutions, que c'est le peuple qui règne et la royauté qui obéit ; — quand, les oreilles pleines de tumulte, les yeux fatigués de lueurs, je redescendais dans votre chambre, et que, silencieux et appuyé sur votre chevet, je voyais de quel sommeil calme vous dormiez, tandis que la guerre civile courait par votre État et l'incendie par votre capitale, je me demandais s'il était bien digne du royaume, celui qui dormait d'un sommeil si tranquille et si insouciant, tandis que son royaume avait une veille si agitée et si sanglante.

Une expression de mécontentement passa comme un nuage sur la figure du dauphin.

— Ainsi, tu épiais mon sommeil, Tanneguy?

— Monseigneur, je priais près de votre lit pour la France et pour votre altesse.

— Et si ce soir tu ne m'avais pas trouvé tel que tu le désirais, quelle était ton intention?

— J'aurais conduit votre altesse en lieu de sûreté, et je me serais jeté, seul et sans armure, au milieu de l'ennemi à la première rencontre, car je n'aurais plus eu qu'à mourir : le plus tôt aurait été le mieux.

— Eh bien! Tanneguy, au lieu d'aller seul et sans armure au-devant de l'ennemi, nous irons tous deux et bien armés : qu'en dis-tu?

— Que le Seigneur vous a donné la volonté, qu'il faut maintenant qu'il vous accorde la force.

— Tu seras là pour me soutenir.

— C'est une guerre longue que celle que nous allons faire, monseigneur, — longue et fatigante, non pas pour moi, qui depuis trente ans vis dans ma cuirasse, comme vous depuis quinze dans votre velours. — Vous avez deux ennemis à combattre, dont un seul ferait trembler un grand roi. Une fois l'épée hors de la gaîne et l'oriflamme hors de Saint-Denis, il faudra que ni l'une ni l'autre ne rentrent dans leurs fourreaux, que de vos deux ennemis, Jean de Bourgogne et Henri d'Angleterre, le premier ne soit sous la terre de France, et l'autre hors de la terre de France. — Pour en venir là, il y aura de rudes mêlées. — Les nuits de guet sont froides, les journées des camps sont meurtrières; — c'est une vie de soldat à prendre, au lieu d'une existence de prince à continuer; ce n'est point une heure de tournois, ce sont des jours de combat; ce ne sont pas quelques mois d'escarmouches et de rencontres, ce sont des années entières de luttes et de batailles. — Monseigneur, songez-y bien.

Le jeune dauphin, sans répondre à Tanneguy, quitta son bras, et marcha droit à l'homme d'armes qui veillait dans l'une des tourelles de la Bastille; en un instant le ceinturon qui soutenait la trousse de l'archer fut serré autour de la taille du dauphin, l'arc de frêne du soldat passa entre les mains du prince, et la voix du jeune homme avait pris un accent de fermeté que personne ne lui connaissait, lorsque, se tournant vers Duchâtel étonné, il lui dit:

— Mon père, tu dormiras tranquille, je pense, quoique ce soit la première veille d'armes de ton fils.

Duchâtel allait lui répondre, lorsqu'un développement de la scène qui se passait au pied de la Bastille vint changer la direction de ses idées.

Depuis quelques instans le bruit s'était rapproché, et une grande lueur montait de la rue de la Cerisée; cependant il était impossible de découvrir ceux qui causaient ce bruit, ni de deviner la véritable cause de cette lueur, la position traversale de la rue et la hauteur des maisons empêchant les regards de pénétrer jusqu'au rassemblement qui les occasionnait. Tout-à-coup des cris plus distincts se firent entendre, et un homme à moitié nu s'élança de la rue de la Cerisée dans la rue Saint-Antoine, fuyant et appelant du secours. Il était poursuivi à une faible distance par quelques hommes, qui de leur côté criaient : « A mort! à mort l'Armagnac! tue l'Armagnac! » A la tête de ceux qui poursuivaient ce malheureux, on reconnaissait maître Cappeluche à son grand sabre à deux mains qu'il portait nu et sanglant sur son épaule, à sa huque sang-de-bœuf et à ses jambes nues. Cependant le fugitif, à la course duquel la peur donnait une rapidité surhumaine, allait échapper à ses assassins en gagnant l'angle de la rue Saint-Antoine, et en se jetant derrière le mur des Tournelles, lorsque ses jambes s'embarrassèrent dans la chaîne que l'on tendait chaque soir à l'extrémité de la rue. Il fit quelques pas en trébuchant, et vint tomber à une portée de trait des murs de la Bastille. Ceux qui le poursuivaient, prévenus par sa chute même, sautèrent par-dessus la chaîne, ou passèrent par-dessous, de sorte que, lorsque ce malheureux voulut se relever, il vit briller au-dessus de sa tête l'épée de Cappeluche. Il comprit alors que tout était fini pour lui, et retomba sur ses deux genoux en criant : *Merci!* non pas aux hommes, mais à Dieu.

Dès le premier moment où la scène que nous venons de raconter avait eu pour théâtre la grande rue Saint-Antoine, aucun de ces détails n'avait pu échapper ni à Tanneguy ni au dauphin. Celui-ci surtout, moins habitué à de semblables spectacles, y prenait un intérêt que trahissaient ses mouvemens convulsifs et les sons inarticulés de sa voix, de sorte que, lorsque l'Armagnac tomba, Cappeluche n'avait pas été plus prompt à se précipiter sur sa victime, que le jeune homme à tirer une flèche de sa trousse et à l'assujettir sur la corde de l'arc avec les deux doigts de la main droite. L'arc plia comme un roseau fragile, s'abaissant dans la main gauche, tandis que la droite ramenait la corde jusqu'à l'épaule du jeune homme, et il eût été bien difficile de juger, quelle que fût la différence de la distance, laquelle arriverait le plus vite à son but, de la flèche du dauphin ou de l'épée de Cappeluche, lorsque Tanneguy, étendant vivement son bras, saisit la flèche par le milieu, et la brisa entre les deux mains de l'archer royal.

— Que fais-tu, Tanneguy? que fais-tu? lui dit le dauphin en frappant du pied; ne vois-tu pas que cet homme va tuer un des nôtres, qu'un Bourguignon va assassiner un Armagnac?

— Meurent tous les Armagnacs, monseigneur, avant que votre altesse souille le fer d'une de ses flèches dans le sang d'un pareil homme!

— Mais, Tanneguy! Tanneguy! ah! regarde!...

Au cri du dauphin, Tanneguy jeta de nouveau les yeux sur la rue Saint-Antoine; la tête de l'Armagnac était à dix pas de son corps, et maître Cappeluche faisait tranquillement égoutter sa longue épée, en sifflant l'air de la chanson si connue :

« Duc de Bourgogne,
» Dieu te tienne en joie. »

— Regarde, Tanneguy, regarde, disait le dauphin en pleurant de rage; sans toi, sans toi !... mais regarde donc...

— Oui, oui, je vois bien, dit Tanneguy.... mais, je vous le répète, cet homme ne pouvait pas mourir de votre main.

— Mais, sang-Dieu ! quel est donc cet homme?

— Cet homme, monseigneur, c'est maître Cappeluche, le bourreau de la ville de Paris.

Le dauphin laissa tomber ses deux bras, et pencha sa tête sur sa poitrine.

— O mon cousin de Bourgogne, dit-il d'une voix sourde, je ne voudrais pas, pour conserver les quatre plus beaux royaumes de la chrétienté, employer les hommes et les moyens dont vous vous servez pour m'enlever ce qui me reste du mien.

Pendant ce temps, un des hommes de la suite de Cappeluche ramassait d'une main par les cheveux la tête du mort, et l'approchait d'une torche qu'il tenait de l'autre. La lumière porta sur le visage de cette tête, et les traits n'en étaient pas tellement défigurés par l'agonie, que Tanneguy, du haut de la Bastille, ne pût reconnaître ceux de Henri de Marle, son ami d'enfance, et l'un des plus chauds et des plus dévoués Armagnacs ; un profond soupir sortit de sa large poitrine.

— Pardieu ! maître Cappeluche, dit l'homme du peuple en portant cette tête au bourreau, vous êtes un rude compère de décoller la tête du premier chancelier de France aussi proprement et sans plus d'hésitation que si c'était celle du dernier truand !

Le bourreau sourit avec complaisance ; il avait aussi ses flatteurs [*].

---

[*] Si l'on nous accusait de nous complaire à de pareils détails, nous répondrions que ce n'est ni notre goût ni notre faute, mais seulement la faute de l'histoire. Une citation prise dans les *Ducs de Bourgogne* de M. de Barante prouvera peut-être que nous n'avons choisi ni les teintes les plus lugubres, ni les tableaux les

La même nuit, deux heures avant que le jour ne parût, une troupe peu nombreuse, mais bien montée et bien armée, sortit avec précaution par la porte extérieure de la Bastille, prit en silence le chemin du pont de Charenton, et après l'avoir traversé, suivit pendant huit heures à peu près la rive droite de la Seine, sans qu'aucune parole fût échangée, sans qu'aucune visière se levât. Enfin, vers les onze heures du matin, elle vint en vue d'une ville de guerre.

— Maintenant, monseigneur, dit Tanneguy au cavalier qui

plus hideux de cette malheureuse époque. Quand les rois et les princes arment les peuples pour des guerres civiles, quand ils prennent des instrumens humains pour trancher leurs différends et démêler leurs intérêts, ce n'est plus la faute de l'instrument qui frappe, et le sang versé retombe sur la tête qui commande et sur le bras qui conduit.

Revenons à notre citation; la voici :

« On avait du sang jusqu'à la cheville dans la cour des prisons; on tua aussi dans la ville et dans les rues. Les malheureux arbalétriers génois étaient chassés des maisons où ils étaient logés, et livrés à la populace furieuse. Des femmes et des enfans furent mis en pièces; une malheureuse femme grosse fut jetée morte sur le pavé, et comme on voyait son enfant palpiter dans ses flancs : Tiens, disait-on, le petit chien remue encore. Mille horreurs se commettaient sur les cadavres : on leur faisait une écharpe sanglante, comme au connétable; on les traînait dans les rues; les corps du comte d'Armagnac, du chancelier Robert-le-Masson, de Raimond de la Guerre, furent ainsi promenés sur une claie dans toute la ville, puis laissés durant trois jours sur les degrés du palais. »

M. de Barante avait dû puiser lui-même ces détails dans Juvénal des Ursins, auteur contemporain avec lequel nos lecteurs ont fait connaissance.

se trouvait le plus près de lui, vous pouvez lever votre visière, et crier *saint Charles et France !* car voici l'écharpe blanche des Armagnacs, et vous allez entrer dans votre fidèle ville de Melun.

C'est ainsi que le dauphin Charles, que l'histoire surnomma depuis *le Victorieux*, passa sa première veille de nuit, et fit sa première marche de guerre.

VII.

Les motifs politiques qui retenaient le duc de Bourgogne loin de la capitale sont faciles à expliquer.

Du moment où un autre plus heureux que lui s'était emparé de Paris, il avait pensé à lui en laisser l'honneur qu'il ne pouvait lui enlever, mais à en tirer pour lui-même le bénéfice qui pouvait lui en revenir. Il ne lui avait pas été difficile de prévoir que les réactions naturelles qui suivent de semblables changemens politiques entraîneraient après elles des meurtres et des vengeances sans nombre, que sa présence à Paris ne les pourrait empêcher qu'en le dépopularisant aux yeux de ses partisans eux-mêmes, tandis que son absence lui épargnait la responsabilité du sang répandu. — D'ailleurs ce sang coulait des veines des Armagnacs, c'était une large saignée qui affaiblissait pour longtemps le parti qui lui était opposé : ses ennemis tombaient les uns après les autres, sans qu'il prit même la peine de les frapper. Puis, lorsqu'il jugerait que le peuple serait fatigué de massacre; quand il verrait la ville arrivée à ce point de lassitude où le besoin du repos remplace celui de la vengeance ; quand on pourrait épargner sans peine et sans danger les restes mutilés d'un parti frappé dans ses chefs, alors il rentrerait dans la ville, comme l'ange gardien de ses murs, éteignant le feu, étanchant le sang, et proclamant paix et amnistie pour tout le monde.

Le prétexte sur lequel il motivait son absence se trouve avoir avec la suite de notre histoire une connexité trop grande pour que nous ne le fassions pas connaître à nos lecteurs.

Le jeune sire de Giac, que nous avons vu au château de Vincennes, disputant aux sires de Graville et de l'Ile-Adam le cœur d'Isabel de Bavière, avait, comme nous l'avons dit, accompagné la reine à Troyes. Chargé par sa royale souveraine de plusieurs messages importans auprès du duc de Bourgogne, il avait remarqué à la cour du prince mademoiselle Catherine de Thian, l'une des femmes de la duchesse de Charolais*. Jeune, brave et beau, il avait cru que ces trois qualités, jointes à la confiance que lui donnait la conviction de les posséder, étaient des titres suffisans près de cette belle et noble jeune fille : ce fut donc avec un étonnement toujours croissant qu'il s'aperçut que ses hommages étaient reçus sans qu'ils parussent être distingués de ceux des autres seigneurs.

L'idée qu'il avait un rival fut la première qui vint au sire de Giac; il suivit mademoiselle de Thian comme son ombre, il épia tous ses gestes, surprit tous ses regards, et finit, malgré la persévérance de la jalousie, par demeurer convaincu qu'aucun des jeunes gens qui l'entouraient n'était plus heureux ni plus favorisé que lui. Il était riche, portait un noble nom ;

* Le comte de Charolais, fils du duc Jean, avait épousé la princesse Michelle, fille du roi Charles VI.

il pensa que l'offre de sa main séduirait peut-être la vanité au défaut de l'amour. La réponse de mademoiselle de Thian fut à la fois si précise et si polie, que le sire de Gyac perdit le reste de son espoir et conserva tout son amour. C'était à en devenir fou, à force d'y penser et de n'y rien comprendre ; sa seule ressource était l'absence : il eut la force de l'appeler à son secours. Il prit en conséquence les ordres du duc et retourna près de la reine.

Six semaines s'étaient à peine passées, lorsqu'un nouveau message le ramena à Dijon. L'absence lui avait été plus favorable que la présence. Le duc le reçut avec plus d'amitié, et mademoiselle de Thian avec plus d'abandon : il fut quelque temps à douter de son bonheur ; mais enfin un jour le duc Jean lui offrit de se charger de faire une nouvelle démarche auprès de celle qu'il aimait. Une si puissante protection devait aplanir bien des difficultés ; le sire de Gyac accepta l'offre avec joie, et deux heures après une seconde réponse, aussi favorable que la première avait été désespérante, prouva que, soit que mademoiselle de Thian eût réfléchi au mérite du chevalier, soit que l'influence du duc fût toute-puissante, il ne fallait jamais en pareille circonstance accorder une croyance trop prompte au premier refus d'une femme.

Le duc déclara donc qu'il ne rentrerait pas à Paris avant que les noces des deux jeunes époux ne fussent célébrées. Elles furent splendides. Le duc voulut en faire les frais. Le matin il y eut des tournois et des joutes où de belles armes furent faites ; le dîner fut suspendu par des entremets magnifiques et tout-à-fait ingénieux, et le soir un mystère, dont le sujet était Adam recevant Ève des mains de Dieu, fut joué avec grande acclamation. On avait fait venir, à cet effet, de Paris un poète en renom : il fut défrayé de son voyage et reçut vingt-cinq écus d'or. Ces choses se passaient du 15 au 20 juin 1418.

Enfin le duc Jean pensa que le moment était venu de rentrer dans la capitale. Il chargea le sire de Gyac de l'y précéder et d'annoncer son arrivée. Celui-ci ne consentit à se séparer de sa jeune épousée que lorsque le duc lui eut promis de la faire entrer au nombre des femmes de la reine et de la lui ramener à Paris. De Gyac devait sur sa route prévenir Isabel de Bavière que le duc serait le 2 juillet à Troyes, et l'y prendrait en passant.

Le 14 juillet, Paris s'éveilla au son joyeux des cloches. Le duc de Bourgogne et la reine étaient arrivés à la porte Saint-Antoine; toute la population était dans les rues; toutes les maisons devant lesquelles ils devaient passer pour se rendre à l'hôtel Saint-Paul étaient tendues de tapisseries comme lorsque Dieu sort; tous les perrons étaient chargés de fleurs, toutes les fenêtres de femmes. Six cents bourgeois, vêtus de huques bleues, et conduits par le seigneur de l'Ile-Adam et le sire de Gyac, allaient au-devant d'eux, leur portant les clefs de la ville comme à des vainqueurs. Le peuple suivait à flots, divisé par corporation, rangé sous ses étendards respectifs, criant joyeusement : *Noël!* oubliant qu'il avait eu faim la veille, et qu'il aurait faim le lendemain.

Le cortège trouva la reine, le duc, et leur suite qui attendaient à cheval. Arrivé en face du duc, le bourgeois qui portait les clefs d'or dans un plat d'argent mit un genou en terre :

— Monseigneur, dit l'Ile-Adam, les touchant de la pointe de son épée nue, voici les clefs de votre ville. En votre absence, nul ne les a reçues, et l'on vous attendait pour vous les remettre.

— Donnez-les-moi, sire de l'Ile-Adam, dit le duc, car en bonne justice vous avez le droit de les toucher avant moi.

L'Ile-Adam sauta à bas de cheval, et les présenta respectueusement au duc; celui-ci les accrocha à l'arçon de sa selle, en face de sa hache d'armes. Bien des gens trouvèrent cette action trop hardie de la part d'un homme qui entrait en pacificateur, et non en ennemi; mais telle était la joie qu'on avait de revoir la reine et le duc, que l'enthousiasme ne fut aucunement refroidi par cet incident.

Alors un autre bourgeois s'avança, et présenta au duc deux cottes de velours bleu, l'une pour lui, l'autre pour le comte Philippe de Saint-Pol, son neveu [*].

— Merci, messieurs, dit-il; c'est une bonne pensée à vous d'avoir prévu que j'aimerais à rentrer dans votre ville, vêtu des couleurs de la reine. Quittant alors sa robe de velours, il revêtit la cotte qui venait de lui être offerte, et ordonna à son neveu d'en faire autant. A cette vue, tout le peuple cria : Vive Bourgogne! vive la reine!

Les trompettes sonnèrent; les bourgeois se divisèrent en deux lignes et se placèrent en haie de chaque côté du duc et de la reine; le peuple se mit à leur suite. Quant au sire de Gyac, il avait reconnu sa femme au milieu de la maison de madame Isabel; il quitta la place que l'étiquette lui avait réservée pour prendre près d'elle celle que lui indiquait son impatience. Le cortége se mit en marche.

[*] Le comte de Saint-Pol était le fils du duc de Brabant, mort à la bataille d'Azincourt.

Partout sur son passage des cris d'espérance et de joie l'accueillaient; les fleurs pleuvaient de toutes les fenêtres, comme une neige embaumée, et couvraient le pavé sous les pieds du cheval de la reine ; c'était un délire à enivrer, et l'on eût cru insensé celui qui serait venu dire au milieu de cette fête, que, dans ces mêmes rues où s'effeuillaient tant de fleurs fraîches, où s'épandaient tant de clameurs joyeuses, le meurtre, la veille encore, avait répandu tant de sang, et l'agonie jeté tant de cris.

Le cortége arriva en face de l'hôtel Saint-Paul. Le roi l'attendait sur la dernière marche du perron. La reine et le duc mirent pied à terre et montèrent les degrés ; le roi et la reine s'embrassèrent ; le peuple jeta de grandes acclamations : il croyait toutes les discordes éteintes dans le baiser royal, car il oubliait que, depuis Judas et le Christ, les mots trahison et baiser s'écrivent avec les mêmes lettres.

Le duc avait mis un genou en terre, le roi le releva.

— Mon cousin de Bourgogne, dit-il, oublions tout ce qui s'est passé, car de grands malheurs sont advenus de tous nos débats ; mais, Dieu merci ! nous espérons, si vous nous y aidez, y porter un bon et sûr remède.

— Sire, répondit le duc, ce que j'ai fait a toujours été pour le plus grand bien de la France et le plus grand honneur de votre altesse ; ceux qui vous ont dit le contraire étaient encore plus vos ennemis que les miens.

En achevant ces mots, le duc baisa la main du roi, qui rentra à l'hôtel Saint-Paul : la reine, le duc et leur maison l'y suivirent. Tout ce qui était doré rentra dans le palais ; le peuple seul resta dans la rue, et deux gardes placés à la porte de l'hôtel rétablirent bientôt la barrière d'acier qui sépare prince et sujet, royauté et population. N'importe, le peuple était trop ébloui pour s'apercevoir qu'il était le seul à qui aucune parole n'avait été adressée, à qui aucune promesse n'avait été faite. Il se dispersa en criant : Vive le roi ! vive Bourgogne ! et ce ne fut que le soir qu'il s'aperçut qu'il avait plus faim encore que la veille.

Le lendemain, de grands rassemblemens se formèrent ainsi que de coutume. Comme il n'y avait pas de fête ce jour-là, pas de cortége à voir passer, le peuple alla vers l'hôtel Saint-Paul, non plus pour crier : Vive le roi ! vive Bourgogne ! mais pour demander du pain.

Le duc Jean parut au balcon ; il dit qu'il s'occupait de faire cesser la famine et la misère qui désolaient Paris ; mais il ajouta que cela était difficile, à cause des déprédations et des ravages qu'avaient faits les Armagnacs dans les environs de la capitale.

Le peuple reconnut la justesse de cette raison, et demanda que les prisonniers qui étaient à la Bastille lui fussent livrés ; car, disait-il, ceux qu'on garde dans ces prisons se rachètent toujours à force d'or, et c'est nous qui payons la rançon.

Le duc répondit à ces affamés qu'il serait fait selon leur désir. En conséquence, à défaut de pain, une ration de sept prisonniers leur fut délivrée. Ce furent messire Enguerrand de Marigny, martyr descendant d'un martyr ; messire Hector de Chartres, père de l'archevêque de Reims, et Jean Taranne, riche bourgeois : l'histoire a oublié le nom des quatre autres*. La populace les égorgea ; cela lui fit prendre patience.

* Juvénal, Enguerrand de Monstrelet.

Le duc, de son côté, perdait à ce massacre sept ennemis, et gagnait un jour de repos : c'était tout bénéfice.

Le lendemain, nouveau rassemblement, nouveaux cris, nouvelle ration de prisonniers ; mais cette fois la multitude avait plus faim de pain que soif de sang ; elle conduisit, à leur grand étonnement, les quatre malheureux à la prison du Châtelet, et les remit au prévôt ; puis elle s'en alla piller l'hôtel Bourbon, et comme il s'y trouvait un étendard sur lequel était brodé un dragon, quelques centaines d'hommes allèrent le montrer au duc de Bourgogne comme une nouvelle preuve de l'alliance des Armagnacs et de l'Angleterre, et l'ayant mis en morceaux, ils en traînèrent les lambeaux dans la boue, en criant : Mort aux Armagnacs ! mort aux Anglais ! mais sans tuer personne.

Cependant le duc voyait bien que peu à peu la sédition s'approchait de lui, comme une marée du rivage ; il craignit qu'après s'en être pris si long-temps aux causes apparentes, le peuple ne s'en prît enfin aux causes réelles ; il fit donc, pendant la nuit, venir à l'hôtel Saint-Paul quelques notables bourgeois de la ville de Paris, qui lui promirent que s'il voulait rétablir la paix et remettre chaque chose à sa place, ils seraient à son aide. Certain de leur appui, le duc attendit plus tranquillement la journée du lendemain.

Le lendemain il n'y avait plus qu'un seul cri, car il n'y avait plus qu'un seul besoin : Du pain ! du pain !

Le duc parut au balcon et voulut parler : les vociférations couvrirent sa voix ; il descendit, se jeta sans armes et la tête nue au milieu de ce peuple hâve et affamé, donnant la main à tout le monde, jetant l'or à pleines volées. Le peuple se referma sur lui, l'étouffant de ses replis, le pressant de ses ondes, effrayant dans son amour de lion comme dans sa colère de tigre. Le duc sentit qu'il était perdu, s'il n'opposait la puissance morale de la parole à cette effrayante puissance physique; il demanda de nouveau à parler, et sa voix se perdit sans être entendue; enfin il s'adressa à un homme du peuple qui paraissait exercer quelque influence sur cette masse. Celui-ci monta sur une borne et dit : « Silence ! le duc veut parler, écoutons-le. » La foule obéissante se tut. Le duc avait un pourpoint de velours brodé d'or, une chaîne précieuse au cou ; cet homme n'avait qu'un vieux chaperon rouge, une cotte sang-de-bœuf et les jambes nues. Cependant il avait obtenu ce qu'avait vainement demandé le puissant duc Jean de Bourgogne.

Il fut aussi heureux dans ses autres commandemens que dans le premier. Quand il vit que le silence était rétabli :

« Faites cercle, » dit-il.

La foule s'écarta; le duc mordant ses lèvres jusqu'au sang, honteux d'être obligé de recourir à de telles manœuvres et de se servir de tels hommes, remonta sur le perron au bas duquel il se repentait déjà d'être descendu. L'homme du peuple l'y suivit, promena ses yeux sur cette multitude pour savoir si elle était prête à entendre ce qu'on avait à lui dire; puis se tournant vers le prince :

— Parlez maintenant, mon duc, dit-il, on vous écoute.

Et il se coucha à ses pieds, comme un chien à ceux de son maître.

En même temps quelques seigneurs, qui étaient au duc de Bourgogne, étant arrivés de l'intérieur de l'hôtel Saint-Paul, se rangèrent derrière lui, prêts à lui prêter assistance, si la chose devenait nécessaire. Le duc fit un signe de la main ; un *chut* impérieux et prolongé sortit comme un grognement de la bouche de l'homme à la cotte rouge, et le duc prit la parole :

« — Mes amis, dit-il, vous me demandez du pain. Il m'est impossible de vous en donner ; c'est à peine si le roi et la reine en ont pour leur table royale : vous feriez bien mieux, au lieu de courir sans fruit à travers les rues de Paris, d'aller mettre le siége devant Marcoussis et Montlhéry, où sont les dauphinois * ; vous trouveriez des vivres dans ces villes, et vous en chasseriez les ennemis du roi, qui viennent tout ravager jusqu'à la porte Saint-Jacques, et qui empêchent de faire la moisson. »

— Nous ne demandons pas mieux, dit la foule tout d'une voix, mais que l'on nous donne des chefs.

— Sires de Cohen et de Rupes, dit le duc en tournant la tête à demi par-dessus son épaule, et en s'adressant aux seigneurs qui étaient derrière lui, voulez-vous une armée ? je vous la donne.

— Oui, monseigneur, répondirent-ils en s'avançant.

— Mes amis, continua le duc en s'adressant au peuple et en lui présentant ceux que nous venons de nommer, voulez-vous ces nobles chevaliers pour chefs ? je vous les offre.

— Eux ou tous autres, pourvu qu'ils marchent devant.

— Alors, messeigneurs, à cheval, dit le duc, et vivement, ajouta-t-il à demi-voix.

Le duc allait rentrer : l'homme qui était à ses pieds se leva et lui tendit la main ; le duc la lui serra comme il avait

* C'est ainsi que, depuis la mort du comte d'Armagnac, on nommait les partisans du dauphin.

fait aux autres : il avait quelques obligations à cet homme.

— Ton nom ? lui dit-il.

— Cappeluche, répondit celui-ci en ôtant respectueusement son chaperon de la main que le duc lui laissait libre.

— Ton état ? continua le duc.

— Maître bourreau de la ville de Paris.

Le duc lâcha la main comme si c'eût été un fer rouge, recula deux pas et devint pâle. Le plus puissant prince de la chrétienté avait, à la face de Paris tout entier, choisi ce perron comme un piédestal pour pactiser avec l'exécuteur des hautes œuvres.

— Bourreau, dit le duc d'une voix creuse et tremblante, va au grand Châtelet, tu y trouveras de la besogne.

Maître Cappeluche obéit à cet ordre comme à une injonction à laquelle il était accoutumé.

— Merci, monseigneur, dit-il ; puis, en descendant le perron, il ajouta tout haut : Le duc est un noble prince, pas du tout fier, et aimant le pauvre peuple.

— L'Ile-Adam, dit le duc en étendant le bras vers Cappeluche qui s'éloignait, faites suivre cet homme, car il faut que ma main ou sa tête tombe.

Le même jour, les seigneurs de Cohen, de Rupes et messire Gaultier Raillard sortirent de Paris avec une multitude de canons et machines compétentes à mettre un siège. Plus de 10,000 hommes des plus hardis émouveurs de populace les suivirent volontairement ; derrière eux les portes de Paris furent fermées, et le soir les chaînes tendues à toutes les rues, ainsi qu'au haut et au bas de la rivière. Les corporations de bourgeois partagèrent avec les archers le service du guet, et ce fut la première fois peut-être, depuis deux mois, qu'une nuit s'écoula tout entière sans qu'elle fût une seule fois troublée par les cris au meurtre ! ou au feu !

Cependant Cappeluche, tout fier de la poignée de main qu'il avait reçue et du message dont il était chargé, s'acheminait vers le grand Châtelet, rêvant à l'exécution qui devait sans doute avoir lieu le lendemain, et à la part d'honneur qui ne manquerait pas de lui en revenir, si, comme cela arrivait quelquefois, la cour y assistait. Quelqu'un qui l'aurait rencontré aurait reconnu dans son allure l'aplomb d'un homme parfaitement content de lui, et aurait deviné que les gestes qu'il faisait en fendant l'air de sa main droite en différentes lignes, étaient une répétition mentale de la scène dans laquelle il croyait avoir, le lendemain, à jouer un rôle si important.

Il arriva ainsi à la porte du grand Châtelet, y frappa un seul coup ; mais la promptitude avec laquelle la porte s'ouvrit prouva que le concierge avait reconnu que celui qui frappait ainsi devait avoir le privilége de ne pas attendre.

Le geôlier soupait en famille ; il offrit à Cappeluche de prendre sa part du repas : celui-ci accepta avec un air de bienveillante protection, fort naturel dans un homme qui venait de donner une poignée de main au plus grand vassal de la couronne de France. En conséquence, il déposa sa grande épée près de la porte, et s'assit à la place d'honneur.

— Maître Richard, dit Cappeluche au bout d'un instant, quels sont les principaux seigneurs que vous logez dans votre hôtellerie ?

— Ma foi, messire, répondit Richard, je ne suis ici que depuis peu de temps, mon prédécesseur et sa femme ayant été tués lorsque les Bourguignons ont pris le Châtelet. Je sais bien la quantité de gamelles que je fais descendre aux prisonniers, mais j'ignore le nom de ceux qui mangent ma soupe.

— Et ce nombre est-il considérable ?

— Ils sont cent vingt.

— Eh bien ! maître Richard, demain ils ne seront plus que cent dix-neuf.

— Comment cela ? est-ce qu'il y a une nouvelle émeute parmi le populaire ? dit vivement le geôlier, qui craignait le renouvellement des scènes dont son prédécesseur avait été victime. Si je savais lequel on me demandera, je le préparerais pour ne pas faire attendre le peuple.

— Non, non, dit Cappeluche, vous ne m'avez pas compris ; le populaire marche en ce moment vers Marcoussis et Montlhéry ; ainsi vous voyez qu'il tourne le dos au grand Châtelet. Ce n'est pas d'une émeute qu'il s'agit, c'est d'une exécution.

— Êtes-vous certain de ce que vous dites ?

— Vous me demandez cela, à moi ! reprit en riant Cappeluche.

— Ah ! c'est vrai, vous aurez reçu les ordres du prévôt.

— Non, je sais la nouvelle de plus haut ; je la tiens du duc de Bourgogne.

— Du duc de Bourgogne !

— Oui, continua Cappeluche en renversant sa chaise sur les pieds de derrière et en se dandinant avec nonchalance, oui, du duc de Bourgogne ; il m'a pris la main il n'y a pas plus d'une heure, et m'a dit : « Cappeluche, mon ami, fais-moi le plaisir d'aller au plus vite à la prison du Châtelet et d'y attendre mes ordres. » Je lui ai dit : « Monseigneur, vous pouvez compter sur moi ; c'est à la vie et à la mort. » Ainsi, il est évident que l'on conduit demain quelque noble Armagnac en Grève, et que le duc, devant y assister, a voulu voir de la besogne bien faite, et par conséquent m'en a chargé. S'il en eût été autrement, l'ordre serait venu du prévôt, et c'est Gorju, mon valet, qui l'aurait reçu.

Comme il achevait ces mots, deux coups de marteau retentirent, frappés sur la porte extérieure ; le geôlier demanda à Cappeluche la permission de prendre la lampe, Cappeluche y consentit d'un signe de tête : le geôlier sortit, laissant les convives dans l'obscurité.

Au bout de dix minutes, il rentra, s'arrêta à la porte de la chambre, qu'il ferma avec soin, fixa avec une expression singulière d'étonnement les yeux sur son hôte, et lui dit, sans aller se rasseoir :

— Maître Cappeluche, il faut me suivre.

— C'est bon, répondit celui-ci en vidant ce qui restait de vin dans son verre, et en faisant claquer sa langue comme un homme qui apprécie mieux un ami au moment de s'en séparer ; c'est bon, je sais ce que c'est.

Et maître Cappeluche se leva et suivit le geôlier, après avoir pris l'épée qu'il avait déposée en entrant contre la porte.

Quelques pas dans un corridor humide les conduisirent à l'entrée d'un escalier si étroit, que l'on était forcé de convenir que l'architecte avait merveilleusement compris que les escaliers ne sont que des accessoires dans une prison d'État. Cappeluche descendait avec la facilité d'un homme à qui le chemin est familier, sifflant l'air de sa chanson favorite, s'arrêtant à chaque étage, et disant, lorsque le concierge continuait sa route :

— Diable ! diable ! c'est un grand seigneur.

Ils descendirent ainsi soixante marches à peu près.

Arrivés là, le concierge ouvrit une porte si basse, que maître Cappeluche, qui était d'une taille fort ordinaire, fut obligé de se baisser pour pénétrer dans le cachot auquel elle communiquait. Il remarqua en passant sa solidité : elle était en chêne, avait quatre pouces d'épaisseur, et était recouverte d'une lame de fer. Il fit un mouvement de tête comme un connaisseur qui approuve. Le cachot était vide.

Cappeluche fit cette remarque du premier coup d'œil, mais il pensa que celui près duquel il croyait être envoyé était ou à l'interrogatoire ou à la torture ; il posa son épée dans un coin, et se disposa à attendre le prisonnier.

— C'est ici, dit le geôlier.
— Bien, répondit laconiquement maître Cappeluche.

Richard allait sortir emportant la lampe ; maître Cappeluche le pria de la lui donner. Comme on n'avait pas ordonné au geôlier de le laisser sans lumière, il lui accorda cette demande. A peine Cappeluche l'eut-il entre les mains, qu'il se mit en quête, tellement préoccupé par la recherche qu'il faisait, qu'il n'entendit pas la clef tourner deux fois dans la serrure et les verrous se fermer sur lui.

Il avait trouvé dans la paille du lit ce qu'il cherchait avec tant d'attention : c'était un pavé dont quelque prisonnier s'était fait un chevet.

Maître Cappeluche porta le pavé au milieu du cachot, en approcha un vieil escabeau de bois, posa sa lampe dessus, alla prendre son épée où il l'avait déposée, mouilla le pavé avec un reste d'eau qui croupissait dans un tronçon de cruche, et, s'asseyant par terre, le pavé entre ses jambes, se mit gravement à repasser son épée, qui avait un peu souffert des services réitérés qu'elle lui avait rendus depuis quelques jours, n'interrompant cette occupation que pour en tâter le fil, en passant le pouce sur le tranchant, puis se remettant chaque fois au travail avec une nouvelle ardeur.

Il était tellement absorbé dans cette intéressante occupation, qu'il ne s'était pas aperçu que la porte s'était ouverte et refermée, et qu'un homme s'était approché lentement de lui, le regardant avec un étonnement tout naïf. Enfin, le nouveau-venu rompit le silence.

— Pardieu! dit-il, maître Cappeluche, vous faites là une drôle de besogne!

— Ah! c'est toi, Gorju, dit Cappeluche en levant les yeux, qu'il reporta aussitôt sur le pavé qui absorbait toute son attention; qu'est-ce que tu dis?

— Je dis que vous êtes fameusement bon de vous occuper de pareils détails.

— Que veux-tu, mon enfant, dit Cappeluche, on ne fait rien sans amour-propre, et il en faut dans notre état aussi bien que dans un autre. Cette épée, tout ébréchée qu'elle était, pouvait encore aller dans une émeute, parce que là, pourvu qu'on tue, peu importe qu'on soit obligé de s'y prendre à deux fois; mais le service qu'elle doit faire demain n'est pas comparable à celui qu'elle fait depuis un mois, et je ne peux prendre trop de précautions pour que tout se passe à mon honneur.

Gorju était passé de l'air étonné à l'air stupide; il regardait, sans lui répondre, son maître, qui semblait mettre à son ouvrage, d'autant plus d'attention, qu'il approchait de sa fin.

Enfin, maître Cappeluche leva de nouveau les yeux vers Gorju.

— Tu ne sais donc pas, lui dit-il, qu'il y a demain une exécution ?

— Si fait, si fait, répondit celui-ci, je le sais.

— Eh bien !... qu'est-ce qui t'étonne alors ?...

Cappeluche se remit à la besogne.

— Vous ne savez donc pas, dit à son tour Gorju, le nom de celui qu'on exécute ?

— Non, répondit Cappeluche sans s'interrompre, cela ne me regarde pas, à moins que ce ne soit un nom de bossu ; alors il faudrait me le dire, parce que je prendrais mes précautions d'avance, vu la difficulté.

— Non, maître, répondit Gorju, le condamné a le cou comme vous et moi, et j'en suis bien aise parce que, comme je n'ai pas encore la main aussi habile que la vôtre...

— Qu'est-ce que tu dis ?

— Je dis qu'étant nommé bourreau de ce soir seulement, ce serait bien malheureux si pour la première fois j'étais tombé sur...

— Toi, bourreau ! dit Cappeluche l'interrompant, et laissant tomber son épée.

— Oh ! mon Dieu, oui, il y a une demi-heure que le prévôt m'a fait venir et m'a remis cette patente.

En disant ces mots, Gorju tira de son pourpoint un parchemin, et le présenta à Cappeluche ; celui-ci ne savait pas lire, mais il reconnut les armes de France et le sceau de la prévôté, et le comparant de souvenir avec le sien, il vit qu'il était exactement pareil.

— Oh! dit-il comme un homme abattu, la veille d'une exécution publique me faire cet affront!

— Mais il était impossible que ce fût vous, maître Cappeluche.

— Et pourquoi cela?

— Parce que vous ne pouviez pas vous exécuter vous-même; c'est la première fois que ça se serait vu.

Maître Cappeluche commençait à comprendre; il leva des yeux étonnés sur son valet, ses cheveux se dressèrent sur son front, et de leur racine tombèrent à l'instant même des gouttes de sueur qui descendirent le long de ses joues creuses.

— Ainsi donc, c'est moi! dit-il.

— Oui, maître, répondit Gorju.

— Et c'est toi!...

— Oui, maître.

— Qui donc a donné cet ordre?

— Le duc de Bourgogne.

— Impossible! il n'y a qu'une heure qu'il me prenait la main.

— Eh bien! c'est cela, dit Gorju, maintenant il vous prend la tête.

Cappeluche se leva lentement, oscillant sur ses jambes comme un homme ivre, et alla droit à la porte : il en prit la serrure entre ses larges mains, et à deux reprises la secoua à faire sauter les gonds, s'ils eussent été moins solides.

Gorju le suivait des yeux avec toute l'expression d'intérêt

qu'était susceptible de prendre sa figure dure et basanée.

Lorsque Cappeluche se fut aperçu de l'inutilité de ses efforts, il revint s'asseoir à la place où Gorju l'avait trouvé, ramassa son épée, et la remettant sur le pavé, il lui donna le dernier coup qui lui manquait.

— Encore? dit Gorju.

— Si c'est à moi qu'elle doit servir, répondit Cappeluche d'une voix sourde, raison de plus pour qu'elle coupe bien.

En ce moment, Vaux de Bar, le prévôt de Paris, entra suivi d'un prêtre, et procéda pour la forme à l'interrogatoire. Maître Cappeluche avoua quatre-vingt-six meurtres en dehors de ses fonctions légales : un tiers à peu près avait été commis sur des femmes et des enfans.

Une heure après, le prévôt sortit, laissant avec Cappeluche le prêtre et le valet devenu bourreau.

Le lendemain, dès quatre heures du matin, la grande rue Saint-Denis, la rue aux Fèves, et la place du Pilori étaient encombrées de peuple, les fenêtres de toutes les maisons étaient garnies de têtes ; la grande boucherie près le Châtelet, le mur du cimetière des Saints-Innocens près des halles, semblaient prêts à crouler sous le poids qui les surchargeait. L'exécution devait avoir lieu à sept heures.

A six heures et demie, un mouvement d'ondulation, un frémissement électrique, une grande clameur poussée par ceux qui étaient près du Châtelet, annoncèrent à ceux de la place du Pilori que le condamné se mettait en marche. Il avait obtenu de Gorju, de qui dépendait cette dernière faveur, de n'être ni conduit sur un âne, ni traîné sur une charrette : il marchait d'un pas ferme entre le prêtre et le nouvel exécuteur, saluant de la main et de la voix ceux qu'il reconnaissait dans la foule. Enfin, il arriva sur la place du Pilori, entra dans un cercle d'une vingtaine de pieds de diamètre, formé par une compagnie d'archers, et au milieu duquel était un billot debout près d'un tas de sable. Le cercle qui s'était ouvert pour le laisser passer, se ferma derrière lui. Des chaises et des bancs avaient été disposés pour ceux qui, trop éloignés, ne pourraient voir par-dessus la tête des plus voisins ; chacun prit sa place comme sur un vaste amphithéâtre circulaire, dont les toits des maisons formaient le dernier gradin, et simulant un immense entonnoir de têtes humaines superposées les unes aux autres.

Cappeluche marcha droit au billot, s'assura s'il était posé d'aplomb, le rapprocha du tas de sable dont il était trop éloigné, et examina de nouveau le tranchant de l'épée ; puis, ces dispositions faites, il se mit à genoux et pria à voix basse : le prêtre lui faisait baiser un crucifix. Gorju était debout près de lui, appuyé sur sa longue épée ; sept heures commencèrent à sonner ; maître Cappeluche cria tout haut merci à Dieu et posa la tête sur le billot.

Pas un souffle ne semblait sortir de toutes ces bouches, pas un mouvement ne remuait cette foule ; chacun semblait cloué à sa place, les yeux seuls vivaient.

Tout-à-coup l'épée de Gorju flamboya comme un éclair ; le dernier coup frappa sur l'horloge, l'épée s'abaissa, et la tête alla rouler sur le tas de sable qu'elle mordit et teignit de sang.

Le tronc recula par un mouvement contraire, se traînant hideusement sur ses mains et ses genoux ; le sang jaillissait par les artères du cou, comme l'eau à travers le crible d'un arrosoir.

La foule poussa un grand cri, c'était la respiration qui revenait à cent mille personnes.

VI.

Les prévisions politiques du duc de Bourgogne s'étaient réalisées ; la ville de Paris était lasse de la vie tourmentée qui l'agitait depuis si longtemps ; elle attribua la cessation de ses maux, qui arrivaient naturellement à leur terme, à la présence du duc, à la sévérité qu'il avait déployée, et surtout à l'exécution de Cappeluche, cet ardent émouveur de populace. Aussitôt après sa mort, l'ordre était rétabli, et toutes les voix chantaient les louanges du duc de Bourgogne, lorsqu'un nouveau fléau vint se ruer sur la cité toute saignante encore : c'était la peste, cette sœur hâve et décharnée de la guerre civile.

Une épidémie affreuse se déclara. La famine, la misère, les morts oubliés dans les rues, les passions politiques qui font bouillir le sang aux veines, étaient les voix infernales qui l'avaient appelée. Le peuple, qui commençait à se refroidir, et qui était épouvanté de ses propres excès, crut voir la main de Dieu dans ce nouveau fléau : une fièvre singulière s'empara de lui. Au lieu d'attendre la maladie dans ses maisons et d'essayer de la prévenir, la population tout entière se répandit dans les rues ; des hommes couraient comme des insensés, criant que des flammes de l'enfer les brûlaient ; et sillonnant cette foule qui s'ouvrait tremblante devant eux, quelques-uns se jetèrent dans les puits, d'autres dans la rivière. Une seconde fois les tombeaux manquèrent aux morts et les prêtres aux mourans. Des hommes atteints des premiers symptômes du mal arrêtaient les vieillards dans les rues, et les forçaient d'entendre leurs confessions. Les seigneurs n'étaient pas plus à l'abri de l'épidémie que le pauvre peuple ; le prince d'Orange et le seigneur de Poix y succombèrent ; l'un des frères Fosseuse, allant faire sa cour au duc, sentit les premières atteintes du mal au bas du perron de l'hôtel Saint-Paul ; il essaya de continuer son chemin ; mais à peine avait-il monté six marches, qu'il s'arrêta pâle, les cheveux hérissés et les genoux tremblans. Il n'eut que le temps de croiser les bras sur sa poitrine, en disant : « Seigneur, ayez pitié de moi ! » et il tomba mort. Le duc de Bretagne, les ducs d'Anjou et d'Alençon se retirèrent à Corbeil, et le sire de Gyac et sa femme au château de Creil, que leur avait donné le duc de Bourgogne.

De temps en temps, derrière les vitraux de l'hôtel Saint-Paul, apparaissaient, comme des ombres, ou le duc, ou la reine ; ils jetaient les yeux sur ces scènes de désolation, mais ils n'y pouvaient rien et se tenaient enfermés dans le palais. Quant au roi, on disait qu'il était retombé dans un de ses accès de folie. Pendant ce temps, Henri d'Angleterre, accompagné d'une puissante armée, avait mis le siége devant Rouen. Toute la ville avait jeté un cri de détresse qui s'était perdu dans les clameurs de Paris, avant d'arriver au duc de Bourgogne : c'était cependant le cri d'une ville tout entière. Les Rouennais abandonnés n'en avaient pas moins fermé leurs portes et juré de se défendre jusqu'à la dernière extrémité.

De leur côté, les Dauphinois, conduits par l'infatigable Tanneguy, par le maréchal de Rieux, et par Barbazan, qu'on appelait *le chevalier sans reproches*, après s'être emparés de la ville de Tours, que défendaient, pour le duc, Guillaume de

Rommenel et Charles Labbe, poussaient des reconnaissances armées jusqu'aux portes de Paris.

Le duc Jean avait donc à sa gauche les Dauphinois, ennemis de la Bourgogne; à sa droite les Anglais, ennemis de la France; en face et derrière lui la peste, ennemie de tous.

Dans cette extrémité, il songea à traiter avec le dauphin, à laisser au roi, à la reine et à lui la responsabilité de la garde de Paris, et à aller devers Rouen pour lui porter secours.

En conséquence, les articles de paix arrêtés quelque temps auparavant à Bray et à Montereau furent de nouveau signés par la reine et le duc de Bourgogne. Le 17 septembre, ils furent publiés à son de trompe dans les rues de Paris, et le duc de Bretagne, porteur du traité, fut chargé de le soumettre à l'approbation du dauphin; et en même temps, pour le disposer à une réconciliation, il lui conduisit sa jeune femme*, qui était restée à Paris, et pour laquelle la reine et le duc avaient eu les plus grands égards.

Le duc de Bretagne trouva le dauphin à Tours : il obtint une audience de lui. Lorsqu'il fut introduit en sa présence, le dauphin avait à sa droite le jeune duc d'Armagnac, arrivé la veille de la Guyenne pour réclamer justice de la mort de son père, et à qui justice avait été hautement promise; à sa gauche Tanneguy Duchâtel, ennemi déclaré du duc de Bourgogne; derrière lui le président Louvet, Barbazan, et Charles

---

* Marie d'Anjou, fille de Louis, roi de Sicile. Le dauphin l'avait épousée en 1413; mais, comme il n'avait que onze ans, ce fut en 1416 seulement que le mariage fut consommé.

Labbe, qui venait de passer du parti de Bourgogne au sien, tous gens désirant la guerre, car ils avaient une haute fortune à espérer avec le dauphin, et tout à craindre avec le duc Jean.

Quoiqu'au premier aspect le duc de Bretagne jugeât bien quelle serait l'issue de la négociation, il mit un genou à terre, et présenta le traité au duc de Touraine. Celui-ci le prit, et, sans le décacheter, il dit au duc en le relevant :

— Mon cousin, je sais ce que c'est... On me rappelle à Paris, n'est-ce pas? on m'offre la paix si je veux revenir. Mon cousin, je ne ferai point la paix avec des assassins, je ne rentrerai pas dans une ville encore tout éplorée et sanglante. Monsieur le duc a fait le mal, qu'il le guérisse ; quant à moi, je n'ai point commis le crime, et ne veux point m'offrir en expiation.

Le duc de Bretagne voulut insister, mais toute instance fut inutile. Il retourna vers Paris, portant le refus du dauphin au duc de Bourgogne ; il trouva celui-ci près d'entrer au conseil où devait être entendu un envoyé de la ville de Rouen. Le duc écouta avec attention ce que son ambassadeur lui rapportait ; puis, lorsqu'il eut cessé de parler, il laissa tomber sa tête sur sa poitrine, réfléchit profondément quelques minutes : — C'est lui qui m'y aura forcé, dit-il tout-à-coup. Et il entra dans la salle du conseil du roi.

L'explication de la pensée du duc de Bourgogne est facile à donner.

Le duc était le plus grand vassal de la couronne de France et le plus puissant prince de la chrétienté. Il était adoré des Parisiens ; depuis trois mois, il gouvernait sous le nom du roi, et l'état continuel de maladie de ce malheureux prince ne permettait pas à ceux qui le désiraient le plus d'espérer qu'il pût vivre longtemps ; en cas de mort, de l'espèce de régence que tenait le duc, à la royauté, il n'y avait qu'un pas. Les dauphinois ne possédaient que le Maine et l'Anjou ; la cession de la Guyenne et de la Normandie au roi d'Angleterre lui faisait de celui-ci un allié et un appui. Les deux Bourgognes, la Flandre et l'Artois, qu'il tenait de son chef et qu'il réunissait à la couronne de France, étaient pour elle un dédommagement de cette perte ; enfin, l'exemple de Hugues Capet n'était pas si loin, qu'il ne pût être renouvelé ; et puisque le dauphin refusait toute alliance et voulait la guerre, il n'aurait à se plaindre à personne lorsque les conséquences de son refus retomberaient sur lui-même.

Dans ces conséquences, la politique du duc de Bourgogne était aussi simple que facile : laisser traîner le siége de Rouen en longueur, ouvrir les négociations avec Henri d'Angleterre, et tout préparer de concert avec lui pour que, la mort de Charles VI arrivant, toute puissance étant d'avance concentrée entre ses mains, il n'eût à ajouter au pouvoir, royal dont il était déjà investi, que le titre de roi qui lui manquait encore.

Le moment était on ne peut plus favorable pour commencer à mettre à exécution ce grand dessein : le roi, malade d'esprit comme il l'était, ne pouvait assister au conseil, et n'avait pas même été prévenu de sa convocation ; le duc était donc libre de faire à l'envoyé de la ville de Rouen la réponse qui lui semblerait la plus avantageuse, non pas aux intérêts de la France, mais à ses intérêts particuliers.

C'est dans ces dispositions, que venait de confirmer le refus du dauphin, qu'il entra dans la salle du conseil, et alla s'asseoir, comme pour s'essayer au rôle qu'il espérait jouer un jour, sur le trône du roi Charles.

On n'attendait que lui pour ordonner que le messager fût introduit.

C'était un vieux prêtre à cheveux blancs ; il était venu de Rouen pieds nus et un bâton à la main, comme il convient à un homme qui requiert secours. Il s'avança jusqu'au milieu de la salle, et, après avoir salué le duc de Bourgogne, il allait commencer à lui exposer l'objet de sa mission, lorsqu'un grand bruit se fit entendre vers une petite porte, couverte d'une tapisserie qui donnait dans les appartemens du roi. Chacun se retourna, et l'on vit avec surprise la tapisserie se soulever, et, se débarrassant des mains de ses gardiens qui voulaient le retenir, le roi Charles VI s'avancer à son tour dans cette salle où personne ne l'attendait, et, les yeux étincelans de colère, les habits en désordre, marcher d'un pas ferme droit au trône sur lequel s'était prématurément assis le duc Jean de Bourgogne.

Cette apparition inattendue frappa tout le monde d'un vague sentiment de crainte et de respect. Le duc de Bourgogne surtout le regardait s'avancer, se soulevant du trône au fur et à mesure qu'il approchait, comme si une force surnaturelle le contraignait de se tenir debout ; et quand le roi mit le pied sur la première marche du trône pour y monter, le duc, du côté opposé, mit machinalement le pied sur la dernière marche pour en descendre.

Chacun regardait silencieux ce singulier jeu de bascule.

— Oui, je comprends, messeigneurs, dit le roi, on vous avait dit que j'étais fou, peut-être même vous avait-on dit que j'étais mort. — Il se mit à rire d'une manière étrange.

— Non, non, messeigneurs, je n'étais que prisonnier. Mais j'ai su qu'on tenait le grand conseil en mon absence, et j'ai voulu y venir, mon cousin de Bourgogne ; j'espère que vous voyez avec plaisir que mon état, dont sans doute on vous avait exagéré le péril, me permet encore de présider les affaires du royaume. Puis se retournant vers le prêtre : — Parlez, mon père, lui dit-il, le roi de France vous écoute, et il s'assit sur le trône.

Le prêtre fléchit le genou devant le roi, ce qu'il n'avait pas fait devant le duc de Bourgogne, et commença à parler dans cette posture.

— Notre sire, dit-il, les Anglais, vos ennemis et les nôtres, ont mis le siège devant la ville de Rouen.

Le roi tressaillit.

— Les Anglais au cœur du royaume, et le roi n'en sait rien ! dit-il. Les Anglais devant Rouen !... Rouen, qui était ville française sous Clovis, l'aïeul de tous les rois de France ; qui n'a été perdue que pour être reprise par Philippe-Auguste !... Rouen, ma ville !... un des six fleurons de ma couronne !... Oh ! trahison, trahison ! murmura-t-il à voix basse.

Le prêtre, voyant que le roi avait cessé de parler, continua :

— Très excellent prince et seigneur, il m'est enjoint, de par les habitans de la ville de Rouen, de crier à vous, sire, et contre vous, duc de Bourgogne, qui avez le gouvernement du roi et de son royaume, le grand haro, lequel signifie l'oppression qu'ils ont des Anglais, et vous mandent et font savoir par moi que si, par faute de votre secours, il convient qu'ils soient sujets au roi d'Angleterre, vous n'aurez en tou t

le monde pires ennemis qu'eux, et que, s'ils peuvent, ils détruiront vous et votre génération.

— Mon père, dit le roi en se levant, vous avez accompli votre mission et m'avez rappelé la mienne. Retournez vers les braves habitans de la ville de Rouen, dites-leur de tenir, et que je les sauverai par négociation ou par secours, dussé-je, pour obtenir la paix, donner ma fille Catherine au roi d'Angleterre ; dussé-je, pour faire la guerre, marcher de ma personne à l'encontre de nos ennemis, en appelant à moi toute la noblesse du royaume.

— Sire, répondit le prêtre en s'inclinant, je vous remercie de votre bon vouloir, et prie Dieu qu'aucune volonté étrangère à la vôtre ne le change. Mais, soit pour la paix, soit pour la guerre, il faut vous hâter, sire ; car plusieurs milliers de nos habitans sont déjà morts de faim dans ladite ville, et depuis deux mois nous ne vivons que de chair que Dieu n'a pas faite pour la nourriture humaine. Douze mille pauvres gens, hommes, femmes et enfans, ont été mis hors des murs, et se nourrissent dans les fossés de racines et eau croupie, si bien que lorsqu'une malheureuse mère accouche, il faut que les gens pitoyables tirent les petits nouveaunés avec des cordes dans des corbeilles, les fassent baptiser et les rendent aux mères, afin que du moins ils meurent en chrétiens.

Le roi poussa un soupir et se tourna vers le duc de Bourgogne :

— Vous entendez, lui dit-il en lui jetant un regard d'indicible reproche ; il n'est pas étonnant que moi, le roi, je sois dans un si triste état de corps et d'esprit, quand tant de malheureux, qui croient que leur malheur vient de moi, élèvent vers le trône de Dieu un concert de malédictions à faire reculer l'ange de la miséricorde. Allez, mon père, dit-il en se retournant vers le prêtre, retournez vers la pauvre ville, à laquelle je voudrais pouvoir envoyer mon propre pain; dites-lui que non pas dans un mois, non pas dans huit jours, non pas demain, mais aujourd'hui, tout à l'heure, des ambassadeurs partiront pour le Pont-de-l'Arche, afin de traiter de la paix, et que moi, le roi, j'irai à Saint-Denis prendre de ma main l'oriflamme pour me préparer à la guerre.

Monsieur le premier président, ajouta-t-il en se tournant vers Philippe de Morvilliers, et successivement vers ceux auxquels il adressait la parole, messire Regnault de Folville, messire Guillaume de Champ-Divers, messire Tierry-le-Roi, vous partirez ce soir chargés de mes pleins pouvoirs pour traiter de la paix avec Henri de Lancastre, roi d'Angleterre; et vous, mon cousin, vous allez donner des ordres pour que nous nous rendions à Saint-Denis; nous partons à l'instant même.

A ces mots, le roi se leva et chacun en fit autant. Le vieux prêtre vint à lui et lui baisa la main.

— Sire, dit-il, Dieu vous rende le bien que vous allez faire: demain quatre-vingt mille personnes béniront votre nom.

— Qu'elles prient pour moi et la France, mon père, car nous en avons tous deux besoin. Le conseil se sépara sur ces paroles. Deux heures après, le roi détachait de ses propres mains l'oriflamme des vieilles murailles de Saint-Denis. Le roi demanda au duc un chevalier de nom et de bravoure pour le lui confier; le duc lui en désigna un.

— Votre nom! dit le roi en lui présentant la sainte bannière.

— Le sire de Montmort, répondit le chevalier.

Le roi chercha dans sa mémoire à quel grand souvenir et à quelle noble tige se rattachait ce nom.

Après un instant il lui remit l'oriflamme avec un soupir ; c'était la première fois que la bannière royale était confiée à un seigneur de si petite maison.

Le roi, sans revenir à Paris, envoya ses instructions à ses ambassadeurs. L'un d'eux, le cardinal des Ursins, reçut un portrait de la princesse Catherine : il devait le faire voir au roi d'Angleterre.

Le soir, 20 octobre 1418, toute la cour alla coucher à Pontoise, où elle devait attendre le résultat des négociations du Pont-de-l'Arche ; et mandement fut fait à tous les chevaliers de s'y rendre, avec leurs équipages de guerre, écuyers et hommes d'armes.

Le sire de Gyac fut un des premiers qui se rendit à cet appel ; il adorait toujours sa femme, mais cependant au cri de détresse, qu'au nom de la France avait jeté son roi, il avait tout quitté, sa belle Catherine aux caresses d'enfant, son château de Creil, où chaque chambre gardait un souvenir de volupté, ses allées si délicieuses à fouler, quand on pousse devant ses pieds les feuilles jaunâtres que les premiers vents de l'automne détachent de leur tige, et dont le bruissement mélancolique est si bien en harmonie avec les vagues rêveries d'un amour jeune et heureux.

Le duc le reçut comme un ami ; il invita le même jour à dîner plusieurs jeunes et nobles seigneurs, pour faire fête à l'arrivant : le soir il y eut réception et jeu chez le duc. Le sire de Gyac était le héros de la soirée, comme il l'avait été du jour ; chacun lui demandait des nouvelles de la belle Catherine, qui avait laissé plus d'un souvenir dans le cœur des jeunes seigneurs.

Le duc paraissait préoccupé, mais son front riant annonçait que c'était d'une pensée joyeuse.

De Gyac, pour échapper aux complimens des uns, fuir les plaisanteries des autres, et plus encore pour se soustraire à la chaleur de la salle de jeu, se promenait avec son ami le sire de Graville, dans la première des chambres dont la suite formait l'appartement du duc. Comme il n'y était installé que de la veille, le service des valets, pages et écuyers, était encore si mal organisé, qu'un paysan pénétra dans cette première pièce sans y être conduit par personne, et s'adressa au sire de Gyac pour savoir comment il pourrait remettre une lettre au duc de Bourgogne lui-même.

— De quelle part? lui dit Gyac.

Le paysan parut embarrassé, et renouvela sa question.

— Écoute, lui dit Gyac, il n'y a que deux moyens : le premier, c'est de traverser avec moi ces salons remplis de riches seigneurs ou de nobles dames, parmi lesquels un manant comme toi ferait une singulière tache; le second, c'est d'amener ici le duc, ce qu'il ne me pardonnerait pas, si la lettre que tu lui apportes ne méritait pas la peine qu'il aurait prise, ce dont j'ai peur.

— Comment faire alors, monseigneur? dit le manant.

— Me donner cette lettre et attendre ici la réponse; — et avant que le paysan eût eu le temps de la retenir, il avait pris la lettre entre ses deux doigts, l'avait lestement tirée des mains du messager, et s'acheminait, donnant toujours le bras à Graville, vers la chambre du fond.

— Pardieu ! dit celui-ci, à la manière dont la missive est

pliée, à la finesse et au parfum du vélin sur lequel elle est écrite, cela m'a bien l'air d'un billet amoureux.

— De Gyac sourit, jeta machinalement les yeux sur la lettre, et s'arrêta comme frappé de la foudre. Il avait reconnu, dans le sceau qui la fermait, l'empreinte d'une bague que sa femme portait avant son mariage, et dont souvent il lui avait demandé l'explication sans qu'elle la lui donnât : c'était une seule étoile dans un ciel nuageux, avec cette devise : *la même*.

— Qu'as-tu ? lui dit Graville en le voyant pâlir.

— Rien, rien, répondit Gyac en se remettant aussitôt, et en essuyant son front duquel coulait une sueur froide, rien qu'un éblouissement ; allons porter cette lettre au duc, et il entraîna Graville si rapidement, que celui-ci crut qu'il était subitement devenu insensé.

Le duc était au fond de l'appartement, le dos tourné vers une cheminée dans laquelle brûlait un feu ardent ; de Gyac lui présenta la lettre en disant qu'un homme en attendait la réponse.

Le duc la décacheta. Un léger mouvement de surprise passa sur sa figure aux premiers mots qu'il lut ; mais grâce à l'empire qu'il avait sur lui, il disparut aussitôt. De Gyac était debout devant lui, fixant ses yeux perçans sur le visage impassible du duc. Lorsque celui-ci eut fini, il roula machinalement la lettre entre ses doigts et la jeta derrière lui dans le foyer.

De Gyac aurait volontiers plongé la main dans ce brasier ardent pour y poursuivre cette lettre ; il se contint cependant.

— Et la réponse? dit-il d'une voix dont il ne put cacher toute l'altération.

Un regard rapide et scrutateur jaillit des yeux bleus du duc Jean, et sembla se réfléchir sur la figure de Gyac, comme la réverbération d'un miroir.

— La réponse? dit-il froidement ; Graville, allez dire à cet homme que je la porterai moi-même.

En achevant ces mots, il prit le bras de Gyac, comme pour s'appuyer dessus, mais en effet pour l'empêcher de suivre son ami.

Tout le sang de Gyac reflua vers son cœur et bourdonna à ses oreilles, lorsqu'il sentit le bras du duc s'appuyer sur le sien. Il ne voyait plus, n'entendait plus ; il lui prenait envie de frapper le duc au milieu de cette assemblée, de ces lumières, de cette fête, mais il lui semblait que son poignard tenait au fourreau ; tout tournait autour de lui, il ne sentait plus la terre sous ses pieds, il était dans un cercle de feu, et quand le duc, au retour de Graville, quitta tout-à-coup son bras, il tomba sur un fauteuil qui se trouvait là par hasard, comme s'il eût été foudroyé.

Quand il revint à lui, il jeta les yeux sur toute cette assemblée, réunion insouciante et dorée, qui continuait sa nuit joyeuse sans se douter qu'au milieu d'elle il y avait un homme qui enfermait tout l'enfer dans son sein. Le duc n'y était plus.

De Gyac se leva d'un seul bond, comme si un ressort de fer l'eût remis sur ses pieds ; il alla de chambre en chambre comme un insensé, les yeux hagards, la sueur au front, et demandant le duc.

Tout le monde venait de le voir passer.

Il descendit jusqu'à la porte extérieure : un homme enveloppé d'un manteau venait d'en sortir et de monter à cheval. Gyac entendit au bout de la rue le galop du cheval ; il vit les étincelles jaillir sous ses pieds.—C'est le duc, dit-il, et il se précipita vers les écuries.

— Ralff ! s'écria-t-il en entrant, à moi, mon Ralff !

Et au milieu des chevaux qui étaient là, un seul hennit, leva la tête, et essaya de briser le lien qui le retenait au ratelier.

C'était un beau cheval espagnol de couleur isabelle, au pur sang, à la crinière et à la queue flottantes, aux veines croisées sur ses cuisses, comme un réseau de cordes.

— Viens, Ralff, dit Gyac en coupant avec son poignard le lien qui le retenait. Et le cheval, joyeux et libre, bondit comme un faon de biche.

Gyac frappa du pied avec un blasphème : le cheval, épouvanté à la voix de son maître, s'arrêta pliant sur ses quatre jambes.

Gyac lui jeta la selle, lui mit la bride, et s'élança sur son dos à l'aide de la crinière.

— Allons, Ralff, allons ; il lui enfonça ses éperons dans le ventre, le cheval partit comme la foudre.

— Allons, allons, Ralff, il faut le rejoindre, disait Gyac parlant à son cheval, comme si celui-ci eût pu l'entendre. — Plus vite ! plus vite ! mon Ralff ; — et Ralff dévorait le chemin, ne touchant la terre que par bonds, jetant l'écume par les naseaux et le feu par les yeux.

— Oh ! Catherine, Catherine, avec une bouche si pure, des yeux si doux, une voix si candide, tant de trahison au fond du cœur, enveloppe d'ange, âme de démon ! Ce matin encore, elle accompagnait mon départ de caresses et de baisers ; elle passait sa blanche main dans ta crinière, flattant ton cou, et te disant : — Ralff, mon Ralff, ramène-moi bientôt mon bien-aimé. Dérision !... Plus vite, Ralff, plus vite !

Il frappait le cheval de son poing fermé à la place où l'avait caressé la main de Catherine. Ralff ruisselait.

— Catherine, le bien-aimé revient, et c'est Ralff qui te le ramène !... Oh ! s'il est vrai, s'il est vrai que tu me trompes ; oh ! la vengeance, oh ! il faudra bien du temps pour la trouver digne de vous deux. Allons, allons ! il faut que nous arrivions avant lui ; Ralff, plus vite ! plus vite ! et il lui déchirait le ventre avec ses éperons, et le cheval hennissait de douleur.

Le hennissement d'un autre cheval lui répondit ; bientôt de Gyac aperçut un cavalier qui allait lui-même au galop. Ralff dépassa cheval et cavalier d'un élan, comme l'aigle, d'un coup d'aile, dépasse le vautour. De Gyac reconnut le duc ; le duc crut avoir vu passer une apparition fantastique.

Ainsi le duc Jean allait bien au château de Creil.

Le duc continua son chemin ; en quelques secondes, cheval et cavalier avaient disparu ; d'ailleurs cette vision ne pouvait prendre place dans son esprit, tout plein de pensées d'amour. Il allait donc se reposer un instant de ses combats politiques et de ses combats armés. Adieu à toutes les fatigues du corps, à tous les tourmens de l'esprit ! il allait s'endormir aux bras de sa belle maîtresse, l'amour allait lui souffler au front : ce sont les cœurs de lion, les hommes de fer, qui seuls savent aimer.

Il arriva à la porte du château. Toutes les lumières étaient éteintes : une seule fenêtre brillait lumineuse, et derrière le rideau de cette fenêtre on voyait se dessiner une ombre. Le duc attacha son cheval à un anneau et tira quelques sons d'un petit cor d'ivoire qu'il portait à sa ceinture.

La lumière s'agita, laissa bientôt la chambre où elle brillait d'abord dans la plus complète obscurité, et passa successivement derrière la longue suite de fenêtres qu'elle illumina chacune à son tour. Au bout d'un instant, le duc entendit de l'autre côté du mur un pas léger courir sur l'herbe et les feuilles sèches, et une douce et fraîche voix dit à travers la porte :

— Est-ce vous, mon duc ?

— Oui, oui, ne crains rien, ma belle Catherine ; oui, c'est moi.

La porte s'ouvrit, la jeune femme était toute tremblante, moitié de frayeur, moitié de froid.

Le duc lui jeta une partie de son manteau sur les épaules, et la rapprocha de lui en s'enveloppant avec elle : ils traversèrent ainsi la cour au milieu de l'obscurité. Au bas de l'escalier, une petite lampe d'argent brûlait une huile parfumée. Catherine la prit ; elle n'avait pas osé sortir avec cette lampe, craignant d'être aperçue, ou que le vent ne la soufflât : ils montèrent l'escalier, toujours dans les bras l'un de l'autre.

Pour arriver à la chambre à coucher, il fallait traverser une grande galerie sombre ; Catherine se rapprocha davantage encore de son amant.

— Croiriez-vous, mon duc, lui dit Catherine, que je suis passée seule ici ?

— Oh ! vous êtes une belle guerrière, ma Catherine !

— C'était pour aller vous ouvrir, monseigneur !

Catherine posa sa tête sur l'épaule du duc, et le duc ses lèvres sur le front de Catherine ; ils traversèrent ainsi la longue galerie, la lampe formant autour d'eux un cercle de lumière tremblante, qui éclairait la tête brune et sévère du duc, la tête blonde et fraîche de sa maîtresse : on eût cru voir marcher un tableau du Titien. Ils arrivèrent à la porte de la chambre, d'où sortait une atmosphère tiède et parfumée : la porte se ferma sur eux ; tout rentra dans l'obscurité.

Ils avaient passé à deux pas de Gyac, et ils n'avaient pas vu sa tête livide sous les plis du rideau rouge qui tombait devant la dernière croisée.

Oh ! qui dira ce qui s'était passé dans son cœur, quand il les avait vus s'approcher dans les bras l'un de l'autre ! Quelle vengeance il devait rêver, cet homme, puisqu'il ne s'était pas jeté au-devant d'eux et ne les avait pas poignardés !.....

Il traversa la galerie, descendit lentement l'escalier, marchant comme un vieillard, les jambes cassées et la tête sur la poitrine.

Quand il fut arrivé au bout du parc, il ouvrit une petite porte qui donnait sur la campagne, et dont lui seul avait la clef. Personne ne l'avait vu entrer, personne ne le voyait sortir ; il appela Ralff d'une voix sourde et tremblante ; le brave cheval bondit et vint à lui hennissant.

— Silence, Ralff, silence ! dit-il en se mettant lourdement en selle ; et il laissa tomber la bride sur le cou du fidèle animal, s'abandonnant à lui, incapable de le diriger, insoucieux d'ailleurs où il le conduirait.

Une tempête se préparait au ciel, une pluie fine et glaciale tombait, des nuages lourds et bas roulaient comme des vagues. Ralff marchait au pas.

De Gyac ne voyait rien, ne sentait rien ; il était absorbé dans une seule idée. Cette femme venait de corrompre tout son avenir avec un adultère.

De Gyac avait rêvé la vie d'un vrai chevalier : la gloire des combats, le repos de l'amour. Cette femme, qui avait encore vingt ans à être belle, avait reçu comme un dépôt le bonheur de toutes ses années de jeune homme. — Eh bien ! tout était flétri ; plus de guerre, plus d'amour : une seule pensée devait désormais remplir sa tête, rongeant toutes les autres ; une pensée de double vengeance, pensée à le rendre fou. — La pluie tombait plus épaisse, de larges coups de vent courbaient les arbres de la route comme des roseaux, leur arrachant violemment les dernières feuilles que l'automne leur laissait encore ; l'eau ruisselait sur le front nu de Gyac, et il ne s'en apercevait pas : le sang, un instant arrêté au cœur, s'élançait maintenant à sa tête, ses artères battaient avec bruit ; il voyait passer devant ses yeux des choses étranges comme en doit voir un homme qui devient insensé ; une seule pensée, pensée éternelle et dévorante, bouillonnait dans son cerveau, confuse, brisée, n'amenant rien que le délire.

— Oh ! s'écria-t-il tout-à-coup, ma main droite à Satan, et que je me venge.

Au même instant, Ralff fit un bond de côté, et à la lueur d'un éclair bleuâtre, de Gyac s'aperçut qu'il marchait côte à côte avec un autre cavalier.

Il n'avait pas remarqué ce compagnon de voyage ; il ne

comprenait pas comment il se trouvait tout-à-coup si près de lui. Ralff paraissait aussi étonné que son maître, il hennissait avec terreur, et toute la peau de son corps frissonnait comme s'il sortait d'une rivière glacée. De Gyac jeta un regard rapide sur le nouveau venu, et s'étonna, quoique la nuit fût sombre, de le voir aussi distinctement. Une opale que l'étranger portait sur sa toque, à la naissance de la plume qui l'ornait, jetait cette lueur étrange, qui permettait de le distinguer au milieu de l'obscurité. De Gyac jeta les yeux sur sa propre main, il y portait une bague où était enchâssée la même pierre ; mais soit qu'elle fût moins fine, soit qu'elle fût montée d'une autre manière, elle ne possédait pas la même qualité lumineuse ; il reporta ses regards sur l'inconnu.

C'était un jeune homme à la figure pâle et mélancolique, tout vêtu de noir, monté sur un cheval de même couleur ; de Gyac remarqua avec étonnement qu'il n'avait ni selle, ni bride, ni étriers ; le cheval obéissait à la seule pression des genoux.

De Gyac n'était point d'humeur à entamer la conversation. Ses pensées étaient un trésor douloureux dont il ne voulait donner sa part à personne ; un coup d'éperon indiqua à Ralff ce qu'il avait à faire : il partit au galop.

Le cavalier et le cheval noir en firent autant d'un mouvement spontané. De Gyac se retourna après un quart d'heure, croyant avoir laissé bien loin derrière lui son importun compagnon ; et ce fut avec un profond étonnement qu'il aperçut à la même distance le voyageur nocturne. Ses mouvemens et ceux de son cheval s'étaient réglés sur ceux de Gyac et de Ralff, seulement le cavalier semblait se laisser emporter plutôt qu'il ne paraissait conduire ; on eût dit que son cheval galopait sans toucher la terre, aucun bruit ne retentissait sous ses pieds, aucune étincelle ne jaillissait sur son chemin.

De Gyac sentit courir un frisson dans ses veines, tant ce qui se passait sous ses yeux lui paraissait étrange. Il arrêta son cheval, l'ombre qui le suivait en fit autant ; ils étaient à l'embranchement de deux routes, l'une d'elles conduisait à travers plaines jusqu'à Pontoise, l'autre s'enfonçait dans l'épaisse et sombre forêt de Beaumont. De Gyac ferma quelques instans les yeux, croyant être en proie à un vertige ; lorsqu'il les rouvrit, il vit à la même place le même cavalier noir : la patience lui échappa.

— Messire, lui dit-il en lui indiquant du bras l'endroit où les deux routes se séparaient devant eux, nous n'avons probablement pas mêmes affaires, et n'allons certes pas au même but ; prenez celui de ces deux chemins, qui est le vôtre ; celui que vous ne prendrez pas sera le mien.

— Tu te trompes, Gyac, répondit l'inconnu d'une voix douce, nous avons mêmes affaires et nous marchons au but. Je ne te cherchais pas, tu m'as appelé, je suis venu.

De Giac se rappela tout-à-coup l'exclamation de vengeance qui lui avait échappé, et la manière dont le cavalier s'était au même instant trouvé près de lui comme s'il fût sorti de terre. Il regarda de nouveau l'homme extraordinaire qui était devant lui. La lumière que l'opale jetait semblait une de ces flammes qui brûlent au front des esprits infernaux. De Gyac était crédule comme un chevalier du moyen âge, mais il était aussi intrépide que crédule. Il ne recula point d'un pas, seulement il sentit ses cheveux se dresser sur son front ; Ralff, de son côté, se cabrait, piétinait sous lui, mordait son frein.

— Si tu es celui que tu dis être, reprit alors de Gyac d'une voix ferme, si tu es venu parce que je t'appelais, tu sais pourquoi je t'ai appelé.

— Tu veux te venger de ta femme, tu veux te venger du duc ; mais tu veux leur survivre et retrouver joie et bonheur entre deux tombes.

— Cela se peut-il ?

— Ceya se peut.

De Gyac sourit convulsivement.

— Et que te faut-il pour cela ? dit-il.

— Ce que tu m'as offert, répondit l'inconnu.

De Giac sentit les nerfs de sa main droite se crisper; il hésita.

— Tu hésites, reprit le cavalier noir, tu appelles la vengeance et trembles devant elle ! cœur de femme, qui as su envisager ta honte et qui n'oses pas envisager leur châtiment !

— Les verrai-je mourir tous deux? reprit de Gyac.

— Tous deux.

— Sous mes yeux ?

— Sous tes yeux.

— Et j'aurai, après leur mort, des années d'amour, de puissance, de gloire? continua de Giac.

— Tu deviendras le mari de la plus belle femme de la cour, tu seras le favori le plus cher du roi, tu es déjà un des chevaliers les plus braves de l'armée.

— C'est bien, maintenant que faut-il faire ? dit Gyac avec l'accent de la résolution.

— Venir avec moi, répondit l'inconnu.

— Homme ou démon, va devant, je te suivrai...

Le cavalier noir s'élança, comme si son cheval avait des ailes, vers le chemin qui conduisait à la forêt. Ralff, l'agile Ralff le suivait avec peine et tout haletant ; puis bientôt chevaux et cavaliers disparurent, s'enfonçant comme des ombres sous les arcades séculaires de la forêt de Beaumont.

L'orage dura toute la nuit.

VIII.

Cependant les ambassadeurs français étaient arrivés au Pont-de-l'Arche; de son côté, le roi d'Angleterre avait choisi, pour le représenter, le comte de Warwich, l'archevêque de Cantorbéry, et autres notables personnes de son conseil. Mais, dès les premières entrevues, il demeura bien prouvé aux envoyés français que le roi Henri, à qui des intelligences avec Guy-le-Boutillier, commandant de la place de Rouen, donnaient la certitude de réduire cette ville, ne voulait que gagner du temps. D'abord, de longues discussions s'établirent pour décider si les actes seraient rédigés en français ou en anglais. C'était une question de mots qui cachait une question de choses : les ambassadeurs français le virent et cédèrent. Mais à la place de cette difficulté résolue, on en vit surgir une autre : le roi d'Angleterre écrivit qu'il venait d'apprendre que son frère Charles VI était de nouveau retombé dans un accès de folie; qu'il ne pouvait, en conséquence, signer en ce moment aucun traité avec lui; que le dauphin son fils n'était pas encore roi, et ne pouvait pas le remplacer; que, quant au duc de Bourgogne, il ne lui appartenait pas de décider des affaires de la France, et de porter la main sur l'héritage du dauphin. Il était clair que le roi d'Angleterre, dans son espérance ambitieuse, regardait comme désavantageux à ses intérêts de traiter d'une partie de la France quand il pouvait conquérir le tout, grâce aux grands désordres qui, pour le moment, séparaient le dauphin et le duc de Bourgogne.

Lorsque le cardinal des Ursins, que le pape Martin V avait envoyé pour essayer de rétablir la paix dans la chrétienté, et qui, chargé de sa mission pontificale et conciliatrice, avait suivi les ambassadeurs au Pont-de-l'Arche, vit tous les retardemens apportés, il se rendit devers Rouen pour conférer de vive voix avec le roi d'Angleterre lui-même. Celui-ci reçut l'envoyé du Saint-Père avec tous les égards dus à sa mission; mais, d'abord, il ne voulait rien entendre :

— C'est la bénédiction de Dieu, dit-il au cardinal, qui m'a inspiré de venir en ce royaume pour en châtier les sujets et régner sur eux comme un roi véritable : toutes les causes pour lesquelles un royaume doit être transféré d'une personne à une autre et changer de main s'y rencontrent à la fois. C'est la volonté de Dieu qui ordonne que cette translation ait lieu, que je prenne possession de la France ; il m'en a donné le droit.

Le cardinal alors lui parla d'une alliance avec la maison royale de France ; il lui présenta le portrait de madame Catherine, fille du roi, qui n'avait encore que seize ans et passait pour une des plus belles personnes de l'époque. Le roi d'Angleterre prit le portrait, le regarda longtemps avec admiration, et promit de donner le lendemain une réponse au cardinal : il tint parole.

Henri acceptait l'alliance proposée ; mais il exigeait qu'on donnât pour dot à madame Catherine cent mille écus d'or, le duché de Normandie, dont il avait déjà conquesté une partie, le duché d'Aquitaine, le comté de Ponthieu et plusieurs autres seigneuries; le tout sans serment de vassalité et sans ressort du roi de France.

Le cardinal et les ambassadeurs, voyant qu'il n'y avait aucun espoir d'obtenir mieux, portèrent ces propositions au roi, à la reine et au duc de Bourgogne : elles étaient inacceptables; elles furent refusées, et le duc et son armée s'avancèrent jusqu'à Beauvais.

Lorsque ceux de Rouen, auxquels un peu d'espoir était revenu au cœur en voyant s'ouvrir ces négociations, l'eurent perdu en les voyant se rompre, ils résolurent, privés qu'ils étaient de secours de paix, d'aller jusqu'à Beauvais chercher un secours de guerre.

A cet effet, dix mille hommes bien armés se rassemblèrent; ils prirent pour chef Alain Blanchard. C'était un brave homme, tenant plus au peuple qu'à la bourgeoisie, et qui, depuis le commencement du siége, avait été choisi par les communes gens pour capitaine. Chaque homme fit provision de vivres pour deux jours, et, à la tombée de la nuit, ils se préparèrent à mettre à exécution leur entreprise.

Il avait été convenu que tous sortiraient par la porte du château. Cependant Alain Blanchard jugea à propos de changer cette disposition, pensant qu'il valait mieux attaquer des deux côtés à la fois; en conséquence, il sortit par une porte voisine de celle du château, afin de commencer l'attaque avec deux mille hommes. Il devait être soutenu par les huit mille autres, qui, à la même heure, sortaient de leur côté, combinant leur mouvement avec le sien.

A l'heure convenue, Alain Blanchard et les deux mille braves sortirent sans bruit, s'avancèrent dans l'ombre, puis, au premier cri de la sentinelle ennemie, se jetèrent en désespérés à travers les logis du roi d'Angleterre. Ils firent d'abord un grand carnage parmi ses troupes, car elles étaient désarmées et pour la plupart endormies ; mais bientôt l'alarme parcourut tout le camp ; les trompettes sonnèrent, les chevaliers et les hommes d'armes coururent à la tente du roi. Ils le trouvèrent à moitié armé ; il ne prit pas même le temps de mettre son casque, et, afin d'être bien reconnu par ses gens, qui pouvaient le croire mort et prendre l'alarme, il fit porter de chaque côté de son cheval deux torches allumées, afin qu'amis et ennemis pussent reconnaître son visage. Ceux qui s'étaient ralliés autour du roi, et leur nombre allait toujours croissant, virent bientôt à quel petit nombre d'ennemis ils avaient à faire ; ils se ruèrent donc sur eux ; d'assaillis qu'ils avaient été, devenus assaillans, et s'allongeant en demi-cercle, ils se mirent à battre les flancs de cette petite troupe avec leurs puissantes ailes. Alain Blanchard et ses hommes se défendaient comme des lions, ne comprenant rien à l'abandon dans lequel les laissaient leurs amis. Enfin, de grands cris se firent entendre du côté de la porte du château ; les Français crurent que c'étaient des cris de secours, et reprirent courage ; c'étaient des cris de détresse.

Guy, le traître, ne pouvant prévenir le roi d'Angleterre de la résolution qui avait été prise spontanément, avait voulu du moins y porter obstacle ; il avait fait scier aux trois quarts les pièces sur lesquelles reposait le pont, et limer les chaînes qui le soutenaient. Deux cents hommes à peu près passèrent ; mais, derrière eux, sous le poids du canon et de la cavalerie, le pont se rompit, et chevaux, hommes, artillerie roulèrent pêle-mêle dans les fossés ; ceux qui tombèrent, ceux qui les virent tomber, poussèrent ensemble un grand cri, les uns de désespoir, les autres de terreur, et c'est ce cri qu'avaient entendu Alain Blanchard et sa troupe.

Les deux cents hommes qui étaient déjà de l'autre côté du fossé, ne pouvant entrer dans la ville, s'élancèrent au secours de leurs camarades. Les Anglais crurent que c'était la garnison tout entière qui sortait, et s'ouvrirent devant eux. C'est alors qu'Alain Blanchard apprit quelle trahison le livrait ; mais, en même temps, d'un coup d'œil rapide, il vit le chemin que l'erreur des Anglais lui avait rouvert. Il ordonna la retraite ; elle se fit en bon ordre, soutenue par les deux cents hommes qui venaient de lui arriver. Ils reculèrent, combattant toujours, jusqu'à la porte par laquelle ils étaient sortis. Leurs amis, que la chute du pont avait retenus dans la ville, étaient accourus sur le rempart, protégeant leur retraite par une pluie de pierres et de flèches. Enfin, le pont-levis se baissa, la porte s'ouvrit et la petite armée rentra, ayant perdu cinq cents hommes. Alain Blanchard était suivi de si près par les Anglais, que craignant qu'ils n'entrassent en même temps que lui dans la ville, il criait de lever le pont, quoiqu'il fût encore de l'autre côté des fossés.

Cette tentative manquée empira la situation des assiégés. Quoique le duc de Bourgogne fût venu à grande puissance jusqu'à Beauvais, ils n'en recevaient aucun secours, ils lui envoyèrent quatre nouveaux députés ; ils étaient porteurs d'une lettre conçue en ces termes :

« Vous, notre père le roi, et vous, noble duc de Bourgogne, les bonnes gens de Rouen vous ont déjà plusieurs fois signifié et fait à savoir la grande nécessité et détresse qu'ils souffrent pour vous : à quoi vous n'avez encore pourvu comme promis aviez. Et pourtant, cette dernière fois encore, nous sommes envoyés devers vous pour vous annoncer, de par lesdits assiégés, que si dedans bref jour ils ne sont secourus, ils se rendront au roi anglais, et dès maintenant, si ce ne faites, ils vous renvoient la foi, serment, loyauté, service et obéissance qu'ils ont à vous. »

Le duc de Bourgogne leur répondit que le roi n'avait point encore autour de lui une assez grande puissance de gens armés pour forcer les Anglais de lever leur siége, mais qu'au plaisir de Dieu ils seraient bientôt secourus. Les envoyés demandèrent qu'on leur fixât un terme, et le duc engagea sa parole que ce serait avant le quatrième jour après Noël ; puis les députés retournèrent, à travers mille dangers, porter ces paroles à la pauvre ville pressée par les Anglais, abandonnée par le duc, oubliée par le roi, qui, cette fois, était réellement retombé dans un de ses accès de folie.

Le quatrième jour après Noël arriva, et nul secours ne parut devant Rouen. Deux simples gentilshommes résolurent alors de faire ce que n'osait pas ou ne voulait pas essayer Jean-sans-Peur : c'étaient messire Jacques de Harcourt et le seigneur de Moreuil. Ils assemblèrent deux mille combattans, et tentèrent de surprendre le camp des Anglais ; mais, s'ils avaient assez grand courage, ils avaient trop faible troupe : le seigneur de Cornouailles les mit en déroute, et dans cette déroute furent pris le seigneur de Moreuil et le bâtard de Croy. Jacques de Harcourt ne dut lui même son salut qu'à la vitesse de son cheval, auquel il fit sauter un fossé de dix pieds de largeur.

Les assiégés virent bien alors qu'on les regardait comme perdus : ils étaient en si misérable état, que leur ennemi même en eut pitié. En l'honneur de la nativité du Christ, le roi d'Angleterre fit porter quelques vivres aux malheureux qui mouraient de faim dans les fossés de la ville. Les assiégés se voyant donc délaissés du roi qui était insensé, et du duc de Bourgogne qui était parjure, résolurent de traiter. Ils avaient bien aussi pensé au dauphin, mais il avait, pour son compte, une assez rude guerre à soutenir dans le Maine, forcé comme il l'était de frapper de la main gauche les Anglais, et de la droite les Bourguignons.

Un héraut vint donc, de la part des assiégés, demander un sauf-conduit au roi d'Angleterre, qui l'accorda. Deux heures après, six ambassadeurs, nu-tête et vêtus de noir, comme il convient à des supplians, traversaient le camp et marchaient lentement vers la tente de Henri : c'étaient deux hommes d'église, deux chevaliers et deux bourgeois. Le roi les reçut sur son trône, entouré de toute la noblesse armée ; puis, après les avoir laissés un instant devant lui, pour qu'ils se pénétrassent bien de l'idée qu'ils étaient à sa merci, il leur fit signe de parler.

— Sire, dit l'un d'eux d'une voix ferme, c'est bien peu de gloire à vous, et ce n'est pas montrer un grand courage que d'affamer un pauvre peuple simple et innocent. Ne serait-ce pas chose plus digne de vous de laisser passer ces misérables qui périssent entre nos murailles et vos fossés, pour qu'ils aillent chercher leur vie ailleurs ; puis de nous livrer un vigoureux assaut, et de nous soumettre par la vaillance et par la force? Ce serait plus de gloire devant les hommes, et vous mériteriez la grâce de Dieu par votre miséricorde envers ces malheureuses gens.

Le roi avait commencé d'écouter ce discours en caressant la tête de son favori couché à ses pieds ; mais bientôt sa main était restée immobile de surprise, car il s'attendait à des prières, et il entendait des reproches. Son sourcil se fronça, un sourire amer rida sa bouche, et, après les avoir regardés un instant, comme pour leur donner le loisir de rétracter leurs paroles, voyant qu'ils demeuraient muets, il leur répondit avec l'accent de la hauteur et de la raillerie :

— La déesse de la guerre, dit-il, tient à ses ordres trois servantes : l'épée, la flamme et la famine. Il était à mon choix de les employer toutes les trois, ou seulement une d'entre elles ; j'ai appelé à mon aide la plus douce de ces trois filles pour punir votre ville et la mettre à la raison. Au reste, quelle que soit celle dont use un capitaine, pourvu qu'il réussisse, le succès n'en est pas moins honorable, et c'est à lui de se déterminer pour celle qui lui paraît la plus avantageuse.

Quant aux malheureux qui meurent dans les fossés, la faute en est à vous, qui avez eu la cruauté de les chasser, au risque que je les fisse tuer. S'ils ont reçu quelques secours, c'est de ma charité et non de la vôtre ; et puisque votre requête est si audacieuse, je vois bien que votre besoin n'est pas grand : je les laisserai donc à votre charge pour vous aider à manger vos provisions. Quant à l'assaut, je le donnerai quand et comme je le voudrai, et c'est à moi et non à vous d'y aviser.

— Mais, sire, reprirent les députés, au cas où nous serions chargés par nos concitoyens de vous rendre la ville, quelles conditions nous seraient accordées ?

Un sourire de triomphe passa sur la figure du roi.

— Mes conditions, répondit-il, seraient celles qu'on accorde à des hommes pris les armes à la main et à une ville gagnée : hommes et ville à ma discrétion.

— Alors, sire, dirent-ils d'un air résigné, qu'à votre défaut le ciel nous prenne en sa miséricorde, car hommes et femmes, vieillards et enfans, nous périrons tous jusqu'au dernier plutôt que de nous rendre à pareille condition.

Alors ils s'inclinèrent respectueusement, et, prenant congé du roi, ils reportèrent ses paroles aux habitans de la ville, qui les attendaient avec l'impatience de l'agonie.

Il n'y eut qu'un cri parmi cette noble population ; vivre ou mourir en combattant, plutôt que se mettre en la sujétion et volonté de l'Anglais. En conséquence, il fut convenu que, dans la nuit du lendemain, ils abattraient un pan de mur, mettraient le feu à la ville, placeraient au milieu d'eux leurs femmes et leurs enfans, et, le fer à la main, traverseraient toute l'armée anglaise, allant où Dieu voudrait les conduire.

Henri d'Angleterre apprit le soir même cette héroïque résolution ; Guy-le-Bouillier la lui fit connaître. Il voulait la ville, et non les cendres ; il envoya donc aux assiégés un héraut portant les conditions suivantes, qui furent lues sur la place publique :

Par la première, les bourgeois et habitans de la ville de Rouen devaient payer la somme de trois cent cinquante-cinq mille écus d'or au coin de France.

Elle fut acceptée.

Par la deuxième, le roi exigeait que trois hommes fussent remis à sa discrétion. C'était, à savoir, messire Robert de Linet, vicaire-général de l'archevêque de Rouen ;

Jean Jourdain, commandant des canonniers ;

Alain Blanchard, capitaine du menu commun.

Un cri d'indignation et de refus sortit de toutes les bouches ; Alain Blanchard, Jean Jourdain et Robert de Linet sortirent des rangs :

— Ceci est notre affaire, dirent-ils, et non la vôtre. Il nous plaît, à nous, nous rendre au roi d'Angleterre ; cela ne regarde personne : laissez-nous passer.

Le peuple s'écarta devant eux, et les trois martyrs prirent le chemin du camp anglais.

Par la troisième, le roi Henri réclamait de tous les citoyens indistinctement, foi, loyauté, obéissance et serment, pour lui et ses successeurs, promettant, de son côté, de les défendre contre toute force et toute violence, et de leur conserver les priviléges, franchises et libertés qu'ils possédaient du temps du roi Louis. Quant à ceux dont le bon plaisir serait de quitter la ville pour échapper à cette condition, ils n'en pourraient sortir qu'avec l'habit qu'ils portaient, le reste de leurs biens étant confisqué au profit du roi ; les gens d'armes devaient se rendre où il plairait au vainqueur de les envoyer, et faire la route imposée à pied, le bâton au poing, comme des pèlerins ou des mendians. Cette condition était cruelle ; cependant il fallut l'accepter.

Aussitôt que l'observance de ce traité fut jurée, le roi autorisa les assiégés, mourans de faim, à venir chercher des vivres dans son camp : tout y était en si grande abondance, que la chair d'un mouton entier ne s'y vendait que six sous *parisis*.

Les choses que nous venons de raconter se passaient dans la journée du 16 janvier 1419 [*].

---

[*] Nouveau style. — 1418, vieux style. L'année ne commençait que le 28 avril.

Le 18 au soir, veille du jour fixé par le roi d'Angleterre pour son entrée dans la ville soumise, le duc de Bretagne, qui ignorait la reddition de Rouen, arriva au camp de Henri, pour lui proposer, avec le duc de Bourgogne, une entrevue dans laquelle il serait traité de la levée du siége.

Le roi Henri le laissa dans son ignorance, lui répondit qu'il lui rendrait réponse le lendemain, et lui tint toute la soirée bonne et fidèle compagnie.

Le lendemain, 19 janvier, à huit heures du matin, le roi entra dans la tente du duc, et lui proposa une promenade sur la montagne Sainte-Catherine, d'où l'on découvre toute la ville de Rouen. Un page tenait à la porte deux beaux chevaux par la bride, l'un pour le roi, l'autre pour le duc. Celui-ci accepta la promenade, espérant, dans ce tête-à-tête, saisir un moment favorable pour faire consentir le roi à l'entrevue qu'il venait solliciter.

Le roi conduisit son hôte sur le versant occidental de la montagne Sainte-Catherine; un brouillard épais, qui s'élevait à la Seine, couvrait la ville tout entière; mais, aux premiers rayons du soleil, un vent du nord, qui arrivait par bouffées, déchira la nuée en gros flocons, qui s'éloignèrent rapidement comme les vagues d'une marée qui se retire, et laissèrent embrasser à la vue le magnifique panorama que l'on découvre de l'endroit où l'on retrouve encore aujourd'hui les traces d'un camp romain, que l'on appelle le *Camp de César*.

Les yeux du duc de Bretagne embrassèrent avec admiration ce vaste tableau : à droite, une chaîne de collines couvertes de vignes, tachetées de villages, borne la vue; en face, le cours de la Seine rampe et tournoie dans la vallée, semblable à une immense pièce d'étoffe de soie déroulée et ondoyante; puis, s'élargissant toujours, va se perdre dans un si vaste horizon, que derrière lui l'on devine l'océan; à gauche s'étendent, comme un tapis, les riches et vastes plaines de la Normandie, s'enfonçant dans la mer comme une presqu'île, où, les yeux fixés sur l'Angleterre, veille constamment Cherbourg, la sentinelle de la France.

Mais ce fut lorsqu'il ramena les yeux au centre du tableau, que sa vue s'arrêta véritablement sur un spectacle aussi étrange qu'inattendu.

La ville, triste et soumise, était couchée à ses pieds : aucun étendard ne flottait sur ses murs; toutes les portes étaient ouvertes; la garnison désarmée attendait dans les rues ce qu'il plairait au vainqueur d'ordonner d'elle : toute l'armée anglaise, au contraire, était sous les armes, penonceaux déployés, chevaux piaffans, trompettes sonnantes; ceinture de fer qui étreignait la ville à travers sa ceinture de muraille.

Le duc de Bretagne devina la vérité. Il baissa sa tête humiliée sur sa poitrine; une part de la honte qui accablait la France rejaillissait sur lui, deuxième vassal de la royauté, deuxième fleuron de la couronne.

Le roi Henri ne parut pas s'apercevoir de ce qui se passait dans le cœur du duc; il appela un écuyer, lui donna à voix basse quelques ordres; l'écuyer partit au galop.

Un quart d'heure après, le duc de Bretagne vit la garnison se mettre en marche. Selon les conventions arrêtées, elle était pieds et tête nus, et portait un bâton à la main. Elle partit par la porte du Pont, et fut conduite, côtoyant la Seine, jusqu'au pont Saint-Georges, où des commis avaient été placés par ordre du roi d'Angleterre ; ils visitaient les chevaliers et les hommes d'armes, leur enlevant or, argent et joyaux, et leur donnant en échange deux sous *parisis*. Il y en eut même à qui l'on arracha leurs robes fourrées de martre ou chargées d'orfévreries, et qu'on força de revêtir en leur place des robes de gros drap et de mauvais velours. Alors ceux qui venaient derrière, voyant comment on traitait les premiers, jetaient leurs bijoux, leurs bourses et leurs trousselets dans la Seine, plutôt que de voir passer leur fortune aux mains de leurs ennemis.

Lorsque toute la garnison fut de l'autre côté du pont de Saint-Georges, le roi se tourna vers le duc de Bretagne :

— Seigneur duc, lui dit-il en souriant, voulez-vous entrer avec moi dans ma ville de Rouen ? vous y serez le bienvenu.

— Sire, je vous rends grâce, répondit le duc de Bretagne ; je ne ferai point partie de votre suite. Vous êtes un triomphateur, il est vrai ; mais je ne suis pas encore un vaincu.

En disant ces mots, il descendit du cheval que lui avait prêté le roi Henri, malgré les instances que celui-ci fit pour qu'il le gardât à titre de don, déclarant qu'il attendrait là sa suite, et que nulle considération humaine ne le forcerait à mettre le pied dans une ville qui n'appartenait plus au roi de France.

— C'est fâcheux, dit Henri piqué de cette tenacité, car demain vous auriez assisté à un beau spectacle ; les têtes des trois manans qui ont tenu le siége tomberont sur la grande place de la ville.

Alors il piqua des deux, sans prendre congé du duc, qui

resta seul, attendant ses hommes et ses chevaux. Il vit le roi se diriger vers la ville, suivi d'un page qui, au lieu d'un étendard, portait au bout d'une lance une queue de renard. Au-devant de lui était venu le clergé, revêtu de ses habits sacrés, et portant plusieurs reliques. Ils le conduisirent en chantant à la grande église cathédrale de Notre-Dame, où il fit, à genoux, son oraison de grâce devant le grand autel, reprenant ainsi possession de la ville de Rouen, que le roi Philippe-Auguste, aïeul de saint Louis, avait, deux cent quinze ans auparavant, enlevée à Jean-sans-Terre, lorsqu'à l'occasion de la mort de son neveu Arthur, ses biens furent mis en séquestre.

Pendant ce temps, la suite du duc de Bretagne le rejoignit.

Aussitôt il monta à cheval, jeta un dernier regard sur la ville, poussa un profond soupir en pensant à l'avenir de la France, et partit au galop, sans se retourner davantage.

Le lendemain, ainsi que l'avait dit le roi d'Angleterre, la tête d'Alain Blanchard tomba sur la place publique de Rouen. Robert Livet et Jean Jourdain se rachetèrent à force d'argent.

Guy, le traître, fut nommé lieutenant du duc de Glocester, qui prit le gouvernement de la ville gagnée. Il prêta serment de fidélité au roi Henri, qui, deux mois plus tard, lui fit cadeau, en pur don et pour le récompenser, du château et des terres de la veuve de messire de la Roche-Guyon, tué à la bataille d'Azincourt.

Et, au compte de l'Angleterre, ce fut justice, car cette noble et belle jeune femme avait refusé de prêter serment au roi Henri. Elle avait deux jeunes enfans, dont le plus âgé ne comptait pas sept ans ; elle avait un château royal, une fortune à rendre jalouse une duchesse ; elle vivait au milieu de ses terres et de ses vassaux avec un luxe de souveraine : elle quitta tout, château, terres et vassaux ; elle prit un de ses beaux enfans de chaque main, revêtit une robe de toile, et s'en alla par les chemins, demandant du pain pour elle et pour eux, et cela plutôt que de devenir la femme de Guy-le-Boutillier, et de se mettre aux mains des anciens et immortels ennemis du royaume.

Si nous nous sommes autant appesantis sur les détails du siége de Rouen, c'est que la prise de cette ville était un événement fatal qui eut un prompt et terrible retentissement dans tout le royaume. A compter de ce jour, les Anglais posèrent réellement les deux pieds sur la terre de France, dont ils possédaient les deux extrémités, la Guyenne sous la foi et hommage, la Normandie par droit de conquête. Les deux troupes ennemies n'avaient plus qu'à marcher l'une au-devant de l'autre pour se joindre et traverser la France, comme l'épée traverse le cœur. Toute la honte de la prise de Rouen revint au duc de Bourgogne, qui vit tomber cette capitale, qui n'avait qu'à tendre la main pour la sauver, et qui ne le fit pas. Ses amis ne savaient quel nom donner à cette inaction étrange, ses ennemis l'appelèrent trahison. Ceux qui entouraient le dauphin y puisèrent de nouvelles armes contre le duc ; car, s'il ne les avait pas livrées, il avait au moins laissé prendre les clefs de la poterne par laquelle les Anglais pouvaient entrer dans Paris ; et la terreur fut si grande, que vingt-sept villes de Normandie ouvrirent leurs portes lorsqu'elles apprirent la prise de leur capitale *.

Lorsque les Parisiens virent ces choses, et que l'ennemi n'était plus qu'à trente lieues de leur ville, le parlement, l'Université et les bourgeois envoyèrent une ambassade au duc Jean; ils le suppliaient de revenir avec le roi, la reine et toute sa puissance, pour défendre la capitale du royaume. La seule réponse du duc fut de leur envoyer son neveu, Philippe, comte de Saint-Pol, âgé de quinze ans, avec le titre de lieutenant du roi et la charge de conduire toutes les affaires de la guerre dans la Normandie, l'Ile-de-France, la Picardie, les bailliages de Senlis, Meaux, Melun et Chartres. Lorsqu'ils virent entrer dans leur ville cet enfant, qu'on leur envoyait pour les défendre, ils pensèrent bien qu'ils étaient abandonnés comme leurs frères de Rouen; et là aussi, de grands murmures éclatèrent contre l'honneur du duc de Bourgogne.

* Ce fut, du côté droit de la Seine :

Caudebec, Montivilliers, Dieppe, Fécamp, Arques, Neufchâtel, Denicourt, Eu, Monchaux.

Et du côté gauche :

Vernon, Mantes, Gournay, Honfleur, Pont-Audemer, Château-Mollinaux, le Trait, Tancarville, Abrechier, Maulévrier, Vallemont, Bellencombre, Neuville-Fontaine, le Bourg-Préaux, Nougon-Dourville, Longentpré, Saint-Germain-sur-Cailly, Beausemont, Bray, Villeterre, Châtel-Chenil, les Boules, Galiuconrt, Ferry, Fontaine-le-Bec, Crepin et Facqueville.

IX.

Par une belle matinée du commencement de mai de l'année suivante, une barque élégante, à la proue façonnée en col de cygne, à la poupe abritée d'une tente fleurdelisée, et surmontée d'un pavillon aux armes de France, à l'aide de dix rameurs et d'une petite voile, glissait comme un oiseau aquatique sur la surface de la rivière de l'Oise. Les rideaux de cette tente étaient ouverts au midi pour laisser arriver, jusqu'aux personnes qu'elle abritait de tous les autres côtés, le rayon matinal d'un jeune soleil de mai, et le premier souffle si embaumé de l'air tiède et vivace du printemps. Sous cette tente, deux femmes étaient assises ou plutôt couchées sur un riche tapis de velours bleu brodé d'or, s'adossant à des coussins de même étoffe, et derrière elles une troisième se tenait respectueusement debout.

Certes, il eût été difficile de trouver dans le reste du royaume trois femmes qui pussent disputer à celles-ci le prix de la beauté, dont il semblait qu'il eût plu au hasard de rassembler dans cet étroit espace les trois types les plus accentués et les plus différens. La plus âgée est déjà connue de nos lecteurs par la description que nous en avons faite; mais en ce moment son visage pâle et hautain était couvert d'un coloris factice, qu'elle devait au reflet ardent de l'étoffe rouge de la tente, derrière laquelle frappaient les rayons du soleil, et qui ajoutait à sa physionomie une expression étrange. Celle-ci était Isabel de Bavière.

L'enfant qui était couchée à ses pieds, dont la tête reposait sur ses genoux, dont elle tenait les deux petites mains enfermées dans une des siennes, dont les cheveux noirs s'échappaient d'un hennin doré en grosses boucles garnies de perles, dont les yeux, veloutés comme ceux des Italiennes, jetaient, en souriant à demi, des rayons si doux, qu'ils paraissaient incompatibles avec leur couleur foncée, c'était la jeune Catherine, douce et blanche colombe qui devait sortir de l'arche pour rapporter à deux nations le rameau d'olivier.

Celle qui se tenait debout derrière les deux autres, c'était mademoiselle de Thian, dame de Gyac ; tête blonde et rosée, à demi penchée sur une épaule nue ; taille fragile qui semblait prête à se briser au moindre souffle ; bouche et pieds d'enfant, corps aérien, aspect d'ange.

En face d'elle, appuyé contre le mât, une main à la garde de son épée, l'autre tenant un bonnet de velours fourré de martre, un homme contemplait ce tableau de l'Albane : c'était le duc Jean de Bourgogne.

Le sire de Gyac avait voulu rester à Pontoise : il s'était chargé de la garde du roi, qui, quoique convalescent, n'était point encore en état d'assister aux conférences qui allaient avoir lieu. Rien, au reste, dans les relations du duc, du sire de Gyac et de sa femme, n'était changé, malgré la scène que nous avons essayé de peindre dans l'un de nos précédens chapitres ; et les deux amans, les yeux fixés l'un sur l'autre, silencieux et absorbés dans une seule pensée, celle de leur amour, ignoraient qu'ils eussent été épiés et découverts dans cette nuit où nous avons vu le sire de Gyac disparaître dans la forêt de Beaumont, emporté par Ralff sur les traces de son compagnon inconnu.

Au moment où nous avons attiré l'attention de nos lecteurs sur la barque qui descendait le fleuve, elle était bien près du lieu où elle devait déposer ses passagers, et déjà de l'endroit où ils étaient, ils pouvaient apercevoir, dans la petite plaine située entre la ville de Meulan et la rivière de l'Oise, plusieurs tentes surmontées, les unes d'un penoncel aux armes de France, les autres d'un étendard aux armes d'Angleterre. Ces tentes avaient été construites à cent pas de distance en face les unes des autres, de manière à simuler deux camps. Au milieu de l'espace qui les séparait, on avait bâti un pavillon ouvert, dont les deux portes opposées se trouvaient dans la direction des deux entrées d'un parc clos de portes solides et environné de pieux et de larges fossés. Ce parc enfermait de tous côtés le camp que nous venons de décrire, et chacune de ses barrières était gardée par mille hommes, les uns de l'armée de France et Bourgogne, les autres de l'armée d'Angleterre.

A dix heures du matin, les portes du parc s'ouvrirent simultanément aux deux extrémités opposées. Les clairons sonnèrent, et du côté des Français s'avancèrent les personnages que nous avons déjà vus dans la barque, tandis que du côté opposé venait à leur rencontre le roi Henri V d'Angleterre, accompagné de ses frères, les ducs de Glocester et de Clarence.

Ces deux petites troupes royales marchèrent au-devant l'une de l'autre, afin de se joindre sous le pavillon. Le duc de Bourgogne avait à sa droite la reine, à sa gauche madame Catherine; le roi Henri était au milieu de ses deux frères, et derrière eux, à quelques pas, marchait le comte de Warwick.

Arrivés sous le pavillon où devait avoir lieu l'entrevue, le roi salua respectueusement madame Isabel, et l'embrassa sur les deux joues ainsi que la princesse Catherine. Quant au duc de Bourgogne, il fléchit un peu le genou ; le roi le prit par la main, le releva, et ces deux puissans princes, ces deux vaillans chevaliers, se trouvant enfin face à face, se regardèrent quelques instans en silence avec la curiosité de deux hommes qui avaient souvent désiré se rencontrer sur le champ de bataille. Chacun connaissait la force et la puissance de la main qu'il serrait : l'un avait mérité le nom de Sans-Peur, et l'autre obtenu celui de Conquérant.

Cependant le roi revint bientôt à la princesse Catherine, dont la gracieuse figure l'avait déjà vivement touché, lorsque, devant Rouen, le cardinal des Ursins lui avait présenté son portrait. Il la conduisit, ainsi que la reine et le duc, aux siéges qui avaient été préparés pour les recevoir, s'assit en face d'eux, et fit avancer le comte de Warwick, afin qu'il lui servît d'interprète. Celui-ci mit alors un genou en terre.

— Madame la reine, dit-il en français, vous avez désiré une entrevue avec notre gracieux souverain le roi Henri, afin d'aviser aux moyens de conclure la paix entre les deux royaumes. Monseigneur le roi, aussi désireux que vous de cette paix, s'est empressé d'accepter cette entrevue. Vous voici en face l'un de l'autre, tenant, comme Dieu, le sort des peuples dans votre droite. Parlez, madame la reine ; parlez, monsieur le duc, et puisse Dieu mettre dans vos bouches royales et souveraines des paroles de conciliation !

Le duc de Bourgogne se leva sur un signe de la reine, et prit à son tour la parole :

— Nous avons reçu, dit-il, les demandes du roi ; elles

consistent en trois réclamations : l'exécution du traité de Bretigny*, l'abandon de la Normandie, et la souveraineté absolue de ce qui lui serait cédé par le traité. Voici quelles sont les répliques présentées par le conseil de France.

Le comte de Warwick prit le parchemin que lui présentait le duc.

Le roi Henri demanda un jour pour l'examiner et y ajouter ses remarques ; puis il se leva, offrant la main à la reine et à la princesse Catherine, et les reconduisit jusqu'à leur tente avec des marques de respect et de tendre courtoisie, qui prouvaient assez quelle impression avait produite sur lui la fille des rois de France.

Le lendemain, une nouvelle conférence eut lieu ; mais madame Catherine n'y assista point. Le roi d'Angleterre parut mécontent. Il remit au duc de Bourgogne le parchemin qu'il en avait reçu la veille. L'entrevue fut froide et courte.

Le roi d'Angleterre avait ajouté, de sa main, au-dessous de chaque réplique du conseil, des conditions si exorbitantes, que la reine ni le duc n'osèrent prendre sur eux de les accepter **. Ils les envoyèrent à Pontoise, afin qu'elles fus-

---

* Le traité de Bretigny était celui par lequel le roi Jean fut remis en liberté.

** Voici les répliques du conseil de France et les émargemens conditionnels qu'y avait ajoutés le roi d'Angleterre :

1. Le roi d'Angleterre renoncera à la couronne de France.

Le roi consent, pourvu qu'on ajoute : hormis pour ce qui sera cédé par le traité.

2. Il renoncera à la Touraine, à l'Anjou, au Maine et à la souveraineté sur la Bretagne.

Cet article ne plaît pas au roi.

sent mises sous les yeux du roi, le pressant toutefois de les accepter, la paix, à quelque prix que ce fût, étant, disaient-ils, le seul moyen de sauver la monarchie.

Le roi de France était dans un de ces momens de retour à la raison, qu'on peut comparer à cette heure du crépuscule

3. Il jurera que ni lui ni aucun de ses successeurs ne recevront, en aucun temps ni pour quelque cause que ce soit, le transport de la couronne de France d'aucune personne qui y ait ou prétende y avoir droit.

Le roi en est content, à la condition que son adversaire jurera la même chose quant aux domaines et possessions d'Angleterre.

4. Il fera enregistrer ses renonciations, promesses et engagemens, de la meilleure manière que le roi de France et son conseil pourront aviser.

Cet article ne plaît pas au roi.

5. Au lieu de Ponthieu et de Montreuil, il sera permis au roi de France de donner un équivalent quelconque en tel endroit de son royaume qu'il le jugera convenable.

Cet article ne plaît pas au roi.

6. Comme il y a encore en Normandie diverses forteresses que le roi d'Angleterre n'a point encore conquises, et qui cependant doivent lui être cédées, il se désistera en cette considération de toutes les autres conquêtes qu'il a faites ailleurs; chacun rentrera dans la jouissance de ses biens, en quelques lieux qu'ils soient situés; de plus, il se fera une alliance entre les deux rois.

Le roi approuve, à la condition que les Écossais et les rebelles ne seront pas compris dans cette alliance.

7. Le roi d'Angleterre rendra les 600,000 écus donnés au roi Richard pour la dot de madame Isabelle, et 400,000 écus pour les joyaux de cette princesse, retenus en Angleterre.

Le roi compensera cet article avec ce qui reste dû de la rançon du roi Jean, et il fait remarquer cependant que les joyaux de madame Isabelle ne valent pas le quart de ce qu'on demande.

matinal où le jour, luttant encore avec la nuit qu'il n'a pas vaincue, ne laisse entrevoir de chaque objet qu'une forme confuse et flottante. Le sommet des plus hautes montagnes seulement commence à s'éclairer des rayons du soleil ; mais la plaine est encore dans l'ombre. Ainsi, dans la tête bourdonnante du roi, les pensées primitives, pensées d'instinct général et de conservation personnelle, attiraient à elles les premiers rayons de lumière que faisait luire la raison, laissant dans la nuit ce qui n'était qu'intérêt vague et abstraction politique. Ces momens de transition, qui arrivaient à la suite des grandes crises physiques, étaient toujours accompagnés d'une faiblesse d'esprit et d'un abandon de volonté qui faisait que le vieux monarque cédait à toutes les demandes, dussent-elles avoir un résultat tout-à-fait contraire à son intérêt personnel ou à celui du royaume : dans ces heures de convalescence, il éprouvait donc, avant tout, un besoin de repos et de sentimens doux, dont la continuation seule pouvait rendre à cette machine usée par les querelles intestines, la guerre étrangère, les émeutes civiles, ces jours de calme dont avait si grand besoin sa vieillesse prématurée. Certes, s'il eût simplement été un brave bourgeois de sa bonne ville, si d'autres circonstances l'eussent conduit à l'état où il était, une famille aimante et aimée, la tranquillité de l'âme, les soins du corps, eussent pu, pendant longues années encore, prolonger cette existence débile ; mais il était roi ! Les partis rugissaient au pied de son trône comme les lions autour de Daniel ; de ses trois fils aînés, triple espoir du royaume, il en avait vu mourir deux avant l'âge, et il n'avait point osé rechercher les causes de leur mort ; un seul restait près de lui, à la tête jeune et blonde ; celui-là passait souvent dans ses accès de délire, au milieu des démons de ses rêves, comme un ange d'amour et de consolation. Eh bien ! celui-là, le dernier enfant de son cœur, le dernier rejeton de la vieille tige, celui-là qui, lorsque son père était abandonné de ses valets, oublié de la reine, méprisé de ses grands vassaux, se glissait quelquefois la nuit dans sa chambre sombre et solitaire, consolant le vieillard avec ses paroles, réchauffant ses mains avec son souffle, rasserénant son front avec ses baisers ; celui-là aussi, la guerre civile l'avait pris à bras le corps et l'avait jeté loin de lui ; et depuis ce départ, chaque fois que dans la lutte de l'âme et de la matière, de la raison et de la folie, la raison était parvenue à l'emporter, tout tendait à abréger ces momens lucides, pendant lesquels le roi ressaisissait le pouvoir aux mains fatales qui en abusaient, tandis qu'au contraire, dès que la folie avait, comme une ennemie mal vaincue, repris le dessus sur la raison, elle avait pour auxiliaires fidèles la reine et le duc, seigneurs et valets, tout ce qui régnait enfin à la place du roi, quand le roi ne pouvait plus régner.

Charles VI sentait à la fois le mal et l'impuissance d'y remédier ; il voyait le royaume déchiré par trois partis qu'une main forte aurait pu soumettre ; il sentait qu'il fallait la volonté d'un roi, et lui, pauvre vieillard, pauvre insensé, il en était à peine le fantôme : enfin, comme un homme surpris par un tremblement de terre, il entendait craquer tout à l'entour de lui le grand édifice de la monarchie féodale ; et comprenant qu'il n'avait ni la force de soutenir la voûte ni la puissance de fuir, il baissait sa tête blanche et résignée, et attendait le coup.

On lui avait remis le message du duc et les conditions du

roi d'Angleterre ; ses valets l'avaient laissé seul dans sa chambre ; quant à ses courtisans, depuis longtemps il n'en avait plus.

Il avait lu le parchemin fatal qui forçait la légitimité de traiter avec la conquête ; il avait pris la plume pour signer ; puis au moment d'écrire les sept lettres qui composaient son nom, il avait songé que chacune de ces lettres lui coûterait une province, et jetant avec un cri d'angoisse sa plume loin de lui, il avait laissé tomber sa tête entre ses mains, en disant :

— Mon Dieu ! Seigneur, ayez pitié de moi !

Il était depuis une heure absorbé dans des pensées incohérentes qui ressemblaient au délire, essayant de saisir, au milieu d'elles, cette volonté d'homme que son cerveau irrité n'avait la force ni de poursuivre ni de fixer, et qui, en lui échappant toujours, réveillait en son front mille nouvelles pensées qui n'avaient avec elle aucune relation. Il pressentait que dans ce chaos le reste de sa raison allait lui échapper ; il pressait sa tête entre ses deux mains comme pour l'y retenir : la terre tournait sous lui ; il avait des bruissemens dans les oreilles ; il passait des lueurs devant ses yeux fermés ; il sentait enfin la folie infernale s'abattre sur sa tête chauve, lui rongeant le crâne avec ses dents de feu.

Dans ce moment suprême, la porte, dont la garde était confiée au sire de Gyac, s'ouvrit doucement ; un jeune homme s'y glissa léger comme une ombre, vint s'appuyer sur le dos du fauteuil du vieillard, et après l'avoir contemplé un instant avec compassion et respect, il se pencha à son oreille et ne dit que ces deux mots :

— Mon père !

Ces paroles produisirent un effet magique sur celui auquel elles étaient adressées : aux accens de cette voix, ses mains s'écartèrent, sa tête se releva, il demeura le corps plié, la bouche haletante, les yeux fixes, n'osant se retourner encore, tant il craignait d'avoir cru entendre, et de n'avoir pas entendu.

— C'est moi, mon père, dit une seconde fois la voix douce; et le jeune homme, tournant autour du fauteuil, vint doucement se mettre à genoux sur le coussin où reposaient les deux pieds du vieillard.

Celui-ci le regarda un instant d'un œil hagard; puis, tout-à-coup poussant un cri, il lui jeta les bras autour du cou, serra cette tête blonde sur sa poitrine, appuyant ses lèvres sur ses cheveux avec un amour qui ressemblait à de la fureur.

— Oh! oh! dit-il d'une voix sanglotante, oh! mon fils, mon enfant, mon Charles! et les larmes jaillissaient de ses yeux. — Oh! mon enfant bien-aimé, c'est toi, toi! dans les bras de ton vieux père! est-ce vrai, est-ce vrai? parle-moi donc encore... toujours.

Puis il éloignait de ses deux mains la tête de l'enfant, fixait ses yeux hagards sur les yeux de son fils; et celui-ci, qui ne pouvait parler non plus, tant sa voix était noyée dans les larmes, lui faisait, souriant et pleurant à la fois, signe de la tête qu'il ne se trompait pas.

— Comment es-tu venu? disait le vieillard; quels chemins as-tu pris? quels dangers as-tu courus pour moi, pour me revoir? Oh! sois béni, enfant, pour ton cœur filial; sois béni du Seigneur comme tu es béni par ton père!

Et le pauvre roi couvrit de nouveau son fils de baisers.

— Mon père, dit le dauphin, nous étions à Meaux lorsque nous avons appris les conférences qui allaient s'ouvrir pour traiter de la paix entre la France et l'Angleterre, et nous avons su en même temps que, souffrant et malade, vous ne pouviez assister à l'entrevue.

— Et comment as-tu appris cela?

— Par un de nos amis dévoué à vous et à moi, mon père, par celui à qui est confiée la garde de nuit de cette porte ; et il indiqua celle par laquelle il était entré.

— Par le sire de Gyac ! dit le roi effrayé.

Le dauphin fit de la tête un signe affirmatif.

— Mais cet homme est au duc, continua le roi avec un effroi croissant ; cet homme, il t'a fait venir pour te livrer peut-être !

— Ne craignez rien, mon père, reprit le dauphin, le sire de Gyac est à nous.

Ce ton de conviction avec lequel parlait le dauphin rassura le roi.

— Et alors, quand tu as su que j'étais seul?... reprit le vieillard.

— J'ai voulu vous revoir, mon père ; et Tanneguy, qui avait lui-même à s'entretenir d'affaires importantes avec le sire de Gyac, a consenti à m'accompagner ; d'ailleurs, pour plus grande sûreté encore, deux autres braves chevaliers se sont joints à nous.

— Dis-moi leurs noms, que je les garde dans mon cœur.

— Le sire de Vignolles, dit la Hire, et Pothon de Xaintrailles. Aujourd'hui, à dix heures du matin, nous sommes partis de Meaux ; nous avons tourné Paris par Louvres, où nous avons pris d'autres chevaux, et à la tombée de la nuit nous sommes arrivés aux portes de la ville, où Pothon et la Hire nous attendent. La lettre du sire de Gyac nous a servi de sauf-conduit, et sans qu'on se doutât qui nous sommes, je suis parvenu jusqu'à cette porte, que le sire de Gyac m'a ouverte ; et me voilà, mon père, me voilà à vos pieds, dans vos bras !

— Oui, oui, dit le roi, laissant tomber sa main à plat sur le parchemin qu'il allait signer lorsqu'il avait été interrompu par le dauphin, et qui contenait les conditions de paix onéreuses que nous avons rapportées ; oui, te voilà, mon enfant, venant, comme l'ange gardien du royaume, me dire : — Roi, ne livre pas la France ; venant, comme mon fils, me dire : — Père, garde-moi mon héritage ! Oh ! les rois !... les rois !... ils sont moins libres que le dernier de leurs sujets ; ils doivent compte à leurs successeurs, et puis encore à la France, du patrimoine légué par leurs ancêtres. Ah ! quand bientôt je me trouverai face à face de mon royal père, Charles-le-Sage, quel compte fatal aurai-je à lui rendre du royaume qu'il m'a laissé riche, calme et puissant, et que je te laisserai, à toi, pauvre, plein de troubles et morcelé en lambeaux ! Ah ! tu viens me dire : Ne signe pas cette paix, n'est-ce pas ? tu viens me le dire.

— Il est vrai que cette paix est onéreuse et fatale, dit le dauphin, qui venait de parcourir le parchemin sur lequel en étaient écrites les conditions, que moi et mes amis, continua-t-il, nous briserons nos épées jusqu'à la poignée sur le casque de ces Anglais, plutôt que de signer avec eux un pareil traité, et que nous tomberons tous jusqu'au dernier sur cette terre de France, plutôt que de la céder de notre plein gré à notre vieil ennemi... Oui, cela est vrai, mon père.

Charles VI prit d'une main tremblante le parchemin, le regarda quelque temps ; puis, par un mouvement spontané, il le déchira en deux parties.

Le dauphin se jeta à son cou.

— Soit, dit le roi. Eh bien ! soit, la guerre ; mieux vaut une bataille perdue qu'une paix honteuse.

— Le Dieu des armées sera pour nous, mon père.

— Mais si le duc nous abandonne, et passe aux Anglais !

— Je traiterai avec lui, répondit le dauphin.

— Tu a refusé jusqu'à présent toute entrevue.

— J'en solliciterai une.

— Et Tanneguy ?

— Y consentira, mon père ; bien plus, il sera porteur de ma demande et l'appuiera, et alors le duc et moi, nous nous retournerons vers ces Anglais damnés, nous les pousserons devant nous jusqu'à leurs vaisseaux. Ah ! nous avons de nobles hommes d'armes, de loyaux soldats, une bonne cause, c'est plus qu'il n'en faut, monseigneur et père ; un seul regard de Dieu, et nous sommes sauvés.

— Le Seigneur t'entende ! — Il prit le parchemin déchiré. — En tous cas, dit-il, voici ma réponse au roi d'Angleterre.

— Sire de Gyac ! dit aussitôt le dauphin à haute voix.

Le sire de Gyac entra soulevant la tapisserie qui pendait devant la porte.

— Voici, dit le dauphin, la réponse aux propositions du roi Henri. Vous la porterez demain au duc de Bourgogne ; vous y joindrez cette lettre, c'est une entrevue que je lui demande pour régler en bons et loyaux amis les affaires de ce pauvre royaume.

De Gyac s'inclina, prit les deux lettres, et sortit sans répondre.

— Maintenant, mon père, continua le dauphin en se rapprochant du vieillard, maintenant qui vous empêche de vous soustraire à la reine et au duc? qui vous empêche de nous suivre? Partout où vous serez sera la France. Venez, vous trouverez près de nous, de la part de mes amis, respect et dévoûment ; de ma part, à moi, amour et soins pieux Venez, mon père, nous avons de bonnes villes bien gardées, Meaux, Poitiers, Tours, Orléans ; leurs remparts crouleront, leurs garnisons se feront tuer, nos amis et moi tomberons jusqu'au dernier sur le seuil de votre porte avant qu'il vous arrive malheur.

Le roi regarda le dauphin avec tendresse.

— Oui, oui, lui dit-il, tu ferais tout cela comme tu le promets... Mais il est impossible que j'accepte ; va, mon aiglon, tu as l'aile jeune, forte et rapide ; va, et laisse en son nid le vieil aigle dont l'âge a brisé les ailes et engourdi les serres ; va, mon enfant, et qu'il te suffise de m'avoir donné une nuit heureuse avec ta présence, d'avoir écarté la folie de mon front avec tes caresses ; va, mon fils, et que ce bien que tu m'as fait, Dieu te le rende !

Alors le roi se leva, la crainte d'une surprise le forçant d'abréger ces instans de bonheur si rares que la présence du seul être dont il fût aimé faisait descendre sur sa vie. Il conduisit le dauphin jusqu'à la porte, le serra une fois encore contre son cœur ; ! le père et le fils, qui ne devaient plus se revoir, échangèrent leur dernier baiser. Le jeune Charles sortit.

— Soyez tranquille, disait au même moment de Gyac à Tanneguy, je le conduirai sous votre hache comme le taureau sous la masse du boucher.

— Qui? dit le dauphin paraissant tout-à-coup à côté d'eux.

— Personne, monseigneur, répondit froidement Tanneguy; le sire de Giac me raconte une aventure passée depuis longues années.

Tanneguy et de Gyac échangèrent un regard d'intelligence.

De Giac les conduisit hors des portes de la ville; au bout de dix minutes, ils retrouvèrent Pothon et la Hire, qui les attendaient.

— Eh bien! dit la Hire, le traité?

— Déchiré, répondit Tanneguy.

— Et l'entrevue? continua Pothon.

— Aura lieu d'ici à peu de temps, si Dieu le permet; mais quant à présent, messeigneurs, je crois que le plus pressé est de gagner du chemin. Il faut que demain, au point du jour, nous soyons à Meaux, si nous voulons éviter quelque escarmouche avec ces damnés Bourguignons.

La petite troupe parut convaincue de la justesse de cette observation, et les quatre cavaliers partirent aussi rapidement que pouvait les emporter le galop de leurs lourds chevaux de guerre.

Le lendemain, le sire de Gyac se rendit à Meulan, chargé de son double message pour le duc de Bourgogne. Il entra dans le pavillon où ce prince conférait avec Henri d'Angleterre et le comte de Warwick.

Le duc Jean rompit avec empressement le fil de soie rouge qui fermait la lettre que lui présenta son favori, et auquel pendait le sceau royal. Il trouva sous l'enveloppe le traité déchiré : c'était la seule réponse du roi, ainsi qu'il l'avait promis au dauphin.

— Notre sire est dans un de ses momens de délire, dit le duc en rougissant de colère ; car, Dieu lui pardonne, il a déchiré ce qu'il devait signer.

Henri regardait fixement le duc, qui s'était formellement engagé au nom du roi.

— Notre sire, répondit tranquillement de Gyac, n'a jamais été plus sain d'esprit et de corps qu'il ne l'est en ce moment.

— Alors c'est moi qui suis fou, dit Henri en se levant, d'avoir cru à des promesses que l'on n'avait ni la puissance, ni peut-être la volonté de tenir.

A ces mots, le duc Jean se leva d'un bond ; tous les muscles de son visage tremblaient, ses narines étaient gonflées de colère, son souffle était bruyant comme la respiration d'un lion ; cependant il n'avait rien à dire, il ne trouvait rien à répondre.

— C'est bon, mon cousin, continua Henri, donnant avec intention à Jean de Bourgogne le titre que lui donnait le roi de France ; c'est bon, maintenant je suis aise de vous dire que nous prendrons de force à votre roi ce que nous demandions qu'il nous cédât de bonne volonté, notre part de cette terre de France, notre place dans sa famille royale ; nous aurons ses villes et sa fille, et tout ce que nous avons demandé avec elles, et nous le débouterons de son royaume, et vous de votre duché.

— Sire, répondit le duc de Bourgogne sur le même ton, vous en parlez à votre aise et selon votre désir ; mais auparavant d'avoir débouté monseigneur le roi hors de son royaume, et moi hors de mon duché, vous aurez de quoi vous lasser, nous n'en faisons nul doute, et peut-être bien qu'au lieu de ce que vous croyez, vous aurez assez à faire de vous garder dans votre île.

Ce disant, il tourna le dos au roi d'Angleterre sans attendre sa réponse ni le saluer, et sortit par la porte qui donnait du côté de ses tentes.

De Gyac le suivit.

— Monseigneur, lui dit-il après avoir fait quelques pas, j'ai encore un autre message.

— Porte-le au diable s'il ressemble au premier ! dit le duc ; quant à moi, j'en ai assez d'un pour un jour.

— Monseigneur, continua de Gyac sur le même ton, c'est une lettre de monseigneur le dauphin : il vous demande une entrevue.

— Ah ! voilà qui raccommode tout, dit le duc en se retournant vivement ; et où est cette lettre ?

— La voilà, monseigneur.

Le duc la lui arracha des mains, et la lut avidement.

— Qu'on lève les tentes et qu'on renverse les enceintes, dit le duc aux serviteurs et aux pages, et que ce soir il ne reste pas trace de cette entrevue maudite ! Et vous, messieurs, continua-t-il en s'adressant aux seigneurs, que ces paroles avaient fait sortir de leurs pavillons, à cheval, l'épée au vent, et guerre d'extermination, guerre à mort à tous ces loups affamés qui nous arrivent d'outre-mer, et à ce fils d'assassin qu'ils appellent leur roi !

X.

Le 11 juillet suivant, sur les sept heures du matin, deux troupes assez considérables, l'une de Bourguignons, sortant de Corbeil, l'autre de Français, venant de Melun, marchèrent l'une vers l'autre comme pour se livrer une bataille. Ce qui aurait pu donner plus de poids encore à cette supposition, c'est que toutes les précautions habituelles en pareille occasion avaient été strictement observées de chaque côté : les hommes et les chevaux étaient couverts de leurs armures de guerre; les écuyers et les pages portaient les lances ; et chaque cavalier avait à la portée de sa main, pendue à l'arçon de sa selle, soit une masse, soit une hache d'armes. Arrivées près du château de Pouilly, sur la chaussée des étangs du Vert, les deux troupes ennemies se trouvèrent en vue ; aussitôt de part et d'autre une halte fut faite ; les visières s'abaissèrent, les écuyers présentèrent leurs lances, et d'un mouvement unanime les deux troupes se mirent en marche avec la lenteur de la défiance et de la précaution. Arrivées à deux traits d'arc à peu près l'une de l'autre, elles s'arrêtèrent de nouveau : de chaque côté, onze chevaliers sortirent des rangs, visière baissée, et s'avancèrent, laissant la troupe à laquelle ils appartenaient immobile derrière eux comme une muraille d'airain ; à vingt pas seulement les uns des autres, ils firent une nouvelle halte; de chaque côté encore un homme descendit de son cheval, en jeta la bride au bras de son voisin, et s'avança à pied dans cet espace libre, de manière à avoir fait, en même temps que celui qui venait à sa rencontre, la moitié du chemin qui les séparait. A quatre pas l'un de l'autre, ils levèrent la visière de leurs casques, et chacun reconnut dans l'un de ces deux hommes le dauphin Charles, duc de Touraine, et dans l'autre, Jean-sans-Peur, duc de Bourgogne.

Dès que le duc Jean vit que celui qui s'avançait à sa rencontre était bien le fils de son souverain et seigneur, il s'inclina plusieurs fois et mit un genou en terre. Le jeune Charles le prit aussitôt par la main, l'embrassa sur les deux joues, et voulut le faire relever; mais le duc s'y refusa :

— Monseigneur, lui dit-il, je sais bien comment je dois vous parler.

Enfin, le dauphin le força de se lever :

— Beau cousin, lui dit-il en lui présentant un parchemin revêtu de sa signature et scellé de son sceau, si au traité que voici, fait entre nous et vous, il est quelque chose qui ne soit pas à votre plaisir, nous voulons que vous le corrigiez, et dorénavant voulons et voudrons ce que vous voulez et voudrez.

— C'est moi qui me conformerai à vos ordres, monseigneur, répondit le duc, car il est dans mon devoir et dans ma volonté de vous obéir désormais en tout ce que vous désirerez.

Après ces paroles, chacun d'eux étendit la main sur la croix de son épée, à défaut d'Évangile ou de saintes reliques, jurant de maintenir la paix d'une manière durable. Aussitôt tous ceux qui les avaient accompagnés les rejoignirent joyeux, criant Noël! et maudissant d'avance celui qui désormais reprendrait les armes pour une aussi fatale querelle.

Alors le dauphin et le duc échangèrent leurs épées et leurs chevaux en signe de fraternité; et, lorsque le dauphin se mit en selle, le duc lui tint l'étrier, quoique celui-ci le suppliât de n'en rien faire; ensuite ils chevauchèrent quelque temps à côté l'un de l'autre, devisant amicalement, Français et Bourguignons mêlés à leur suite. Puis, après s'être embrassés une seconde fois, ils se séparèrent, le dauphin pour retourner à Melun, et le duc de Bourgogne à Corbeil. Dauphinois et Bourguignons suivirent chacun leur maître.

Deux hommes restèrent les derniers.

— Tanneguy, dit l'un d'eux d'une voix sourde, j'ai tenu ma promesse; as-tu tenu la tienne?

— Était-ce possible, messire de Gyac, répondit Tanneguy, couvert de fer et accompagné comme il était? Mais, soyez tranquille, avant la fin de l'année, nous trouverons plus beau jeu et meilleure occasion.

— Satan le veuille! dit Gyac.

— Dieu me le pardonne! dit Tanneguy.

Et tous deux piquèrent leurs chevaux, se tournant le dos, l'un pour rejoindre le duc, et l'autre le dauphin.

Le soir de ce jour, un grand orage éclata à l'endroit même où avait eu lieu la conférence, et le tonnerre brisa l'arbre de la chaussée, sous lequel la paix avait été jurée. Beaucoup regardèrent cela comme un mauvais présage, et quelques-uns dirent tout haut que cette paix ne serait pas plus durable qu'elle n'était sincère.

Cependant, quelques jours après, le dauphin et le duc publièrent leurs lettres de ratification du traité.

Les Parisiens en avaient reçu la nouvelle avec une grande

joie : ils avaient pensé que le duc ou le dauphin allait revenir à Paris pour les défendre ; leur attente fut trompée. La reine et le roi avaient quitté Pontoise, laissant dans cette ville, trop voisine des Anglais pour qu'ils y demeurassent avec sécurité, le sire de l'Ile-Adam à la tête d'une nombreuse garnison. Le duc les rejoignit à Saint-Denis où ils s'étaient retirés, et les Parisiens, ne voyant faire aucune assemblée pour marcher contre les Anglais, retombèrent dans le découragement.

Quant au duc, il s'était de nouveau abandonné à cette apathie inconcevable dont quelques exemples se retrouvent dans la vie des hommes les plus braves et les plus actifs, et qui, pour presque tous, a été un signe augural que leur heure suprême allait bientôt sonner.

Le dauphin lui écrivait lettre sur lettre pour l'engager à bien défendre Paris, tandis que lui ferait une diversion sur les frontières du Maine : le duc, en les recevant, donnait quelques ordres ; puis, comme s'il eût été incapable de continuer la lutte que depuis douze ans il soutenait, il allait, ainsi qu'un enfant lassé, se coucher aux pieds de sa belle maîtresse, perdant le souvenir du monde entier dans un des regards de ses yeux. C'est le propre d'un amour violent de faire prendre en dédain toutes les choses de la vie qui n'ont pas rapport à cet amour même : c'est que toutes les autres passions viennent de la tête, et celle-là seule du cœur. Cependant les murmures, que la paix avait calmés, reprirent bientôt naissance ; des bruits vagues de trahison recommencèrent à circuler, et un événement qui se passa sur ces entrefaites vint y donner une nouvelle créance.

Henri de Lancastre avait bien jugé de quel désavantage

devait être pour lui l'alliance du dauphin et du duc ; en conséquence, il résolut de s'emparer de Pontoise avant que ses deux ennemis n'eussent le temps de combiner leurs mouvemens. A cet effet, trois mille hommes, conduits par Gaston, second fils d'Archambault, comte de Foix, qui s'était rendu Anglais, partirent de Meulan dans la soirée du 31 juillet, et arrivèrent à la nuit noire au pied des murailles de la ville de Pontoise. Ils posèrent en silence des échelles contre le rempart, à quelque distance de l'une des portes, et, sans être aperçu du guet, ils montèrent un à un sur la muraille au nombre de trois cents : alors ceux qui étaient montés mirent l'épée à la main, se dirigèrent vers la porte, égorgèrent le poste qui la gardait, et ouvrirent à leurs camarades, qui se ruèrent dans les rues en criant : Saint-Georges, et ville gagnée !...

L'Ile-Adam entendit ces cris ; il les reconnut pour les avoir proférés lui-même : il se jeta aussitôt en bas de son lit, s'habilla à la hâte, et n'était encore qu'à moitié vêtu, lorsque les Anglais vinrent frapper à coups redoublés à la porte de la maison qu'il habitait. Il n'eut que le temps de saisir une pesante hache d'armes, d'éteindre la lampe qui pouvait le trahir, et de s'élancer par une fenêtre qui donnait dans une cour. Au même instant les Anglais enfoncèrent la porte de la rue.

L'Ile-Adam courut à ses écuries, sauta sur le premier cheval venu, et sans selle, sans bride, s'élança sous le porche encombré d'Anglais qui montaient dans les chambres, passa au milieu d'eux, au moment où ils s'y attendaient le moins, tenant d'une main la crinière du cheval, et de l'autre faisant tournoyer sa hache.

Un Anglais avait voulu se jeter au-devant de lui, et il était tombé la tête fendue ; sans cet homme sanglant et étendu à leurs pieds, les autres auraient cru voir passer une apparition.

L'Ile-Adam s'élança vers la porte de Paris, elle était fermée ; la confusion était telle que le concierge n'en put retrouver les clefs : il fallait la rompre à coups de hache ; l'Ile-Adam se mit à l'œuvre. Derrière lui les bourgeois fuyans s'amassaient dans la rue étroite, augmentant à chaque instant de nombre, n'ayant d'espoir que dans la promptitude avec laquelle la hache de l'Ile-Adam, qui se levait et retombait sans relâche, leur ouvrirait une issue.

Bientôt des cris de désespoir partirent de l'autre extrémité de cette rue : les fuyards avaient eux-mêmes indiqué le chemin à leurs ennemis. Les Anglais entendirent les coups qui retentissaient sur la porte ; et, pour arriver à l'Ile-Adam, ils chargeaient cette foule désarmée qui n'opposait qu'une masse inerte, mais épaisse, mais profonde ; rempart vivant et serré que sa terreur même rendait plus difficile encore à entamer. Cependant les hommes d'armes fouillaient cette foule à coups de lance, les arbalétriers en abattaient des rangs entiers ; les flèches venaient, autour de l'Ile-Adam, s'enfoncer en tremblant dans la porte ébranlée, gémissante, mais résistant toujours. Les cris se rapprochaient de lui ; un instant il crut que le rempart de bois serait plus long à enfoncer que le rempart de chair : les Anglais n'étaient plus qu'à trois longueurs de lance de lui ; enfin la porte se brisa, vomissant au dehors un flot d'hommes, à la tête duquel le cheval épouvanté emporta l'Ile-Adam comme l'éclair.

Lorsque le duc de Bourgogne apprit cette nouvelle, au lieu

d'assembler une armée et de marcher aux Anglais, il fit monter le roi, la reine et madame Catherine dans un carrosse, monta lui-même à cheval, et avec les seigneurs de sa maison il se retira, par Provins, à Troyes en Champagne, laissant en la ville de Paris le comte de Saint-Pol comme lieutenant, l'Ile-Adam comme gouverneur, et maître Eustache Delaistre comme chancelier.

Deux heures après le départ du duc de Bourgogne, les fugitifs commencèrent à arriver à Saint-Denis. C'était pitié de voir ces pauvres gens blessés, sanglans, à demi nus, mourant de faim, et exténués d'une marche de sept lieues pendant laquelle ils n'avaient pas osé se reposer un instant. Le récit des atrocités commises par les Anglais était écouté partout avec autant d'avidité que de terreur; des groupes se formaient dans les rues tout autour de ces malheureux; puis tout-à-coup le cri : Les Anglais ! les Anglais ! retentissait, et chacun fuyait, rentrant dans sa maison, fermant ses fenêtres, barricadant ses portes et criant merci !

Cependant les Anglais pensaient plus à profiter de leur victoire qu'à la poursuivre. Le séjour de la cour à Pontoise en avait fait une ville de luxe : l'Ile-Adam et une partie des seigneurs qui s'étaient enrichis à la prise de Paris y avaient entassé leurs trésors; les Anglais y firent un pillage de plus de deux millions.

En même temps on apprit la prise de Château-Gaillard, l'une des citadelles les plus fortes de la Normandie. Olivier de Mauny en était le capitaine; et, quoiqu'il n'eût pour toute garnison que cent vingt gentilshommes, il tint seize mois, et ne fut forcé que par une circonstance que l'on n'avait pu prévoir : les cordes pour tirer l'eau des puits s'usèrent et se rompirent ; ils supportèrent sept jours la soif, puis enfin ils se rendirent aux comtes de Huntington et de Kyme, qui tenaient le siége.

Le dauphin apprit en même temps à Bourges, où il rassemblait son armée, la reddition honorable de Château-Gaillard et la surprise inattendue de Pontoise. On ne manqua pas de lui représenter cette dernière ville comme ayant été vendue aux Anglais. Ce qui donnait quelque apparence de fondement à ce bruit, c'est que le duc de Bourgogne en avait confié la garde à l'un des seigneurs qui lui étaient le plus dévoués, et que ce seigneur, quoique d'une bravoure reconnue, l'avait laissé prendre sans rien faire ostensiblement pour sa défense. Les ennemis du duc qui entouraient le dauphin saisirent cette occasion de faire rentrer dans l'esprit du prince des soupçons qu'ils y avaient déjà nourris si longtemps. Tous demandaient la rupture du traité et une guerre franche et loyale, en place de cette alliance fausse et traîtresse ; Tanneguy seul, malgré sa haine bien connue contre le duc, suppliait le dauphin de réclamer une seconde entrevue avant d'avoir recours à aucune démonstration hostile.

Le dauphin prit une résolution qui conciliait à la fois les deux avis : il vint avec une puissance de vingt mille combattans à Montereau, afin d'être prêt à la fois à traiter, si le duc acceptait la nouvelle entrevue, ou à recommencer les hostilités s'il la refusait. Tanneguy, qui, au grand étonnement de tous ceux qui connaissaient son caractère décidé, avait constamment été pour les moyens conciliateurs, fut envoyé à Troyes, où nous avons dit qu'était le duc : il portait à celui-ci des lettres signées du dauphin, qui fixaient

Montereau pour le lieu de la nouvelle entrevue ; et, comme il n'y avait pas de place au château pour Duchâtel et sa suite, le sire de Gyac lui donna l'hospitalité.

Le duc accepta l'entrevue, mais il y mit pour condition que le dauphin viendrait à Troyes, où étaient le roi et la reine. Tanneguy revint à Montereau.

Le dauphin et ceux qui l'entouraient étaient d'avis de prendre la réponse du duc pour une déclaration de guerre et de recourir aux armes. Tanneguy seul, infatigable, impassible, offrait au dauphin de faire de nouvelles démarches, et s'opposait avec entêtement à toute mesure hostile. Ceux qui savaient quelle haine il y avait au fond du cœur de cet homme contre le duc Jean n'y comprenaient plus rien : ils le croyaient gagné comme tant d'autres l'avaient été, et faisaient part de leurs soupçons au dauphin ; mais celui-ci les rapportait aussitôt à Tanneguy, en lui disant :

— N'est-ce pas, mon père, que tu ne me trahiras pas ?

Enfin arriva une lettre du sire de Gyac ; grâce à ses instances, le duc était chaque jour moins éloigné de venir traiter avec le dauphin ; cette lettre étonna tout le monde, excepté Tanneguy, qui paraissait s'y attendre.

En conséquence, Duchâtel retourna à Troyes au nom du dauphin ; il proposa au duc le pont de Montereau comme le lieu le plus favorable à l'entrevue. Il était autorisé à s'engager, au nom du dauphin, à livrer au duc le château et la rive droite de la Seine, avec liberté de celui-ci de loger, dans cette forteresse et dans les maisons bâties sur cette rive, tout autant de gens d'armes qu'il le croirait nécessaire. Le dauphin se réservait la ville et la rive gauche : quant à la langue de terre qui se trouvait entre l'Yonne et la Seine, c'était un terrain neutre qui ne devait appartenir à personne ; et comme à cette époque, à l'exception d'un moulin isolé qui s'élevait aux bords de l'Yonne, il était complétement inhabité, il était facile de s'assurer qu'aucune surprise n'y serait préparée.

Le duc accepta ces conditions ; il promit de partir pour Bray-sur-Seine le 9 septembre. Le 10 devait avoir lieu l'entrevue, et le sire de Gyac, qui possédait toujours la confiance du duc, fut choisi par lui pour accompagner Tanneguy et veiller à ce que toutes sûretés fussent prises aussi bien d'une part que de l'autre.

Maintenant il faut que nos lecteurs jettent un coup-d'œil avec nous sur la position topographique de la ville de Montereau, afin que nous les fassions assister, autant qu'il est en notre pouvoir, à la scène qui va se passer sur ce pont, auquel Napoléon, en 1814, a rattaché un second souvenir historique.

La ville de Montereau est située à vingt lieues à peu près de Paris, au confluent de l'Yonne et de la Seine, où la première de ces deux rivières perd son nom en se jetant dans l'autre. Si l'on remonte, en partant de Paris, le cours du fleuve qui le traverse, on aura, en arrivant en vue de Montereau, à gauche, la montagne élevée de Surville, sur laquelle était bâti le château, et au pied de cette montagne, une espèce de faubourg séparé de la ville par le fleuve : c'est ce côté qu'on avait offert au duc de Bourgogne.

En face de soi, on découvrira, simulant l'angle le plus aigu d'un V, et à peu près dans la position où se trouve à Paris la pointe du Pont-Neuf où furent brûlés les Templiers, la langue de terre par laquelle le duc devait arriver, venant de Bray-sur-Seine, langue de terre qui va toujours s'élargissant entre le fleuve et la rivière qui la bordent, jusqu'à ce que la Seine jaillisse de terre à Baigneux-les-Juifs, et que l'Yonne prenne sa source non loin de l'endroit où était située l'ancienne Bibracte, et où de nos jours s'élève la ville d'Autun.

A droite, la cité tout entière se déploiera gracieusement couchée au milieu de ses moissons et de ses vignes, dont le tapis bariolé s'étend à perte de vue sur les riches plaines du Gâtinais.

Le pont sur lequel devait avoir lieu l'entrevue joint encore aujourd'hui, en partant de gauche à droite, le faubourg à la ville, et traverse d'abord le fleuve, ensuite la rivière, posant, à l'endroit de leur jonction, un de ses pieds massifs sur la pointe de terre dont nous avons parlé.

Ce fut sur la partie droite du pont, au-dessus de la rivière d'Yonne, qu'on éleva pour l'entrevue une espèce de loge à charpente, avec deux portes opposées, qui, de chaque côté, se fermaient au moyen d'une barrière à trois traverses ; deux autres barrières avaient encore été placées, l'une à l'extrémité du pont, du côté de la ville, l'autre un peu en-deçà du chemin par lequel devait arriver le duc. Tous ces préparatifs furent hâtivement faits dans la journée du 9.

Notre espèce humaine est à la fois si faible et si orgueilleuse, que chaque fois que s'accomplit ici-bas un de ces évènemens qui secouent un empire, renversent une dynastie, bouleversent un royaume, elle croit que le ciel, intéressé à nos pauvres passions et à nos misérables cataclysmes, change pour nous le cours des astres, l'ordre des saisons *, et nous envoie certains signes à l'aide desquels l'homme pourrait, s'il n'était si aveugle, se soustraire à sa destinée : peut-être aussi les grands événemens une fois révolus, ceux qui y survivent, ceux qui les ont vus s'accomplir sous leurs yeux, se rappelant les moindres circonstances qui les ont précédés, y trouvent-ils avec la catastrophe une coïncidence que le fait de l'événement seul a pu leur donner, tandis que sans cet événement, les circonstances qui le précédaient eussent été perdues dans la foule de ces infiniment petits incidens, qui, réunis, forment la chaîne de ce tissu mystérieux qu'on appelle la vie humaine.

En tous cas, voici ce que les hommes qui ont vu ces choses singulières ont raconté ; voici ce que d'après eux d'autres ont écrit :

Le 10 septembre, à une heure après midi, le duc monta à cheval dans la cour de la maison où il s'était logé, à Bray-sur-Seine. Il avait à sa droite le sire de Gyac, et à sa gauche le seigneur de Noailles. Son chien favori avait hurlé lamentablement toute la nuit ; et, voyant son maître prêt à partir, il s'élançait hors de la niche où il était attaché, les yeux ardens et le poil hérissé ; enfin, lorsque le duc, après avoir salué une dernière fois la dame de Gyac, qui de sa fenêtre assistait au départ du cortége, se mit en marche, le chien fit un tel effort qu'il rompit sa double chaîne de fer ; et, au mo-

---

* Le 11 septembre, il tomba assez de neige pour couvrir les champs à la hauteur de deux ou trois pouces. Toute la vendange, qui n'était point encore faite, fut perdue.

ment où le cheval allait franchir le seuil de la porte, il se jeta à son poitrail et le mordit si cruellement que le cheval se cabra et faillit faire perdre les arçons à son cavalier. De Gyac, impatient, voulut l'écarter avec un fouet qu'il portait, mais le chien ne tint aucun compte des coups qu'il recevait, et se jeta de nouveau à la gorge du cheval du duc; celui-ci, le croyant enragé, prit une petite hache d'armes qu'il portait à l'arçon de sa selle et lui fendit la tête. Le chien jeta un cri et alla en roulant expirer sur le seuil de la porte, comme pour en défendre encore le passage : le duc, avec un soupir de regret, fit sauter son cheval par-dessus le corps du fidèle animal.

Vingt pas plus loin, un vieux juif, qui était de sa maison et qui se mêlait de l'œuvre de magie, sortit tout-à-coup de derrière un mur, arrêta le cheval du duc par la bride et lui dit :

— Monseigneur, au nom de Dieu, n'allez pas plus loin.

— Que me veux-tu, juif? dit le duc en s'arrêtant.

— Monseigneur, reprit le juif, j'ai passé la nuit à consulter les astres, et la science dit que si vous allez à Montereau, vous n'en reviendrez pas.

Et il tenait le cheval au mors pour l'empêcher d'avancer.

— Qu'en dis-tu, de Gyac? dit le duc en se retournant vers son jeune favori.

— Je dis, répondit celui-ci, la rougeur de l'impatience au front, je dis que ce juif est un fou qu'il faut traiter comme votre chien, si vous ne voulez pas que son contact immonde vous force à quelque pénitence de huit jours.

— Laisse-moi, juif! dit le duc pensif en lui faisant doucement signe de le laisser passer.

— Arrière, juif! s'écria de Gyac en heurtant le vieillard du poitrail de son cheval, et en l'envoyant rouler à dix pas; arrière! N'entends-tu pas monseigneur qui t'ordonne de lâcher la bride de son cheval?

Le duc passa la main sur son front comme pour en écarter un nuage; et, jetant un dernier regard sur le juif étendu sans connaissance sur le revers de la route, il continua son chemin.

Trois quarts d'heure après, le duc arriva au château de Montereau. Avant de descendre de cheval, il donna l'ordre à deux cents hommes d'armes et à cent archers de se loger dans le faubourg, et de s'emparer de la tête du pont; Jacques de La Lime, grand-maître des arbalétriers, reçut le commandement de cette petite troupe.

En ce moment, Tanneguy vint vers le duc, et lui dit que le dauphin l'attendait sur le pont depuis près d'une heure. Le duc répondit qu'il y allait; au même instant, un de ses serviteurs tout effaré accourut et lui parla tout bas. Le duc se tourna vers Duchâtel.

— Par le saint jour de Dieu! dit-il, chacun s'est donné le mot aujourd'hui pour nous entretenir de trahison; Duchâtel, êtes-vous bien sûr que notre personne ne court aucun risque, car vous feriez bien mal de nous tromper?

— Mon très redouté seigneur, répondit Tanneguy, j'aimerais mieux être mort et damné que de faire trahison à vous ou à nul autre; n'ayez donc aucune crainte, car monseigneur le dauphin ne vous veut aucun mal.

— Eh bien! nous irons donc, dit le duc, nous fiant à Dieu, — il leva les yeux au ciel, — et à vous, continua-t-il en fixant sur Tanneguy un de ces regards perçans qui n'appartenaient qu'à lui. Tanneguy le soutint sans baisser la vue.

Alors celui-ci présenta au duc le parchemin sur lequel étaient inscrits les noms des dix hommes d'armes qui devaient accompagner le dauphin : ils étaient inscrits dans l'ordre suivant :

Le vicomte de Narbonne, Pierre de Beauveau, Robert de Loire, Tanneguy Duchâtel, Barbazan, Guillaume Le Bouteiller, Guy d'Avaugour, Olivier Layet, Varennes et Frottier.

Tanneguy reçut en échange la liste du duc. Ceux qu'il avait appelés à l'honneur de le suivre étaient :

Monseigneur Charles de Bourbon, le seigneur de Noailles, Jean de Fribourg, le seigneur de Saint-Georges, le seigneur de Montagu, messire Antoine du Vergy, le seigneur d'Ancre, messire Guy de Pontarlier, messire Charles de Lens et messire Pierre de Gyac. De plus, chacun devait amener avec lui son secrétaire. Tanneguy emporta cette liste. Derrière lui le duc se mit en route pour descendre du château au pont; il était à pied, avait la tête couverte d'un chaperon de velours noir, portait pour arme défensive un simple haubergeon de mailles, et pour arme défensive, une faible épée à riche ciselure et à poignée dorée *.

En arrivant à la tête du pont, Jacques de La Lime lui dit qu'il avait vu beaucoup de gens armés entrer dans une maison de la ville qui touchait à l'autre extrémité du pont, et qu'en l'apercevant, lorsqu'il avait pris poste avec sa troupe,

---

* On montre encore aujourd'hui à Montereau cette épée suspendue dans l'église.

ces gens s'étaient hâtés de fermer les fenêtres de cette maison.

— Allez voir si cela est vrai, de Gyac, dit le duc; je vous attendrai ici.

De Gyac prit le chemin du pont, traversa les barrières, passa au milieu de la loge en charpente, arriva à la maison désignée et en ouvrit la porte. Tanneguy y donnait des instructions à une vingtaine de soldats armés de toutes pièces.

— Eh bien? dit Tanneguy en l'apercevant.

— Êtes-vous prêts? répondit de Gyac.

— Oui, maintenant il peut venir.

De Gyac retourna vers le duc.

— Le grand-maître a mal vu, monseigneur, dit-il; il n'y a personne dans cette maison.

Le duc se mit en marche. Il dépassa la première barrière, qui se referma aussitôt derrière lui. Cela lui donna quelques soupçons; mais comme il vit devant lui Tanneguy et le sire de Beauveau, qui étaient venus à sa rencontre, il ne voulut pas reculer. Il prêta son serment d'une voix ferme; et montrant au sire de Beauveau sa légère cotte de mailles et sa faible épée :

— Vous voyez, monsieur, comme je viens; — d'ailleurs, continua-t-il en se tournant vers Duchâtel en lui frappant sur l'épaule : *Voici en qui je me fie.*

Le jeune dauphin était déjà dans la loge en charpente au milieu du pont : il portait une robe longue de velours bleu clair garnie de martre, un bonnet de la forme à peu près de nos casquettes de chasse modernes, dont le fond était entouré d'une petite couronne de fleurs de lis d'or; la visière et les rebords étaient de fourrure pareille à celle de la robe.

En apercevant le prince, les doutes du duc de Bourgogne s'évanouirent; il marcha droit à lui, entra sous la tente, remarqua que, contre les usages, il n'y avait point de barrière au milieu pour séparer les deux partis : mais, sans doute, il crut que c'était un oubli, car il n'en fit pas même l'observation. Quand les dix seigneurs qui l'accompagnaient furent entrés à sa suite, on ferma les deux barrières.

A peine s'il y avait dans cette étroite tente un espace suffisant pour que les vingt-quatre personnes qui y étaient enfermées pussent y tenir, même debout; Bourguignons et Français étaient mêlés au point de se toucher. Le duc ôta son chaperon, et mit le genou gauche en terre devant le dauphin.

— Je suis venu à vos ordres, monseigneur, dit-il, quoique quelques-uns m'aient assuré que cette entrevue n'avait été demandée par vous qu'à l'effet de me faire des reproches; j'espère que cela n'est pas, monseigneur, ne les ayant pas mérités.

Le dauphin croisa ses deux bras, sans l'embrasser ni le relever, comme il avait fait à la première entrevue.

— Vous vous êtes trompé, monsieur le duc, dit-il d'une voix sévère; oui, nous avons de graves reproches à vous faire, car vous avez mal tenu la promesse que vous nous aviez engagée. Vous m'avez laissé prendre ma ville de Pontoise, qui est la clef de Paris ; et, au lieu de vous jeter dans la capitale pour la défendre ou y mourir, comme vous le deviez en sujet loyal, vous avez fui à Troyes.

— Fui, monseigneur! dit le duc en tressaillant de tout son corps à cette expression outrageante.

—Oui, ful, répéta le dauphin appuyant sur le mot. — Vous avez...

Le duc se releva, ne croyant pas sans doute devoir en entendre davantage ; et, comme dans l'humble posture qu'il avait prise, une des ciselures de la poignée de son épée s'était accrochée à une maille de son haubergeon, il voulut faire reprendre à cette arme sa position verticale : le dauphin recula d'un pas, ne sachant pas quelle était l'intention du duc en touchant son épée.

—Ah ! vous portez la main à votre épée en présence de votre maître ! s'écria Robert de Loire en se jetant entre le duc et le dauphin.

Le duc voulut parler. Tanneguy se baissa, ramassa une courte hache cachée derrière la tapisserie ; puis se redressant de toute sa hauteur : *Il est temps !* dit-il en levant sa hache sur la tête du duc.

Le duc vit le coup qui le menaçait ; il voulut le parer de la main gauche, tandis qu'il portait la droite à la garde de son épée, mais il n'eut pas même le temps de la tirer : la hache de Tanneguy tomba, abattant la main gauche du duc, et du même coup lui fendant la tête depuis la pommette de la joue jusqu'au bas du menton.

Le duc resta encore un instant debout, comme un chêne qui ne peut tomber ; alors Robert de Loire lui plongea son poignard dans la gorge et l'y laissa.

Le duc jeta un cri, étendit les bras et alla tomber aux pieds de Gyac.

Il y eut alors une grande clameur et une affreuse mêlée, car dans cette tente où deux hommes auraient eu à peine de la place pour se battre, vingt hommes se ruèrent les uns sur les autres. Un moment, on ne put distinguer au-dessus de toutes ces têtes que des mains, des haches et des épées. Les Français criaient : Tue! tue! à mort! Les Bourguignons criaient : Trahison! trahison! alarme! Les étincelles jaillissaient des armes qui se rencontraient, le sang s'élançait des blessures. Le dauphin, épouvanté, s'était jeté le haut du corps en dehors de la barrière. A ses cris, le président Louvet arriva, le prit par-dessous les épaules, le tira dehors, et l'entraîna presque évanoui vers la ville; sa robe de velours bleu était toute ruisselante du sang du duc de Bourgogne, qui avait rejailli jusque sur lui.

Cependant, le sire de Montagu, qui était au duc, était parvenu à escalader la barrière, et criait : Alarme! De Noailles allait la franchir aussi, lorsque Narbonne lui fendit le derrière de la tête, il tomba hors de la tente et expira presque aussitôt. Le seigneur de Saint-Georges était profondément blessé au côté droit d'un coup de pointe de hache; le seigneur d'Ancre avait la main fendue.

Cependant le combat et les cris continuaient dans la tente; on marchait sur le duc mourant, que nul ne songeait à secourir. Jusqu'alors, les Dauphinois, mieux armés, avaient le dessus; mais aux cris du seigneur de Montaigu, Antoine de Thoulongeon, Simon Othelimer, Sambutier et Jean d'Ermay accoururent, s'approchèrent de la loge, et tandis que trois d'entre eux dardaient leurs épées à ceux du dedans, le quatrième rompait la barrière. De leur côté, les hommes cachés dans la maison sortirent et arrivèrent en aide aux Dauphinois. Les Bourguignons, voyant que toute résistance était inutile, prirent la fuite par la barrière brisée. Les

Dauphinois les poursuivirent, et trois personnes seulement restèrent sous la tente vide et ensanglantée.

C'était le duc de Bourgogne, étendu et mourant ; c'était Pierre de Gyac, debout, les bras croisés et le regardant mourir ; c'était enfin Olivier Layet, qui, touché des souffrances de ce malheureux prince, soulevait son haubergeon pour l'achever par-dessous avec son épée. Mais de Gyac ne voulait pas voir abréger cette agonie, dont chaque convulsion lui appartenait ; et, lorsqu'il reconnut l'intention d'Olivier, d'un violent coup de pied il lui fit voler son épée des mains. Olivier étonné leva la tête.

— Eh ! sangdieu ! lui dit en riant de Gyac, laissez donc ce pauvre prince mourir tranquille.

Puis, lorsque le duc eut rendu le dernier soupir, il lui mit la main sur le cœur pour s'assurer qu'il était bien mort ; et, comme le reste l'inquiétait peu, il disparut sans que personne fit attention à lui.

Cependant les Dauphinois, après avoir poursuivi les Bourguignons jusqu'au pied du château, revinrent sur leurs pas. Ils trouvèrent le corps du duc étendu à la place où ils l'avaient laissé, et près de lui le curé de Montereau, qui, les genoux dans le sang, lui disait les prières des morts. Les gens du dauphin voulurent lui arracher ce cadavre et le jeter à la rivière ; mais le prêtre leva son crucifix sur le duc, et menaça de la colère du ciel quiconque oserait toucher ce pauvre corps, dont l'âme était si violemment sortie. Alors Cœsmerel, bâtard de Tanneguy, lui détacha du pied un de ses éperons d'or, jurant de le porter désormais comme un ordre de chevalerie ; et les valets du dauphin, suivant cet exemple, arrachèrent les bagues dont ses mains étaient couvertes, ainsi que la magnifique chaîne d'or qui pendait à son cou.

Le prêtre resta là jusqu'à minuit ; puis à cette heure seulement, avec l'aide de deux hommes, il porta le corps dans un moulin, près du pont, le déposa sur une table et continua de prier près de lui jusqu'au lendemain matin. A huit heures, le duc fut mis en terre, en l'église Notre-Dame, devant l'autel Saint-Louis ; il était revêtu de son pourpoint et de ses housseaux, sa barette était tirée sur son visage ; aucune cérémonie religieuse n'accompagna l'inhumation : cependant, pour le repos de son âme, il fut dit douze messes pendant les trois jours qui suivirent son assassinat.

Ainsi tomba par trahison le puissant duc de Bourgogne, surnommé Jean-sans-Peur. Douze ans auparavant, il avait aussi par trahison frappé le duc d'Orléans des mêmes coups dont il venait d'être atteint à son tour ; il avait commandé de lui abattre la main gauche, et sa main gauche, à lui, était tombée ; il lui avait fait fendre la tête d'un coup de hache, et sa tête venait d'être ouverte par la même blessure, faite par la même arme. Les gens religieux et croyans virent dans cette coïncidence singulière une application de ces paroles du Christ : « Celui qui frappe de l'épée périra par l'épée. » Depuis que le duc d'Orléans était tombé par ses ordres, la guerre civile avait, comme un vautour affamé, rongé sans relâche le cœur du royaume. Le duc Jean lui-même, comme s'il traînait avec lui la punition de son homicide, n'avait pas eu, depuis qu'il l'avait commis, un seul instant de repos : sa renommée avait subi mille affronts, son bonheur avait souffert mille atteintes ; il était devenu défiant, irrésolu, timide même.

La hache de Tanneguy Duchâtel porta le premier coup à l'édifice féodal de la monarchie capétienne ; elle abattit avec fracas la plus forte colonne de cette grande vassalité qui en soutenait la voûte : un instant le temple craqua, et l'on put croire qu'il allait s'écrouler ; mais pour le soutenir restaient encore debout les ducs de Bretagne, les comtes d'Armagnac, les ducs de Lorraine et les rois d'Anjou. Le dauphin, au lieu d'un allié incertain qu'il avait dans le père, gagna dans le fils un ennemi déclaré : la réunion du comte de Charolais aux Anglais poussa la France jusqu'au bord de l'abîme ; mais l'usurpation du duc Jean, qui ne pouvait se faire que par la cession perpétuelle aux Anglais de la Normandie et de la Guyenne, l'y eût sans aucun doute précipitée.

Quant à Tanneguy Duchâtel, c'est un de ces hommes de tête et de cœur, de courage et d'exécution, dont l'histoire coule en bronze les rares statues ; son dévoûment à la dynastie le conduisit à l'assassinat : ce fut sa vertu qui fit son crime. Il commit le meurtre au profit d'un autre, et en garda pour lui la responsabilité : son action est de celles que les hommes ne jugent pas, que Dieu pèse, que le résultat absout. Simple chevalier, il lui fut donné de toucher deux fois aux destinées presque accomplies de l'État et de les changer entièrement : la nuit où il enleva le dauphin de l'hôtel Saint-Paul, il sauva la monarchie ; le jour où il frappa le duc de Bourgogne à Montereau, il fit plus encore, il sauva la France *.

* Nous rappellerons, une fois pour toutes, que nous exposons dans nos résumés de règnes, d'époques ou d'événemens, une opinion purement personnelle, sans aucun désir de prosélytisme, sans aucun espoir qu'elle devienne générale.

XI.

Nous avons dit qu'aussitôt que le sire de Gyac avait vu le duc mort, il avait quitté le pont.

Il était sept heures du soir, le temps devenait sombre, la nuit s'avançait ; il détacha son cheval, qu'il avait laissé au moulin dont nous avons parlé, et reprit seul le chemin de Bray-sur-Seine.

Malgré le froid très vif qui se faisait sentir, malgré l'ombre qui, d'instant en instant, devenait plus épaisse, cheval et cavalier ne marchaient qu'au pas. De Gyac était absorbé dans de sombres pensées ; la rosée de sang n'avait pas rafraîchi son front ; la mort du duc n'avait accompli que la moitié de ses désirs de vengeance, et le drame politique dans lequel il venait de jouer un rôle si actif, achevé pour tout le monde, avait, pour lui seul, un double dénoûment.

Il était huit heures et demie quand le sire de Gyac arriva à Bray-sur-Seine. Au lieu de rentrer par les rues du village, il en fit le tour, attacha son cheval au mur extérieur d'un jardin, en ouvrit la porte, pénétra dans la maison et monta à tâtons un escalier étroit et tournant qui conduisait au premier étage. Arrivé à la dernière marche, la lumière qui glissait à travers une porte entr'ouverte, lui indiqua la chambre de sa femme. Il s'avança sur le seuil ; la belle Catherine était seule et assise, le coude appuyé sur une petite table sculptée, couverte de fruits ; son verre à moitié vide annonçait qu'elle avait interrompu une légère collation pour se laisser entraîner par son cœur à l'une de ces rêveries de jeune femme, si douce à contempler pour celui qui en est l'objet, si infernale lorsque l'évidence crie à la jalousie : Ce n'est pas toi qui les causes ; ce n'est point à toi que l'on pense.

De Gyac ne put supporter plus longtemps cette vue : il était entré sans qu'on l'entendît, tant la préoccupation de Catherine était grande ! Il repoussa tout-à-coup la porte avec violence ; Catherine jeta un cri, se levant tout debout, comme si une main invisible l'eût soulevée par les cheveux. Elle reconnut son mari :

— Ah ! c'est vous ? dit-elle ; et, passant tout-à-coup de l'expression de la frayeur à celle de la joie, elle força en même temps ses traits à sourire.

De Gyac regarda avec amertume cette délicieuse figure qui obéissait avec tant d'abandon tout à l'heure aux impressions du cœur, avec tant d'intelligence maintenant aux volontés de l'esprit. Il secoua la tête et alla s'asseoir près d'elle sans répondre : jamais cependant il ne l'avait vue aussi belle.

Elle lui tendit une main effilée et blanche, toute couverte de bagues, et dont le bras nu se perdait, à compter du coude, dans de larges manches tombantes et garnies de fourrures. De Gyac prit cette main, la regarda avec attention, retourna le chaton de l'un des anneaux qui se trouvait en dedans : c'était celui dont il avait vu l'empreinte sur le cachet de la lettre écrite au duc. Il y retrouva l'étoile perdue dans un ciel orageux ; il lut les mots qui étaient gravés au-dessous d'elle.

— *La même*, murmura-t-il ; la devise ne mentira pas.

Cependant Catherine, que cet examen inquiétait, essaya

d'y faire diversion. Elle passa son autre main sur le front de Gyac : quoique pâle, il était brûlant.

— Vous êtes fatigué, monseigneur, dit Catherine ; vous devez avoir besoin de prendre quelque chose, voulez-vous que j'appelle quelqu'un ?... Ce repas de femme, continua-t-elle en souriant, est un peu trop frugal pour un chevalier affamé.

Elle se leva, prit un petit sifflet d'argent pour appeler une de ses femmes. Elle allait le porter à sa bouche, lorsque son mari lui arrêta la main.

— Merci, madame, merci, dit de Gyac, il est inutile d'appeler ; ce qu'il y a là suffira : donnez-moi seulement un verre.

Catherine alla chercher elle-même l'objet que lui demandait son mari. Pendant qu'elle s'éloignait, de Gyac tira vivement un petit flacon de sa poitrine, et vida la liqueur qu'il contenait dans le verre à moitié plein resté sur la table. Catherine revint sans s'être aperçue de ce qui venait de se passer.

— Voici, monseigneur, dit-elle en versant du vin dans le verre et en le présentant à son mari ; voici, buvez à moi.

De Gyac trempa le bout de ses lèvres dans le verre, comme pour lui obéir.

— Est-ce que vous ne continuez pas votre repas ? dit-il.

— Non, j'avais fini lorsque vous êtes arrivé.

De Gyac fronça le sourcil et jeta les yeux sur le verre de Catherine.

— Vous ne refuserez pas, du moins je l'espère, continua-t-il, de faire raison à mon toast, comme j'ai fait raison au vôtre ; — et il présenta à sa femme le verre empoisonné.

— Et quel est ce toast, monseigneur ? dit Catherine en le prenant.

— Au duc de Bourgogne ! répondit de Gyac.

Catherine, sans défiance aucune, inclina la tête en souriant, porta le verre à sa bouche et le vida presque entièremen. De Gyac la suivait des yeux avec une expression infernale. Quand elle eut fini, il se prit à rire. Ce rire étrange fit tressaillir Catherine ; elle le regarda étonnée.

— Oui, oui, dit de Gyac, comme répondant à cette interrogation muette ; oui, vous vous êtes tellement pressée de m'obéir, que je n'ai pas eu le temps d'achever de prononcer mon toast.

— Que vous restait-il à dire? reprit Catherine avec un vague sentiment de crainte : ce toast n'était-il pas complet, ou n'ai-je pas bien entendu ? — Au duc de Bourgogne !...

— Si fait, madame ; mais j'allais ajouter : Et que Dieu ait plus de miséricorde pour son âme, que les hommes n'ont eu de pitié pour son corps.

— Que dites-vous ? s'écria Catherine en restant la bouche entr'ouverte, les yeux fixes, et pâlissant tout-à-coup ; que dites-vous ? reprit-elle une seconde fois avec plus de force.

Et le verre qu'elle tenait s'échappa de ses doigts raidis, et se brisa en morceaux.

— Je dis, répondit de Gyac, que le duc Jean de Bourgogne a été assassiné, il y a deux heures, sur le pont de Montereau.

Catherine jeta un grand cri, et, s'affaissant sur elle-même, tomba sur un fauteuil qui était derrière elle.

— Oh ! cela n'est pas, dit-elle avec l'accent du désespoir, cela n'est pas.

— Cela est, reprit froidement de Gyac.

— Qui vous l'a dit ?

— Je l'ai vu.

— Vous ?

— J'ai vu à mes pieds, entendez-vous, madame ? j'ai vu le duc se tordre dans l'agonie, perdant son sang par cinq blessures, mourant sans prêtre et sans espoir. J'ai vu que sa bouche allait exhaler son dernier soupir, et je me suis penché sur lui pour le sentir passer.

— Oh ! vous ne l'avez pas défendu ! vous ne vous êtes pas jeté au-devant du coup ! vous n'avez pas sauvé !...

— Votre amant ! n'est-ce pas, madame ? interrompit de Gyac d'une voix terrible, et regardant Catherine en face.

Elle jeta un cri ; et, ne pouvant supporter le regard dévorant que son mari fixait sur elle, elle cacha sa tête entre ses deux mains.

— Mais vous ne devinez donc rien ? continua de Gyac en se levant à son tour. Est-ce stupidité ou effronterie, madame ?... Vous ne devinez donc pas que cette lettre que vous lui avez écrite, que vous avez cachetée de ce cachet que vous portez au doigt, là (il lui arracha la main de devant les yeux), cette lettre dans laquelle vous lui donniez un rendez-vous adultère, c'est moi qui l'ai reçue ; que je l'ai suivi ; que cette nuit (il jeta les yeux sur sa main droite), nuit de délices pour vous, nuit d'enfer pour moi, me coûte mon âme ? Vous ne devinez pas que, lorsqu'il entra au château de Creil, j'y entrai avant lui ; que lorsque vous passâtes enlacés aux bras l'un de l'autre dans cette sombre galerie, je vous voyais, j'étais là, je vous touchais presque ? Oh ! oh ! vous ne devinez donc rien ? il faut donc tout vous dire ?...

Catherine épouvantée tomba sur ses mains et ses genoux, en criant : Grâce ! grâce !...

— Et dites maintenant, continua de Gyac en croisant ses bras sur sa poitrine et en secouant la tête, vous dissimuliez votre honte et moi ma vengeance ; mais quel est de nous deux le maître en dissimulation ?... Ah ! ce duc, ce grand vassal orgueilleux, ce prince souverain que les serfs de ses vastes domaines appelaient en trois langues duc de Bourgogne, comte de Flandre et d'Artois, palatin de Malines et de Salins, dont un mot mettait cinquante mille hommes d'armes sur pied dans ses six provinces, il a cru, ce prince, ce duc, ce palatin, qu'il était assez fort et assez puissant pour me faire affront, à moi, Pierre de Gyac, simple chevalier! et il l'a fait, l'insensé !... Eh bien ! je n'ai rien dit, moi ; je n'ai point écrit de lettres souveraines ; je n'ai point convoqué mes hommes d'armes, mes vassaux, mes écuyers et mes pages ; non, j'ai enfermé la vengeance dans mon sein et je lui ai donné mon cœur à ronger... puis, quand le jour est venu, j'ai pris mon ennemi par la main comme un faible enfant, je l'ai conduit à Tanneguy Duchâtel, et j'ai dit : Frappe, Tanneguy !... et maintenant, — il se mit à rire convulsivement, — maintenant cet homme qui tenait sous sa domination des provinces à couvrir la moitié du royaume de France, cet homme, il est couché dans la boue et dans le sang, et ne trouvera peut-être pas six pieds de terre pour reposer tranquille pendant l'éternité.

Catherine était à ses pieds, criant merci et se roulant sur le verre brisé, qui lui coupait les mains et les genoux.

— Eh bien ! madame, vous entendez, continua de Gyac, malgré son nom, malgré sa puissance, malgré ses hommes d'armes, je me suis vengé de lui ; jugez si je me vengerai de sa complice, qui n'est qu'une femme, qui est seule, que je puis briser d'un souffle, que je puis étouffer entre mes deux mains.

— Oh! qu'allez-vous faire? s'écria Catherine.

De Gyac la prit par le bras. — Debout, madame, dit-il, et il la dressa devant lui, — debout!...

Catherine jeta les yeux sur elle, sa robe blanche était toute tachée de sang; à cette vue un éblouissement passa sur ses yeux, sa voix s'éteignit dans sa gorge, elle étendit les bras et s'évanouit.

De Gyac l'enleva pliée sur son épaule, descendit l'escalier, traversa le jardin, posa son fardeau sur la croupe de Ralff, l'y assujettit à l'aide de son écharpe, et se mit en selle, liant Catherine autour de son corps avec le ceinturon de son épée.

Malgré son double poids, Ralff partit au galop, dès qu'il sentit l'éperon de son maître.

De Gyac dirigea sa course à travers terres : devant lui s'étendaient à l'horizon les vastes plaines de la Champagne, et la neige, qui commençait à tomber à gros flocons, couvrait les champs d'un vaste linceul et leur donnait l'aspect âpre et sauvage des steppes sibériennes; nulle montagne ne se découpait dans le lointain, des plaines, toujours des plaines; seulement, d'espace en espace, quelques peupliers blanchis se balançaient au vent, pareils à des fantômes dans leurs suaires; nul bruit humain ne troublait ces solitudes désolées; le cheval, dont les pieds retombaient sur un tapis de neige, redoublait ses élans silencieux, son cavalier lui-même retenait sa respiration, tant il semblait qu'au milieu de cette nature glacée, tout dût prendre l'aspect et imiter le silence de la mort!

Après quelques minutes, les flocons de neige qui tombaient sur sa figure, le mouvement du cheval qui brisait son corps faible et diaphane, le froid saisissant de la nuit, rappelèrent Catherine à la vie. En reprenant ses esprits, elle crut être en proie à l'un de ces songes douloureux où nous pensons que quelque dragon ailé nous emporte à travers les airs. Bientôt une vive douleur à la poitrine, une douleur comme serait celle produite par un charbon ardent, lui rappela que tout était réel; la vérité terrible, sanglante, inexorable, se dressa devant elle ; tout ce qui venait de se passer se représenta à sa mémoire, les menaces de son mari revinrent à son esprit, et la situation dans laquelle elle se retrouvait la fit trembler qu'il ne commençât à les mettre à exécution.

Tout-à-coup une nouvelle douleur plus ardente, plus aiguë, plus incisive, lui fit jeter un cri : il se perdit sans écho, glissant sur cette vaste nappe de neige; seulement le cheval effrayé tressaillit et redoubla de vitesse.

— Oh ! monseigneur, je souffre bien, dit Catherine.

De Gyac ne répondit pas.

— Laissez-moi descendre, continua-t-elle, laissez-moi prendre un peu de neige, ma bouche brûle, ma poitrine est en feu.

De Gyac se taisait toujours.

— Oh ! je vous en supplie, au nom du ciel, par grâce, par pitié ! ce sont des lames de fer rouge ! de l'eau ! oh ! de l'eau !

Catherine se tordait dans le lien de cuir qui l'attachait au cavalier. Elle essayait de se glisser à terre, et l'écharpe la retenait; elle semblait Lénore liée au fantôme, le cavalier était silencieux comme Wilhelm, et Ralff allait comme le cheval fantastique de Buërger.

Alors Catherine, sans espoir sur la terre, s'adressa au Seigneur.

— Miséricorde ! mon Dieu, miséricorde ! dit-elle, car c'est ainsi qu'on doit souffrir lorsque l'on est empoisonné.

A ces mots de Gyac éclata de rire. Ce rire étrange, infernal, eut un écho ; un autre rire lui répondit, éclatant, fuyant sur cette plaine funèbre. Ralff hennit, sa crinière se dressait de terreur.

Alors la jeune femme vit bien qu'elle était perdue, et que c'était son heure suprême. Elle comprit que rien ne pouvait la retarder, et elle se mit à prier Dieu tout haut, interrompant à chaque instant sa prière par les cris que la douleur lui arrachait.

De Gyac resta muet.

Bientôt il entendit faiblir la voix de Catherine, il sentit son corps, qu'il avait mille fois couvert de baisers, se tordre dans les convulsions de l'agonie ; il put compter les frissons mortels qui couraient dans ses membres liés aux siens ; puis, peu à peu la voix s'éteignit dans un râle rauque et continu ; les convulsions cessèrent et ne furent plus que des frémissemens presque insensibles ; enfin le corps se raidit, la bouche jeta un soupir : c'était le dernier effort de la vie, c'était le dernier adieu de l'âme ; de Gyac était attaché à un cadavre.

Trois quarts d'heure encore il continua sa route sans prononcer une parole, sans se retourner, sans regarder derrière lui.

Enfin il se trouva sur les bords de la Seine, un peu au-dessous de l'endroit où l'Aube, en s'y jetant, rend son cours plus profond et plus rapide : il arrêta Ralff, détacha la boucle du ceinturon qui enchaînait Catherine autour de lui, et le corps, que rien ne soutenait plus que l'écharpe qui le liait à sa selle, tomba cambré et en travers sur la croupe du cheval.

Alors de Gyac descendit. Ralff, écumant, ruisselant de sueur, voulait entrer dans la rivière ; son maître l'arrêta de la main gauche par le mors.

Puis de la droite il prit son poignard, chercha sur le cou de Ralff, avec sa pointe affilée et tranchante, l'endroit où battait l'artère : le sang jaillit.

Aussitôt l'animal blessé se cabra, jetant un hennissement plaintif, et, s'arrachant des mains de son maître, s'élança dans le fleuve, emportant avec lui le cadavre de Catherine.

De Gyac, debout sur la grève, le regarda lutter contre le courant, qu'il eût facilement traversé sans la blessure qui l'affaiblissait. Arrivé au tiers du fleuve, il commença à dériver, sa respiration devint bruyante ; il essaya de revenir au bord d'où il était parti, sa croupe était déjà disparue, et à peine si l'on apercevait encore à la surface du fleuve la robe blanche de Catherine ; bientôt il tourna sur lui-même comme entraîné par un tourbillon, ses jambes de devant battaient l'eau et la faisaient jaillir : enfin le cou s'enfonça lentement, la tête à son tour disparut peu à peu, une vague la recouvrit ; la tête reparut un instant encore, s'enfonça une seconde fois, puis quelques bulles d'air vinrent crever à la surface de l'eau. Ce fut tout, et le fleuve, un instant troublé, reprit, au bout de quelques secondes, son cours silencieux et tranquille.

— Pauvre Ralff !... dit le sire de Gyac avec un soupir.

XII.

Le lendemain de la mort du duc de Bourgogne, les gens d'armes qu'il avait placés la veille au château de Montereau rendirent cette forteresse au dauphin sous la condition de vie et biens saufs; leurs capitaines étaient les chevaliers de Jouvelle et de Montagu.

Le même jour, le dauphin tint un grand conseil dans lequel il fut écrit plusieurs lettres aux villes de Paris, Châlons, Reims et autres; il y rendait compte de sa conduite afin qu'on ne l'accusât pas d'avoir rompu la paix jurée et d'avoir manqué à sa parole royale. Puis, ces choses faites, il se retira à Bourges avec ses prisonniers, laissant pour capitaine de la ville de Montereau messire Pierre de Guitry.

Lorsque l'événement que nous avons raconté fut connu à Paris, il y produisit une triste et profonde sensation. Le jeune comte de Saint-Pol, lieutenant du roi en cette ville, convoqua aussitôt le chancelier de France, le prévôt de Paris, le prévôt des marchands, tous les conseillers et officiers du roi, et avec eux une foule de nobles et de bourgeois. Alors il leur annonça la mort sanglante du duc Jean de Bourgogne, leur fit jurer sur les Évangiles et les reliques de ne faire aucun traité avec les séditieux et meurtriers, et de dénoncer et accuser devant la justice tous ceux qui porteraient faveur aux partisans du dauphin.

Ce fut à Gand que Philippe de Charolais, seul héritier

mâle du duc de Bourgogne, apprit l'assassinat de Montereau. Il alla se jeter tout pleurant dans les bras de sa femme.

—Michelle, Michelle, lui dit-il, votre frère le dauphin a fait assassiner mon père.

La pauvre princesse fut bien triste et bien troublée à cette nouvelle, car elle craignait que cet événement n'influât sur l'amour que lui portait son mari.

Lorsque le désespoir du comte de Charolais fut un peu calmé, il revêtit solennellement le titre de duc de Bourgogne, tint conseil sur ce qu'il y avait à faire avec les bonnes gens de Gand, de Bruges et d'Ypres, prit possession du comté de Flandre ; puis incontinent se rendit à Malines, où il eut une conférence avec le duc de Brabant, son cousin, Jean de Bavière, son oncle, et la comtesse de Hainault, sa tante ; tous trois furent d'avis qu'il fallait à l'instant même contracter alliance avec le roi Henri d'Angleterre. En conséquence l'évêque d'Arras, messire Athis de Brimeux, et messire Roland de Heclekerk, furent envoyés à Rouen, où ils reçurent un bel accueil du roi anglais, qui vit dans l'alliance proposée par le nouveau duc un moyen de renouer avec madame Catherine de France, dont il avait gardé un vif souvenir, un mariage auquel, d'un autre côté, se rattachaient pour lui des calculs de la plus haute politique.

Le roi d'Angleterre répondit donc que dans le plus bref délai il enverrait au duc Philippe des ambassadeurs chargés de lui présenter un traité. Il s'empressa d'en rédiger les conditions ; et vers l'époque de la Saint-André, l'évêque de Rochester et les comtes de Warwick et de Kent se rendirent, au nom du roi Henri, dans la ville d'Arras, où le duc leur fit la plus magnifique réception.

Voici ce que proposait le roi d'Angleterre, et les articles pour la ratification desquels le duc de Bourgogne devait employer son influence près du roi Charles et de ses conseillers ; on verra combien ses prétentions avaient augmenté depuis que l'apathie incroyable du duc Jean avait laissé tomber entre ses mains les villes de Rouen et de Pontoise, ces deux portes de Paris, par la possession desquelles le roi ennemi portait d'avance à sa ceinture les clefs de la capitale.

1° *Le roi d'Angleterre offre d'épouser madame Catherine sans imposer aucune charge au royaume ;*

2° *De laisser au roi Charles la jouissance de la couronne et les revenus du royaume pendant sa vie ;*

3° *Après la mort du roi Charles, la couronne de France sera dévolue à jamais au roi Henri et à ses héritiers.*

4° *A cause de la maladie du roi, qui l'empêche de vaquer au gouvernement, le roi d'Angleterre prendra le titre et l'autorité de régent.*

5° *Les princes, les grands, les communes, les bourgeois prêteront serment au roi d'Angleterre comme régent, et s'engageront à le reconnaître pour souverain à la mort du roi Charles.*

Le duc Philippe s'engagea à faire souscrire le roi de France à ce traité, à la condition qu'à son tour le roi d'Angleterre s'engagerait à reconnaître et à observer les articles suivans :

1° *Un des frères du roi Henri épousera une des sœurs du duc ;*

2° *Le roi et le duc s'aimeront et s'assisteront comme frères ;*

3° *Ils poursuivront ensemble la punition du dauphin et des autres meurtriers du duc Jean ;*

4° *Si le dauphin ou quelqu'autre desdits meurtriers était*

fait prisonnier, il ne pourra être racheté sans le consentement du duc;

5° *Le roi d'Angleterre assignera au duc et à madame Michelle sa femme des terres pour 20,000 livres de rente, dont hommage lui sera fait.*

On voit que dans ce double traité qui disposait de la France et qui dépouillait le roi, on n'avait oublié que deux choses que probablement on regarda comme inutiles : c'était le consentement du roi et la ratification de la France.

N'importe, voici à quelles conditions, sous prétexte de venger la mort du duc Jean, la France fut vendue le 21 décembre 1419 par le duc Philippe de Bourgogne au roi Henri d'Angleterre ; le père l'avait trahie, le fils la livra.

Cependant, et tandis qu'on lui accordait la royauté comme une pension viagère, le vieux roi était à Troyes avec madame Isabel, qu'il reprenait en amour chaque fois que lui revenait la raison, et en haine chaque fois que lui reprenait la folie. La nouvelle de l'assassinat du duc Jean, la part que les ennemis du dauphin accusèrent d'abord ce jeune prince d'y avoir prise, produisirent sur le faible vieillard une impression telle qu'il retomba dans la démence la plus complète. Quoique, depuis ce moment jusqu'à celui de sa mort, beaucoup de mandemens importans soient signés de lui, et entre autres, le traité connu sous le nom de *traité de Troyes*, il est évident qu'il ne reprit jamais sa raison, et que la responsabilité de ces actes, de plus en plus préjudiciables aux intérêts de la France, doit peser sur la mémoire du duc Philippe et de la reine Isabel ; car, à compter de ce jour, la vie du roi Charles VI fut une agonie et non pas un règne.

Le 21 mars 1420, le duc de Bourgogne entra dans la ville

de Troyes, aux grandes acclamation des bourgeois et du peuple, et prêta foi et hommage au roi comme succédant au duc son père, dans la propriété du duché de Bourgogne, du comté de Flandre, du comté d'Artois et autres seigneuries ; mais le duc, avant que la France fût cédée à l'Angleterre, voulut pour sa part, sans doute en qualité de prince de la fleur-de-lis, en enlever quelques splendides lambeaux. Lille, Douai et Orchies avaient été engagées à la maison de Bourgogne ; on fit renoncer le roi Charles à son droit de rachat ; la dot de madame Michelle n'était point encore payée, le duc consentit à recevoir en échange les villes de Roye, de Montdidier et de Péronne, de Péronne l'imprenable, qui, au milieu de tous les assauts de guerre étrangère et de guerre civile, conserva son nom de *Pucelle*, comme certaines montagnes des Alpes qu'on ne peut gravir prennent le nom de *Vierges*.

Ainsi l'Anglais et le Bourguignon, pour mieux violer la France, commençaient par lui arracher sa ceinture de places fortes. Le dauphin seul défendait sa mère.

Quand le duc Philippe eut bien choisi parmi nos villes celles qui étaient le mieux à sa convenance ; quand il les eut échelonnées sur une ligne si droite, que Montdidier, située à vingt-cinq lieues seulement de Paris, semblait pénétrer au cœur de la France comme la pointe d'une épée dont la poignée était à Gand, alors, fidèle comme un complice, il s'occupa des promesses faites au roi Henri, et, il faut l'avouer, il les remplit exactement. Le roi consentit au mariage de sa fille Catherine avec Henri de Lancastre ; le roi ratifia l'exclusion du dauphin son fils et héritier, le roi annula la sage constitution jadis faite par ses prédécesseurs, qui défendait la succession par les femmes, si bien que le 15 avril 1420 le duc Philippe écrivit au roi d'Angleterre que tout était fini, et qu'il pouvait venir.

En effet, le roi anglais arriva le 20 mai suivant, accompagné de ses deux frères, les ducs de Glocester et de Clarence, escorté des comtes de Huntington, de Warwick et de Kent, et suivi de seize cents hommes d'armes. Le duc de Bourgogne alla au devant de lui et le ramena jusqu'au logis qui lui avait été préparé dans la ville, comme le devait le futur vassal à l'égard de son souverain à venir. Aussitôt après son arrivée, le roi alla voir la reine et madame Catherine ; il retrouva celle-ci plus gracieuse et plus belle que jamais, et peut-être ne savait-il pas lui-même laquelle il était le plus pressé de posséder, de la fiancée ou de la France.

Le lendemain les deux rois signèrent le fameux traité de Troyes ; c'était la honte et la perte du royaume, et de ce moment chacun put croire que l'ange de la patrie était remonté au ciel. Le dauphin seul ne désespéra jamais ; la main sur le cœur de la France, il en comptait les battemens, et devinait qu'elle pouvait encore vivre.

Le 2 juin, on célébra le mariage de Henri d'Angleterre et de Catherine de France ; c'était la seconde fleur qu'on détachait de la tige royale des lis pour orner la couronne de la Grande-Bretagne. Deux fois le présent fut fatal à ceux qui le reçurent ; deux fois la mort entra dans le lit des rois d'Angleterre à la suite des embrassemens des filles de France ; Richard ne survécut que trois ans à son mariage ; Henri devait mourir au bout de dix-huit mois.

De ce jour, il y eut deux régens de France, deux héritiers de la couronne ; le dauphin était maître du midi, le roi d'Angleterre possédait le nord : alors commença ce grand duel dont le prix était un royaume.

L'avantage des premiers coups fut au roi d'Angleterre ; après un siége de quelques jours, Sens se rendit, Villeneuve-le-Roi fut emporté d'assaut, et Montereau pris à l'échelade.

Là le duc de Bourgogne devait une expiation au meurtre de son père ; et ce fut son premier soin en entrant dans la ville. Des femmes lui indiquèrent la tombe du duc Jean ; un drap d'église fut étendu sur la pierre sépulcrale, un cierge fut allumé à chaque bout, toute une nuit les prêtres chantèrent l'office des morts, et le lendemain au matin la pierre fut levée, et l'on creusa la tombe. On y retrouva le corps du duc couvert encore de son pourpoint et de son heaume ; seulement la main gauche s'était tout-à-fait détachée, et sa tête, fendue par Tanneguy Duchâtel, montrait béante la blessure par laquelle les Anglais entraient dans le royaume de France.

Le cadavre fut mis en un cercueil de plomb, plein de sel, et depuis exposé en Bourgogne dans un couvent de Chartreux, situé hors de la ville de Dijon ; le corps du bâtard de Croy, qui avait été tué à l'attaque de la ville, fut descendu et enterré dans la fosse même d'où l'on venait de tirer celui du duc.

Ces soins remplis, les Bourguignons et les Anglais allèrent assiéger Melun ; mais cette ville commença à leur opposer une rude résistance. Elle était pleine de brave sang français. Le sire de Barbasan en était le principal capitaine ; il y avait sous ses ordres le seigneur de Préaux, messire Pierre de Bourbon, et un nommé Bourgeois, qui fit merveille pendant tout le siége. Le roi d'Angleterre et le duc,

Contraste insuffisant

NF Z 43-120-14

voyant ces préparatifs de défense, cernèrent la ville : le premier alla avec ses deux frères et le duc de Bavière, établir ses logis du côté du Gâtinais ; le second, accompagné du comte de Huntington et de plusieurs autres capitaines anglais, dressa ses tentes du côté de la Brie ; on jeta sur la Seine un pont de bateaux, pour établir les communications d'une armée à l'autre ; et le duc de Bourgogne et le roi, afin de n'être point surpris par les assiégeans, firent clore chacun leurs enceintes de bons fossés et de pieux, ménageant seulement des entrées et des sorties qui étaient fermées par de fortes barrières. Pendant ce temps le roi de France et les deux reines quittèrent Troyes et vinrent tenir leur état en la ville de Corbeil. Ce siége dura ainsi quatre mois et demi sans grands avantages de la part des assiégeans.

Cependant le duc de Bourgogne s'était emparé d'un très fort boulevart que les assiégés avaient élevé en avant de leurs fossés, et du haut duquel leurs canons et leurs bombardes faisaient beaucoup de mal aux assiégeans ; alors le roi d'Angleterre fit de son côté percer une mine. Elle s'approchait déjà du mur, lorsque Juvénal des Ursins, fils de l'avocat au parlement, crut entendre quelque bruit souterrain : il appela des ouvriers, et leur ordonna de faire une contre-mine. Lui-même, ayant derrière lui des hommes d'armes, présidait à l'ouvrage avec une longue hache à la main, lorsque par hasard passa le sire de Barbasan : Juvénal lui raconta la chose, et lui dit qu'il restait là pour combattre dans le souterrain ; alors Barbasan, qui l'aimait comme son fils, examina sa longue hache, secoua la tête en disant :

— Ah ! frère, tu ne sais pas encore ce que c'est que de

combattre dans une mine ! il faut des bâtons plus courts que celui-là pour en venir main à main.

Alors il tira son épée et coupa le manche de la hache à une longueur convenable ; puis, lorsqu'il eut fini, comme il tenait son épée nue :

— Mets-toi à genoux, dit-il à Juvénal. Celui-ci obéit ; alors il lui donna l'accolade. Et maintenant, dit-il en le relevant, fais en bon et loyal chevalier.

Après deux heures de travail, les ouvriers anglais et français n'étaient plus éloignés l'un de l'autre que de l'épaisseur d'un mur ordinaire : en un instant cet intervalle fut effondré ; de chaque côté les ouvriers se retirèrent ; et les hommes d'armes commencèrent à se charger rudement dans cet étroit et sombre passage où l'on pouvait à peine marcher quatre de front ; c'est alors que Juvénal reconnut la vérité de ce que lui avait dit Barbasan : sa hache à manche raccourci faisait merveille ; les Anglais prirent la fuite, le nouveau chevalier gagna ses éperons.

Une heure après, les Anglais revinrent en force, poussant devant eux une barrière qu'ils établirent au milieu de la mine pour en interdire le passage aux Dauphinois ; au milieu de ce travail il arriva un renfort à ceux de la ville, et de grands *poussis* de lances se firent toute la nuit. Cette nouvelle manière de combattre offrait cette singularité que l'on pouvait se blesser, se tuer même, mais non pas se prendre, chaque assaillant combattant d'un côté de la barrière.

Le lendemain, un héraut d'armes anglais, précédé d'un clairon, se présenta devant les murs de la ville. Il apportait un défi de la part d'un chevalier anglais qui voulait rester inconnu : il offrait à tout Dauphinois, chevalier et de noble maison, une passe à cheval, dans laquelle chaque adversaire briserait deux lances ; puis, si ni l'un ni l'autre n'était blessé, un combat à pied, à la hache ou à l'épée, le chevalier anglais choisissant pour lieu du combat le passage souterrain, et laissant au chevalier dauphinois qui l'accepterait, le choix du jour et du lieu.

Lorsque le héraut eut fait ce défi, il alla clouer à la porte de la ville qui se trouvait la plus proche de lui le gant de son maître, comme gage de combat et signe de défi.

Le seigneur de Barbasan, qui était accouru sur la muraille avec une grande multitude de peuple, jeta alors son gant du haut du rempart en preuve qu'il prenait pour son compte le défi du chevalier inconnu ; puis il ordonna à un écuyer d'aller détacher celui que le héraut avait cloué à la porte. L'écuyer lui obéit.

Beaucoup de gens trouvèrent que ce n'était pas le fait d'un capitaine d' place de s'exposer ainsi dans un combat singulier, mais Barbasan les laissa dire, et se prépara au combat pour le lendemain.

Pendant la nuit on aplanit le passage pour que rien ne fît obstacle aux chevaux ; des espèces de niches furent creusées des deux côtés de la barrière pour y placer les trompettes ; des torches furent clouées aux parois pour éclairer le combat.

Le lendemain, à huit heures du matin, les adversaires se présentèrent à chaque extrémité, ayant chacun un clairon à leur suite. Le clairon anglais sonna le premier, l'autre lui répondit ; puis, lorsqu'il eut fini, les quatre trompettes qui étaient près de la barrière sonnèrent à leur tour.

A peine le dernier son eut-il expiré sous la voûte, que deux chevaliers s'y enfoncèrent, la lance en arrêt.

Ils se virent venir de loin comme deux ombres marchant l'une contre l'autre dans un passage de l'enfer; seulement le lourd galop de leurs coursiers armés comme eux prouvait, en faisant trembler tout le passage qu'ils emplissaient de bruit, qu'hommes et chevaux n'avaient rien de fantastique.

Comme les deux combattans n'avaient pas pu calculer la distance, en prenant le champ qui leur était nécessaire, le sire de Barbasan, soit qu'il eût un cheval plus vite, soit que la distance fût moins grande, arriva à la barrière le premier. Il comprit aussitôt le désavantage de sa position, car il allait recevoir immobile le coup de son adversaire augmenté de toute la force de l'élan de son cheval; le chevalier inconnu arrivant comme la foudre, Barbasan n'eut que le temps de décrocher sa lance de l'arrêt où il l'avait mise, de l'appuyer contre sa targe, ainsi que contre une muraille de fer, et de s'affermir sur sa selle et ses étriers : cette manœuvre faisait passer l'avantage de son côté; son adversaire, à son tour, recevait le choc au lieu de le donner. En effet, il se jeta à pleine poitrine contre la lance de Barbasan, qui se brisa comme du verre; la lance du chevalier inconnu appuyée sur l'arrêt se trouva dès lors trop courte, et ne toucha pas même son but, tandis que le chevalier anglais, presque renversé du choc, alla toucher de sa tête la croupe de son cheval, qui recula de trois pas, pliant sur les jarrets de derrière; lorsque l'inconnu se releva, il trouva planté au milieu de sa poitrine le fer de la lance de son ennemi, qui avait traversé sa cuirasse et ne s'était arrêté qu'en rencontrant une cotte de maille qu'il portait heureusement par dessous. Quant à Barbasan il n'avait pas plus bougé qu'une statue d'airain sur un piédestal de marbre.

Les deux chevaliers tournèrent bride et regagnèrent l'entrée du souterrain : Barbasan prit une nouvelle lance ; la trompette sonna une seconde fois.

Celles des barrières lui répondirent, et les deux chevaliers s'enfoncèrent de nouveau sous la voûte, suivis cette fois de nombre de Français et d'Anglais ; car cette passe étant la dernière, et le combat devant être, comme nous l'avons dit, continué à pied et à la hache, permettait aux spectateurs de pénétrer dans le passage souterrain.

Les distances avaient été si bien calculées à cette nouvelle passe, que les deux combattans se rencontrèrent justement à moitié chemin. Cette fois la lance du chevalier inconnu avait frappé le côté gauche de la cuirasse de Barbasan, et, glissant sur sa surface polie, elle avait été lever comme une écaille l'articulation de fer de l'épaulière et avait pénétré dans l'épaule de la longueur d'un pouce ; quant à celle de Barbasan, elle avait si rudement atteint l'écu de son adversaire, que la violence du choc brisa la sangle de son cheval, et que le chevalier, trop solide pour vider les arçons, alla rouler à dix pas, emporté avec la haute selle dans laquelle il était emboîté : le cheval resta debout débarrassé de son cavalier.

Barbasan avait mis pied à terre ; le chevalier inconnu s'était relevé aussitôt : tous deux arrachèrent une hache d'armes des mains d'un écuyer, et le combat recommença avec plus d'acharnement qu'auparavant ; cependant chacun d'eux mettait dans l'attaque et la défense une prudence qui annonçait l'opinion qu'il avait conçue de son adversaire. Leurs haches pesantes tournoyant dans leurs mains avec la rapidité de l'éclair, retombaient sur l'écu faisant jaillir des milliers d'étincelles. Ces hommes, se penchant tour à tour en arrière pour prendre plus de volée, semblaient des bûcherons à l'œuvre : chaque coup aurait abattu un chêne, et cependant ils en avaient reçu vingt chacun et restaient toujours debout.

Enfin Barbasan, fatigué de cette lutte de géant, et voulant la finir d'un coup, jeta son écu qui l'empêchait de se servir de son bras gauche, et appuya son pied sur une traverse de la barrière ; la hache tourna dans ses deux mains en sifflant comme une fronde, et, passant à côté de l'écu de son adversaire, vint s'abattre avec un bruit épouvantable sur le casque du chevalier inconnu.

Heureusement, un mouvement machinal et instinctif de celui-ci lui fit incliner la tête à gauche ; ce mouvement dérangea l'aplomb du coup, le tranchant de la hache glissa sur l'orbe arrondi du casque, mais rencontrant l'attache droite de la visière, il la brisa comme du verre : maintenue alors d'un seul côté, la visière s'ouvrit, et Barbasan, stupéfait, reconnut dans le chevalier inconnu qu'il venait de combattre Henri de Lancastre, roi d'Angleterre.

Alors Barbasan fit respectueusement deux pas en arrière, laissa tomber sa hache d'argent, détacha son casque et s'avoua vaincu.

Le roi Henri comprit toute la courtoisie de cet aveu. Il ôta son gantelet, tendit la main au vieux chevalier.

— Dès ce moment, lui dit-il, nous sommes frères d'armes ; souvenez-vous-en dans l'occasion, sire de Barbasan, car pour moi je ne l'oublierai pas.

Barbasan accepta cette honorable fraternité, qui, trois mois plus tard, lui sauva la vie.

Les deux adversaires avaient besoin de repos ; ils revinrent l'un au camp et l'autre à la ville. Plusieurs chevaliers et écuyers continuèrent cette singulière joûte, qui dura près de huit jours.

Quelques jours après, comme les assiégeans tenaient toujours, le roi d'Angleterre fit venir à son camp le roi de France et les deux reines ; il logea ces dernières dans une maison qu'il avait fait bâtir hors de la portée du canon, et devant laquelle, soir et matin, il faisait assembler les clairons et autres instrumens : jamais le roi d'Angleterre n'avait mené si grand état que devant ce siége.

Mais la présence du roi Charles ne décida pas les assiégés à se rendre : ils répondirent que si le roi voulait entrer dans sa bonne ville, il fallait qu'il y entrât seul, et qu'alors il y serait le bien reçu, mais qu'ils ne consentiraient jamais à ouvrir leurs portes aux ennemis du royaume. Du reste, chacun dans l'armée du duc de Bourgogne murmurait de l'abandon où le roi Henri laissait son beau-père, et de l'exiguité à laquelle était réduite sa maison. La prise d'autres forteresses et châteaux, tels que la Bastille, le Louvre, la maison de Nesle et le bois de Vincennes, qui furent livrés aux Anglais, vint consoler le roi Henri de la longueur de ce siége. Il envoya à la Bastille son frère le duc de Clarence avec le titre de gouverneur de Paris.

Cependant les assiégés manquaient de vivres depuis longtemps ; ils n'avaient plus de pain et avaient mangé les chevaux, les chats et les chiens ; ils écrivirent au dauphin pour lui exposer leur détresse et lui demander secours. Ils étaient dans l'attente de sa réponse, lorsqu'ils virent un matin paraître à l'horizon une troupe considérable qui marchait vers la ville : ils crurent que c'était un renfort qui leur arrivait ; ils montèrent sur les remparts ; et, tandis que les cloches de la ville s'ébranlaient en signe d'allégresse, ils se mirent à crier aux assiégeans de seller leurs chevaux au plus vite parce qu'ils ne tarderaient pas à être délogés. Mais ils s'aperçurent bientôt de leur erreur : c'était une troupe de Bourguignons que le seigneur de Luxembourg, capitaine de la Picardie, amenait de Péronne en aide aux assiégeans. Les assiégés descendirent alors des remparts la tête basse, firent taire leurs cloches insensées ; et, comme le lendemain, ils reçurent une lettre du dauphin qui leur annonçait qu'il était trop faible pour les secourir, et les autorisait à traiter aux meilleures conditions possibles à la première sommation que leur ferait le roi d'Angleterre, ils entamèrent des négociations, et la garnison épuisée se rendit prisonnière à la simple condition de vie sauve. Étaient exceptés de ce bénéfice les meurtriers du duc de Bourgogne, ou ceux qui, étant présens à l'assassinat, ne l'avaient pas empêché, et tous les chevaliers anglais et écossais qui se trouvèrent dans la ville : en conséquence, messire Pierre de Bourbon, Arnault de Guilhem sire de Barbasan, et six ou sept cents nobles hommes d'armes furent conduits à Paris et emprisonnés au Louvre, au Châtelet et à la Bastille.

Le lendemain, deux moines de Joy en Brie et un chevalier nommé Bertrand de Chaumont, qui, à la bataille d'Azincourt, s'était rendu Anglais, de Français qu'il était, et depuis lors était passé des Anglais aux Français, furent décapités sur la place publique de Melun ; puis, laissant garnison anglaise dans la ville, le roi Henri, le roi Charles et le duc de Bourgogne partirent pour Paris, où ils devaient faire leur entrée.

Les bourgeois les attendaient avec impatience ; une réception magnifique leur avait été préparée ; toutes les maisons étaient pavoisées sur leur passage. Les deux rois, à cheval, marchaient les premiers, le roi de France tenant la droite ; après eux venaient les ducs de Clarence et de Bedfort, frères du roi d'Angleterre, et de l'autre côté de la rue, à gauche, chevauchait le duc de Bourgogne tout vêtu de noir, et avec lui tous les chevaliers et écuyers de son hôtel.

Arrivés à la moitié de la grande rue Saint-Antoine, ils rencontrèrent tout le clergé de Paris qui venait à pied au devant d'eux, leur apportant de saintes reliques à baiser. Le roi de France les embrassa le premier, puis le roi d'Angleterre. Le clergé les conduisit ensuite en chantant à Notre-Dame, où ils firent leur prière devant le maître-autel, après quoi ils remontèrent à cheval, se rendant chacun à leur logis, le roi de France à l'hôtel Saint-Paul, le duc de Bourgogne en son hôtel d'Artois, et le roi d'Angleterre au château du Louvre. Le lendemain les deux reines firent leur entrée à leur tour.

A peine cette nouvelle cour fut-elle installée, que le duc de Bourgogne s'occupa d'obtenir vengeance de la mort de son père. A cet effet, le roi tint un lit de justice en la salle basse de l'hôtel Saint-Paul. Sur le même banc que le roi de France était assis le roi d'Angleterre, et près des deux rois, maître Jean Leclerc, chancelier de France, Philippe de Morvilliers, premier président du parlement, et plusieurs autres nobles hommes du conseil du roi Charles. De l'autre côté et vers le milieu de la salle, étaient sur un autre banc le duc de Bourgogne, et avec lui, pour l'accompagner, les ducs de Clarence et de Bedfort, les évêques de Therouanne, de Tournay, de Beauvais et d'Amiens, messire Jean de Luxembourg, et plusieurs autres écuyers et chevaliers de son conseil.

Alors messire Nicolas Rolin, avocat pour le duc de Bourgogne et pour la duchesse sa mère, se leva et demanda aux deux rois la permission de parler. Lorsqu'il l'eut obtenue, il raconta l'homicide commis sur le duc Jean : il accusa de ce meurtre le dauphin Charles, le vicomte de Narbonne, le sire de Barbasan, Tanneguy Duchâtel, Guillaume Bouteillier, Jean Louvet, président de Provence, messire Robert de Loire et Olivier Layet; ses conclusions furent pour réclamer la punition des coupables. Il demandait qu'ils fussent mis en des tombereaux et menés par tous les carrefours de Paris, pendant trois jours, tête nue, tenant en main un cierge ardent, et confessant à haute voix qu'ils avaient mauvaisement, faussement, damnablement et par envie, assassiné le duc de Bourgogne; qu'ensuite ils fussent menés au lieu où l'homicide avait été commis, c'est-à-dire à Montereau, et que là ils dissent et répétassent les mêmes paroles d'expiation; qu'en outre, sur le pont et à l'endroit même où le duc avait rendu le dernier soupir, il fût édifié une église et ordonné douze chanoines, six chapelains et six clercs, dont le seul soin serait de prier pour l'âme du trépassé. Cette église devait encore être pourvue, aux frais des coupables, d'ornemens sacrés, de tables, de calices, de livres, de nappes, et enfin de toutes choses nécessaires; de plus, sur les biens des condamnés, il réclamait pour les chanoines une fondation de rente de 200 livres parisis, de 100 livres pour les chapelains et de cinquante pour les clercs; que la cause pour laquelle cette église serait bâtie fût inscrite au-dessus du portail, en lettres creuses, afin de perpétuer la mémoire de cette expiation, et que pareilles églises seraient élevées, à la même intention, à Paris, à Rome, à Gand, à Dijon, à Saint-Jacques de Compostelle et à Jérusalem, à l'endroit même où notre Seigneur subit la mort.

Cette proposition fut appuyée par Pierre de Marigny, avocat du roi en parlement, et approuvée par maître Jean l'Archer, docteur en théologie, nommé par le recteur de l'Université de Paris.

Après ces propositions, le chancelier de France répondit pour le roi, qui avait écouté avec indifférence toute cette plaidoirie, que, par la grâce de Dieu et avec l'aide et avis de son frère et fils Henri, roi d'Angleterre, régent de France et héritier de la couronne, l'accomplissement par justice des choses dites et proposées aurait lieu, ainsi que le réclamait le duc Philippe de Bourgogne.

Après ces mots le lit de justice fut levé, et les deux rois et le duc retournèrent chacun en leur hôtel.

Treize ans auparavant, la même salle retentissait des mêmes paroles d'accusation; seulement cette fois, c'était le duc de Bourgogne qui était l'assassin, et Valentine de Milan l'accusatrice. Elle demandait justice, et justice lui fut promise alors comme elle venait de l'être au duc; et le vent aussi, à cette première fois, emporta la promesse royale comme il devait le faire à la seconde.

Cependant, en vertu des lettres rendues par le roi, le parlement commença le 3 janvier 1421 la procédure contre Charles de Valois duc de Touraine, dauphin de France. Il fut ajourné à trois jours sous peine de bannissement à son de trompe et sur la Table de Marbre; et, comme il ne se rendit pas à cet appel, il fut banni du royaume et déclaré indigne de succéder à toutes seigneuries venues et à venir.

Le dauphin apprit cette nouvelle à Bourges en Berry; il en appela à la pointe de son épée, et jura qu'il porterait son appel et son défi à Paris, en Angleterre et en Bourgogne.

Il est vrai que, malgré ce jugement, il existait pour lui une grande sympathie dans le cœur des vrais Français; elle était encore augmentée par l'état de démence de son père : on savait que ce n'était pas le cœur du vieux roi qui bannissait son enfant bien-aimé; tous ces actes faits au nom d'un insensé ne paraissaient pas valables à beaucoup de gens. Le luxe que déployait le roi d'Angleterre au Louvre, opposé à la misère qui entourait le roi de France à l'hôtel Saint Paul, faisait murmurer tout ce qu'il y avait de gens de bien dans la capitale : cet abandon était poussé au point que, le jour de Noël 1420, tandis que les deux reines, le duc Philippe, les chevaliers de France et de Bourgogne faisaient, dans les salons splendidement éclairés du Louvre, leur cour au roi d'Angleterre, le roi de France n'avait autour de lui, dans les salles obscures et humides de l'hôtel Saint-Paul, que quelques anciens serviteurs et quelques bons bourgeois qui lui gardaient vieille et fidèle affection.

Une circonstance imprévue vint, vers ce temps, jeter quelque froideur dans les relations du roi Henri et du duc Philippe. Parmi les prisonniers faits à Melun se trouvait, comme nous l'avons dit, le sire de Barbasan : ce chevalier était accusé d'avoir pris part à l'assassinat de Montereau, et, d'après le traité fait entre le duc Philippe et le roi Henri, tout fauteur ou complice de cet assassinat devait être remis à la volonté du duc de Bourgogne ; déjà les articles sur lesquels ce chevalier devait être interrogé étaient dressés par le conseil du duc à Dijon, lorsque le prisonnier invoqua la fraternité d'armes offerte par le roi d'Angleterre après le combat des mines de Melun. Le roi Henri fit honneur à son serment : il déclara que celui qui avait touché sa main royale ne subirait pas un jugement infâme ; notre saint père le pape lui-même vînt-il demander justice contre lui ! Le duc de Bourgogne garda de ce refus un ressentiment que ne put calmer le supplice du sire de Coësmerel, bâtard de Tanneguy, et de Jean Gault, qui furent écartelés par arrêt du parlement. Le premier tirait un tel honneur de l'assassinat commis par son père, qu'il avait fait faire un fourreau brodé à la hache à bec de faucon avec laquelle le duc Jean avait été frappé, et qu'il portait suspendu à une riche chaîne l'éperon d'or qu'il avait lui-même arraché de la botte du duc.

Vers la fin du mois, le roi d'Angleterre et le duc de Bourgogne se séparèrent : le roi Henri, pour conduire à Londres madame Catherine et l'y faire sacrer ; le duc Philippe, pour faire un voyage dans ses bonnes villes, dans plusieurs desquelles il n'avait point encore été reconnu.

Cette double absence fut nuisible aux affaires du duc et du roi Henri. Les Dauphinois, découragés par la prise de Melun et de Villeneuve-le-Roi, reprirent cœur en voyant les deux chefs ennemis, l'un à Londres, l'autre à Bruxelles. Ils rentrèrent dans la ville, surprirent le château de la Ferté, escaladèrent Saint-Riquier, et enfin battirent, près de Beaugy, les Anglais d'une si rude manière, que le duc de Clarence, frère du roi, le seigneur de Ros, maréchal d'Angleterre, le comte de Kynie, et la fleur de la chevalerie et de l'écuyerie anglaise, tombèrent autour de lui sur le champ de bataille et y restèrent morts : les comtes de Sommerset, de Huntington et du Perche se rendirent prisonniers, secourus ou non secourus. Cependant le corps du duc de Clarence ne resta point aux mains de ses ennemis ; un chevalier anglais le mit en travers sur son cheval, et le défendit avec tant de courage et de bonheur, qu'il put rendre ce dépôt royal au comte de Salisbury, qui le renvoya en Angleterre, où il fut enterré.

D'un autre côté, le duc d'Exeter, capitaine de Paris depuis la mort du duc de Clarence, avait promptement refroidi l'enthousiasme des habitans : son gouvernement était dur et hautain. Sur un prétexte frivole, il fit arrêter le maréchal Villiers de l'Ile-Adam, et le peuple ayant voulu tirer le prisonnier des mains des archers qui le conduisaient à la Bastille, il fit tirer sur le peuple : un Anglais, un étranger, un ennemi, osait ce que n'avait jamais osé le duc de Bourgogne !

Le roi Henri apprit à Londres, et le duc Philippe à Gand, les choses que nous venons de dire. Tous deux pensèrent que leur présence était indispensable à Paris : ils partirent en conséquence pour s'y rendre, le roi d'Angleterre, quoiqu'il fût souffrant, le duc de Bourgogne, quoiqu'il eût à régler les démêlés du duc Jean de Brabant, son cousin, et de Jacqueline de Hénault, sa femme.

Les deux alliés avaient bien jugé leurs positions ; il était temps qu'ils arrivassent. Le dauphin assiégeait Chartres. Les armées réunies du duc Philippe et du roi Henri marchèrent au secours de cette ville : les Dauphinois étaient en trop petit nombre pour hasarder une bataille ; ils levèrent le siége, et le dauphin se retira à Tours. Le duc de Bourgogne, au lieu de le poursuivre, alla prendre le pont de Saint-Remi-sur-Somme, et mettre le siége devant Saint-Riquier ; mais, à son tour, son armée était trop faible, et il perdit inutilement un mois devant la place.

Pendant qu'il faisait ce siége, il apprit en son camp devant la ville que le sire de Harcourt, qui s'était rendu dauphinois, accompagné de Pothon de Xaintrailles, marchait contre lui, espérant le surprendre, avec les garnisons de Compiègne, de Crespy en Valois, et autres villes qui étaient rentrées en l'obéissance du dauphin. Alors le duc partit secrètement et de nuit, passa la Somme et marcha à l'encontre des Dauphinois, dans l'intention d'accepter le combat. Le 31 août, à onze heures du matin, les deux armées se trouvèrent en présence, et, s'arrêtant à trois traits d'arc à peu près l'une de l'autre, formèrent leurs batailles. Dans cette guerre des trois beaux-frères, c'était le premier combat important où le jeune duc, qui n'avait alors que vingt-quatre ans, faisait ses armes. Avant de l'engager, il voulut être fait chevalier : ce fut le seigneur de Luxembourg qui lui donna l'accolade ; et aussitôt lui-même arma à son tour le sire Collard de Commines, Jean de Roubex, André de Villain, Jean de Villain et autres. Du côté des Dauphinois, les principaux chevaliers faits à cette occasion furent les seigneurs de Gamache, Regnault de Fontaine, Collinet de Villequier, le marquis de Serre et Jean Royau.

Aussitôt les premières dispositions arrêtées, le duc de Bourgogne ordonna à Philippe de Saveuse de prendre un étendard et cent vingt combattans sous les ordres de messire de Saint-Léger et du bâtard de Roussy, et de faire un grand détour à travers champs afin de tomber sur les flancs des Dauphinois au moment où l'action serait engagée. Le duc avait donné à ses capitaines l'ordre de rester immobiles pour masquer ce mouvement; et ce ne fut que lorsqu'il vit fondre sur lui toute la ligne des Dauphinois, qui se précipitait à grande course de chevaux, qu'il cria lui-même : *En avant!* et donna aussitôt l'exemple en chargeant à la tête de l'armée. Le terrain vide qui séparait les combattans disparut à l'instant sous les pieds des chevaux, et les deux premières lignes se rencontrèrent avec un grand bruit, heurtant coursier contre coursier, homme contre homme, fer contre fer; beaucoup furent renversés à ce premier choc, tués ou cruellement blessés; beaucoup brisèrent leurs lances et mirent aussitôt l'épée ou la hache à la main, et le combat homme à homme, corps à corps, commença avec ses ruses d'adresse, ses traits de valeur, ses luttes de géant.

Une singulière circonstance sembla d'abord faire pencher la victoire en faveur des Dauphinois : l'étendard de Bourgogne avait été, par oubli, laissé entre les mains du valet qui le portait; celui-ci, qui n'était pas habitué à pareille mêlée, prit la fuite au premier choc, et en fuyant le laissa tomber. Beaucoup de seigneurs, ne voyant plus flotter son enseigne, crurent que le duc était pris; le héraut d'armes de Flandre cria même qu'il était mort, si bien que tous ceux qui virent tomber l'étendard, et qui entendirent les paroles du héraut, se débandèrent à l'instant, et que cinq cents hommes à peu près, saisis d'une terreur panique, abandonnèrent le champ de bataille où le duc, avec le reste de son armée, faisant des prodiges, voulait, à la face des hommes qui l'accompagnaient, gagner ses éperons et se montrer digne de son père.

De leur côté, les Dauphinois, voyant cette fuite, détachèrent deux cents hommes à peu près, sous les ordres de Jean Rollet et de Pierron de Luppel, afin de donner la chasse à leurs ennemis, qui, faisant six lieues sans s'arrêter, sans tourner front, sans se défendre, s'en allèrent passer la Somme à Pecquigny.

Pendant ce temps, les deux corps les plus considérables des deux armées étaient restés fermes à leur place, terriblement mêlés et faisant de merveilleuses armes. Le duc, qui avait attaqué l'un des premiers, fut enferré de deux lances : l'une perça de part en part sa selle de guerre garnie d'acier ; l'autre, traversant son écu, s'y trouva tellement engagée, que le duc abandonna l'écu, ne pouvant pas se débarrasser de la lance. En même temps, un puissant homme d'armes dauphinois le prit à bras le corps pour l'enlever de ses arçons. Le duc avait un vigoureux cheval de guerre ; il laissa pendre son épée à son poignet, jeta à son tour les bras autour du cou de son adversaire, et piquant son cheval des deux, il arracha son ennemi à ses étriers, comme l'ouragan arrache un arbre à la terre, et revint le jeter au milieu de ses gens qui le firent prisonnier.

Deux autres hommes faisaient encore merveille : c'était, du côté des Dauphinois, Pothon de Xaintrailles, qui préludait à la grande épopée du siége d'Orléans ; c'était, du côté des Bourguignons, le nouveau chevalier, Jean de Villain, dont l'histoire nous garde à peine trace après cette bataille. Celui-ci était un homme colossal, couvert d'une épaisse armure flamande, monté sur un cheval puissant ; il lui avait laissé tomber la bride sur le cou, aussitôt sa lance brisée, et, prenant à deux mains une lourde hache d'armes, il était entré dans les rangs dauphinois comme un batteur dans une grange, renversant devant lui hommes et chevaux, et assommant ceux dont il ne pouvait pas fendre l'armure : on eût dit un héros homérique.

De son côté, Xaintrailles avait ouvert devant lui la muraille de fer qui s'était refermée derrière lui, mais s'en était peu inquiété ; sa longue et large épée sifflait et flamboyait entre ses mains comme celle de l'ange exterminateur. Jean de Luxembourg, le voyant entrer ainsi dans les rangs bourguignons, avait poussé son cheval au devant de lui, espérant l'arrêter ; mais d'un revers de sa terrible épée, il avait ouvert la visière de son casque et lui avait fendu au-dessous des yeux le visage en travers. Le capitaine bourguignon était tombé comme une statue précipitée de son piédestal ; un homme d'armes nommé Le More, qui suivait Xaintrailles, l'avait fait prisonnier, lorsque le seigneur Viefville vint à son secours et essaya de l'arracher à celui qui l'avait en garde. Xaintrailles se retourna contre cet insensé qui voulait lui prendre son captif, et, du premier coup de son épée, il lui brisa le bras droit dans sa cuirasse ; le sire de la Viefville tomba près de celui qu'il espérait sauver, et Le More, que deux prisonniers eussent trop embarrassé, acheva le dernier en lui enfonçant une dague sous le gorgerain.

Cependant le chevalier Jean de Villain, voyant le désordre que Xaintrailles avait mis dans les premiers rangs bourguignons, essaya de marcher à lui ; mais cette foule dans laquelle il s'était jeté, s'était refermée sur lui, effaçant sa trace, comme la vague efface le sillage d'un vaisseau. Cependant comme en frappant de sa terrible hache, il se dressait sur ses cirlers et dépassait alors de la tête tous ceux qui l'entouraient, Xaintrailles l'aperçut de son côté.

— A moi, Dauphinois ! à moi ! lui cria le chevalier de Villain, frappant devant lui à coups redoublés et abattant de chaque coup un homme ; car lorsque son arme ne fendait pas comme une hache, elle assommait encore comme une massue.

Xaintrailles poussa son cheval vers celui qui le défiait ; mais lorsqu'il vit les rangs tomber devant lui, lorsqu'il vit les armures broyées, les casques fendus sous ce bras gigantesque, alors il avoua, avec la bonne foi du vrai brave, qu'il avait un instant senti le cœur lui faillir. Il ne voulut pas affronter une mort certaine, et comme en ce moment Philippe de Saveuse, opérant son mouvement, accourait pour prendre les Dauphinois en flanc, il s'élança au devant de lui. Philippe le vit venir ; il mit sa lance en arrêt, et comme Xaintrailles n'avait que son épée, Philippe dirigea le fer de sa lance contre le poitrail du cheval de son ennemi ; le fer s'y enfonça de toute sa longueur, et le cheval, blessé à mort, se renversa sur Xaintrailles, qui, la cuisse prise sous lui, se rendit prisonnier en disant son nom.

Cette attaque des Bourguignons fut décisive. Les Dauphinois, croyant voir tomber Xaintrailles pour ne plus se relever, tournèrent bride et prirent la fuite ; le duc de Bourgogne les poursuivit près de deux lieues mêlé à eux, si bien qu'on l'aurait pris pour un fuyard aussi, s'il n'avait si rudement frappé sur ceux qui fuyaient.

Les seigneurs de Longueval et Guy d'Erly le suivaient à la longueur d'une lance.

L'honneur de la journée resta aux Bourguignons. Ils perdirent trente hommes seulement et en tuèrent et blessèrent quatre ou cinq cents aux Dauphinois; beaucoup d'autres nobles hommes furent pris avec Xaintrailles. Ce combat fut nommé la rencontre de Mons en Vimeu; car, malgré son importance et son résultat, il ne prit point le nom de bataille, attendu qu'il n'y eut point de bannières royales déployées.

Pendant ce temps, le roi d'Angleterre entrait par composition dans la ville de Dreux, et après avoir fait faire à Lagny-sur-Marne tous les instrumens de guerre nécessaires à un siége, il vint avec vingt-quatre mille hommes investir la ville de Meaux. Le bâtard de Vaurus en était le capitaine, et comptait à peu près mille hommes d'armes sous ses ordres.

Ce fut pendant ce siége, qui dura sept mois, que Henri V apprit que la reine sa femme était accouchée d'un fils; l'enfant qu'elle venait de mettre au jour devait, dix-huit mois après, être proclamé roi de France sous le nom de Henri VI.

Meaux faisait la plus belle résistance. Le bâtard de Vaurus, qui s'y était renfermé, était un homme cruel, mais d'une bravoure à toute épreuve. Cependant un secours que devait lui amener le seigneur d'Offemont lui ayant manqué, la garnison ne put résister plus longtemps; la ville fut emportée d'assaut; on se battit de rue en rue et de maison en maison. Les assiégés, chassés d'une partie de la ville, traversèrent la Marne et s'établirent sur l'autre rive; le roi d'Angleterre les y poursuivit âprement, ne leur laissant aucune trève, ne leur accordant aucun repos, que tous ne fussent tués ou pris; les rues étaient jonchées de tronçons de lances et de débris d'armes.

Parmi les prisonniers se trouva le bâtard de Vaurus, qui

avait si vaillamment défendu la ville. Le roi d'Angleterre le fit conduire au pied d'un orme où lui-même avait ordonné nombre d'exécutions, et que les paysans appelaient l'orme de Vaurus. Là, sans procès, par son seul droit du plus fort, par son privilége de vainqueur, il ordonna qu'on lui tranchât la tête, qu'on pendît le corps par dessous les bras, et lui faisant enfoncer son étendard dans le cou, il planta sa tête sur la pique de l'étendard. Beaucoup de gens de son armée même murmurèrent d'une si grande sévérité, et trouvèrent que c'était un châtiment bien indigne pour un aussi brave chevalier.

Vers le même temps, le seigneur de Luxembourg, qui avait été repris par les Bourguignons dans la déroute de Mons en Vimeu, s'emparait des forteresses du Quesnoy et de Héricourt : à la nouvelle de ces succès, la ville de Crespy en Valois, et les châteaux de Pierrefond et d'Offemont se rendirent à leur tour.

Ainsi la victoire se déclarait de tout côté pour le roi Henri, lorsqu'il tomba malade au château de Vincennes.

La maladie fit de rapides progrès, et le roi d'Angleterre fut le premier à la juger mortelle. Il fit appeler près de son lit le duc de Bedfort, son oncle, le comte de Warvick et messire Louis de Robertsaert. Alors il leur dit qu'il voyait bien que c'était le plaisir de Dieu qu'il quittât la vie et qu'il laissât ce monde, puis il ajouta :

— Beau frère Jean, je vous prie, sur toute la loyauté et amour qu'avez pour moi, que soyez toujours loyal à mon fils Henri votre neveu, et vous supplie de ne souffrir, tant que vous vivrez, aucun traité avec notre adversaire Charles de Valois, que le duché de Normandie ne nous demeure franchement. Si mon beau-frère de Bourgogne veut entreprendre la régence du royaume, je vous conseille de la lui rendre, sinon gardez-la; et à vous, bel oncle, ajouta-t-il en se tournant vers le duc d'Exeter, qui venait d'entrer, je vous laisse seul pour le gouvernement du royaume d'Angleterre, car je sais que vous savez bien gouverner. Quelque chose qu'il advienne, ne revenez plus en France, soyez le gouverneur de mon fils, et à cause de l'amour que vous aviez pour moi, visitez-le souvent. Quant à vous, mon beau cousin de Warwick, je veux que vous soyez son maître, demeurant toujours avec lui pour le conduire et lui apprendre l'état des armes; car, en vous choisissant, je ne saurais mieux pourvoir : et après, je vous prie autant que je le puis, de n'avoir aucune discussion avec mon beau-frère de Bourgogne; défendez-le aussi de ma part à mon beau-frère Humphrey; car s'il advenait qu'il y eût entre vous et lui aucune malveillance, les besognes de ce royaume, qui sont bien avancées en notre faveur, pourraient en être empirées; enfin, dans aucun cas, ne délivrez de prison notre beau cousin d'Orléans, le comte d'Eu, le seigneur de Gaucourt, non plus que Guichard, de Chisay, jusqu'à ce que mon fils soit en âge; quant aux autres, faites-en ce que vous voudrez.

Alors chacun lui ayant promis d'accomplir ce qu'il avait demandé, le roi ordonna qu'on le laissât seul. A peine lui eut-on obéi qu'il fit venir les médecins et leur ordonna de lui dire quel espace de temps à peu près il avait encore à vivre. Ils voulurent d'abord lui donner quelque espérance en lui disant que Dieu était le maître de lui rendre la santé : mais le roi sourit tristement, puis il les requit de lui dire toute la vérité, promettant, quelle qu'elle fût, de la supporter comme devait le faire un roi et un guerrier. Ils se retirèrent en conséquence dans un coin, et, après s'être consultés, l'un d'eux se mettant à genoux près du lit du roi, lui dit :

— Sire, pensez à votre âme ; car il nous semble, si ce n'est la grâce de Dieu, qu'il est impossible que vous viviez plus de deux heures.

Alors il fit venir son confesseur et les gens d'église, leur ordonnant de lui réciter les sept psaumes. Quand ils en vinrent à ces mots du 20e verset. *Ut ædificentur muri Hierusalem*, il les arrêta, disant tout haut que sans la mort qu'il attendait, il avait l'intention, après avoir mis le royaume de France en paix, d'aller conquérir le Saint-Sépulcre, et qu'il eût fait ainsi si c'eût été le plaisir de Dieu de le laisser vivre son âge ; puis il leur ordonna de continuer : mais vers la fin du verset suivant il jeta un cri. Les chants sacrés furent interrompus. Le roi fit encore entendre un faible soupir : c'était le dernier.

Cette mort arriva le 31 août 1422.

Le lendemain les entrailles du roi furent enterrées dans l'église du monastère de Saint-Maur, et son corps embaumé fut mis dans un cercueil de plomb.

Le 5 septembre, le convoi funéraire se mit en route pour Calais. Le cercueil était posé sur un char traîné par quatre chevaux superbes, et sur lui était couchée une image du roi grande comme nature et faite en cuir bouilli : elle avait le visage tourné vers le ciel, tenait le sceptre de sa main droite et une pomme d'or de sa main gauche ; la couverture de ce lit mortuaire était de drap vermeil brodé d'or. A son passage dans chaque ville, quatre hommes portaient au-dessus de lui, aux quatre coins du chariot, un riche dais de soie, comme au jour du Saint-Sacrement on a coutume d'en porter un au-dessus du corps de Jésus-Christ. Le convoi était suivi des princes de la famille du roi, de la chevalerie et écuyerie de son hôtel ; de chaque côté du chariot marchaient à droite et à gauche une grande quantité de gens d'église, qui, soit que l'on chevauchât, cheminât ou s'arrêtât, chantaient sans cesse l'office des morts et célébraient des messes dans les églises de toutes les villes où le cortége passait ; puis, outre tous ces gens-là, et comme une ceinture autour du chariot, dix hommes vêtus de blanc portaient constamment allumées des torches de cire odoriférante.

À Rouen, le cortége rencontra madame Catherine, qui revenait en France auprès de son mari ; elle ignorait sa mort et son désespoir fut grand ; elle ne voulut plus quitter le corps et se mit à la suite du convoi, qui, en arrivant à Calais, prit la mer jusqu'à Douvres, et se remettant aussitôt en marche, atteignit Londres la nuit de la Saint-Martin d'hiver.

Quinze évêques, vêtus de chasubles pontificales, beaucoup d'abbés mitrés, un grand nombre d'hommes d'église, et une multitude de bourgeois attendaient le corps du roi hors des portes de la ville. Ils l'entourèrent aussitôt chantant l'office des morts, et par le pont de Londres et la rue des Lombards, ils menèrent le deuil jusqu'à l'église cathédrale de Saint-Paul. Le char qui le conduisait était attelé de quatre magnifiques chevaux noirs ; le premier portait un collier où étaient suspendues les armes d'Angleterre ; au collier du second étaient peintes les armes de France et d'Angleterre écartelées, ainsi que de son vivant le roi les portait sur sa poitrine ; au collier du troisième pendaient les armes de France seules, et à celui du quatrième celles du roi Arthus l'invincible : ces dernières armes étaient trois couronnes d'or sur champ d'azur. Puis, après un service funéraire, le corps fut déposé en l'église de Westminster, auprès de ses prédécesseurs les rois d'Angleterre.

Ainsi disparut de la surface du monde, où il avait fait si grand bruit, Henri V d'Angleterre, surnommé le Conquérant. Il était entré plus avant en France qu'aucun des rois ses prédécesseurs. Il avait pris Paris, que nul n'avait pris encore ; il laissait à ses héritiers le titre de roi de France, qu'ils gardèrent jusqu'à ce que, quatre siècles plus tard, Napoléon, avec la pointe de son épée, grattât sur le blason insulaire les trois fleurs-de-lis de France. Il mourut à la moitié de l'âge que Dieu accorde communément aux hommes. C'était un des plus vaillans et habiles chevaliers de son temps ; mais trop inflexible de résolution et trop hautain de vouloir.

Le duc de Bedfort venait à peine de lui rendre les honneurs funèbres, lorsqu'un message de Paris lui annonça qu'on l'y attendait pour un second convoi : le roi Charles VI de France était mort.

Ce fut le 22⁰ jour d'octobre 1422 que le pauvre insensé rendit l'âme. Sa dernière heure fut triste et abandonnée comme l'avait été sa vie : il n'avait auprès de lui ni madame Isabel, ni le dauphin Charles, ni aucun des cinq enfans qui lui restaient encore ; point de prince de sa famille : le duc de Berry était mort, les ducs d'Orléans, de Bourbon et de Bretagne prisonniers ; le duc de Bourgogne n'osait recevoir le dernier soupir de celui dont il avait vendu le royaume. Point d'amis !... La guerre civile les avait décimés, ou les retenait autour du dauphin. Lorsqu'à cette heure suprême de la mort, où l'esprit reprend toute sa force pour nous échapper, comme une lampe toute sa lumière pour mourir, le vieux roi retrouva un instant la raison, la vue et la parole ; il se souleva, s'accoudant pâle et mourant sur son lit, chercha à l'entour de lui, dans la vieille et sombre salle, à qui jeter son dernier regard, à qui laisser son dernier adieu : il ne rencontra que les figures froides de son chancelier et de son chambellan, que leur charge près du roi forçait d'être les courtisans de sa mort : alors il retomba avec un profond soupir, renfermant en lui ces dernières paroles qui font la consolation de l'agonie : il ferma les yeux ; car les yeux fermés seulement, il revoyait la figure rosée de son jeune Charles, qu'il savait bien ne pas l'avoir abandonné de cœur, et le visage de cette Odette, la jeune fille dévouée dont les caresses, sinon l'amour, avaient semé un peu de bonheur sur sa vie. Ainsi Dieu, à défaut des hommes, envoya deux anges à son chevet pour aider le pauvre vieillard à mourir sans blasphème et sans désespoir.

Quant à ceux qui l'entouraient, leur indifférence était telle, qu'ils s'aperçurent qu'il était mort, mais qu'ils ne purent dire à quelle heure précise l'âme s'était séparée de ce corps qui, depuis trente ans, avait tant souffert.

Le règne de Charles VI, règne unique et bizarre dans nos annales, règne de folie qui passa entre deux apparitions surnaturelles, celle du vieillard de la forêt du Mans, celle de la jeune bergère de Domremy, fut l'un des plus malheureux pour la France, et cependant ce prince fut l'un des plus regrettés de la monarchie : le nom de *Bien-Aimé*, que lui donna le peuple, prévalut sur le surnom d'*Insensé* que lui donnèrent les grands : autant sa famille lui avait été ingrate, autant le peuple lui avait été fidèle : dans sa jeunesse il avait su plaire à tous par son courage et son affabilité ; dans sa vieillesse, il avait éveillé toutes les sympathies par sa misère et son infortune. Chaque fois que la folie lui avait laissé un instant de repos, il avait repris en ses mains les affaires de l'État, et chaque fois, le peuple, par une amélioration à son sort, y avait ressenti sa présence : c'était un soleil qui, de temps en temps, brillait à travers des nuages sombres, et dont les rayons, si faibles qu'ils fussent, réjouissaient l'âme de la France.

Le lendemain de la mort, les pompes de la royauté qui avaient abandonné le vivant, vinrent réclamer le trépassé. Le corps fut mis en un cercueil de plomb et porté par des chevaliers et écuyers dans l'église de l'hôtel Saint-Paul, où il resta exposé en chapelle ardente jusqu'au retour du duc de Bedfort.

Pendant les vingt jours que dura l'exposition, les messes furent chantées et célébrées dans la chapelle, comme on avait coutume de le faire du vivant du roi. Les quatre ordres mendians de Paris vinrent chaque jour en faire le service, et chacun pouvait librement entrer et prier autour du corps.

Enfin, le 8 novembre, le duc de Bedfort arriva. Déjà le parlement, voyant combien il tardait, avait pris des mesures relatives aux obsèques du roi ; ces mesures étaient la vente des meubles de l'hôtel Saint Paul, tant était grande la détresse royale. Le 10, le corps fut enlevé et porté à l'église Notre-Dame : les processions de toutes les églises et des députés de l'université allèrent au devant de lui ; les prélats prirent la droite, couverts de leurs habits pontificaux, les docteurs et rhéteurs passèrent à gauche, revêtus de leurs robes. Le cercueil était soutenu, du côté droit, par les écuyers et les maîtres d'hôtel de la maison du roi, et du côté gauche, par les prévôts de Paris et des marchands et les sergens d'armes. Il était posé sur une riche litière couverte d'un pavillon de drap d'or à champ d'azur semé de fleur-de-lis; et sur le cercueil était couchée une image du roi parfaitement ressemblante, couronne d'or sur sa tête et portant en ses mains couvertes de gants blancs et chargées d'anneaux garnis de pierres précieuses, deux écus, l'un d'or et l'autre d'argent. Cette figure était vêtue d'une robe de drap d'or à champ vermeil, et portait un manteau pareil, richement fourré d'hermine, ses bas étaient noirs, et ses souliers, de velours couleur d'azur, étaient semés de fleurs-de-lis d'or. Le drap qui couvrait les restes mortels du roi était porté par ceux de la cour du parlement, ensuite venaient les pages, puis après un petit intervalle chevauchait seul et vêtu de noir le duc de Bedfort, régent du royaume. C'était pitié de voir ce pauvre roi ainsi trahi pendant sa vie, ainsi abandonné après sa mort, que nul prince de la fleur-de-lis n'assistait à ses funérailles, et que le deuil de la France était mené par un Anglais : c'est que la guerre civile et la guerre étrangère avaient, depuis douze ans, si violemment soufflé sur le royaume, qu'elle avait enlevé et dispersé au loin toutes les feuilles de la tige royale.

Après le duc de Bedfort marchaient à pied le chancelier de France, les maîtres des requêtes, les seigneurs des comptes, les notaires, les bourgeois, puis enfin les communes gens de Paris en plus grande multitude qu'on ne les avait jamais vues à la suite d'un convoi royal.

C'est dans cet ordre que le corps fut porté à l'église Notre-Dame; la tête seule du cortége y put entrer, tant était grande la foule : la messe y fut dite par le patriarche de Constantinople; puis, l'office achevé, le convoi se remit en marche pour Saint-Denis, en repassant par le pont au Change, tant le pont Notre-Dame était encombré de populaire.

A mi-chemin de Saint-Denis, les mesureurs de sel de Paris, portant chacun une fleur-de-lis d'or sur la poitrine, en vertu d'un ancien privilége de leur corporation, prirent le corps des mains des écuyers et des sergens d'armes, et le portèrent jusqu'à une croix qui était aux trois quarts du chemin; en cet endroit l'abbé de Saint-Denis les attendait. Il était accompagné des religieux, du clergé, des bourgeois et du peuple, portant une multitude de torches, car pendant le trajet la nuit était venue. On se rendit ainsi à l'église, où une nouvelle messe fut chantée, et comme le corps ne devait être déposé au tombeau que le lendemain, il fut placé, en attendant, au milieu du chœur; puis on fit l'offrande, et le duc de Bedfort y alla seul.

Le lendemain, un nouveau service fut fait pour le repos de l'âme du roi. Toute la nuit l'église avait été illuminée en si grand appareil qu'il y fut brûlé vingt mille livres de cire, et l'aumône y fut faite avec tant de largesse, que seize mille personnes eurent chacune trois blancs, monnaie royale.

Le service fini, les huissiers ouvrirent la grille du caveau; le cercueil, précédé de torches, y fut descendu et placé près des tombeaux du roi Charles V et du bon connétable. Le patriarche de Constantinople prit un rameau de buis, le trempa dans l'eau bénite et prononça les prières des morts;

alors les huissiers d'armes du roi rompirent leurs verges blanches, les jetèrent dans la tombe, renversèrent leurs masses de haut en bas, et la première pelletée de terre retentit sur le cercueil, séparant deux dynasties et deux règnes.

Lorsque la fosse fut comblée, le roi d'armes du Berry monta dessus et dit à haute voix :

— *Dieu veuille avoir pitié et merci de l'âme de très haut et très excellent prince Charles, roi de France, sixième de ce nom, notre naturel et souverain seigneur.*

Les sanglots éclatèrent de toutes parts, alors il cria de nouveau, après une légère pause :

— *Dieu donne bonne vie à Henri, par la grâce de Dieu, roi de France et d'Angleterre, notre souverain seigneur.*

Aussitôt ces paroles proférées, les sergens d'armes relevèrent leurs masses, les fleurs-de-lis en haut, et crièrent à deux reprises : *Vive le roi ! vive le roi !*

La foule resta muette, et nul parmi elle ne répéta ce cri sacrilége ; il alla se perdre sans écho sous les voûtes sombres et sépulcrales des caveaux des rois de France, et fit tressaillir d'effroi au fond de leurs tombeaux trois monarchies couchées à la suite les unes des autres.

Le lendemain, Henri VI d'Angleterre, âgé de dix-huit mois, fut proclamé roi de France, sous la régence du duc de Bedfort.

FIN D'ISABEL DE BAVIÈRE.

PRAXÈDE.

I.

LE SACRE.

La veille du saint jour de Pâques de l'an 1099, c'était grande fête dans la noble cité de Barcelonne.

C'est que le jeune comte Raymond Bérenger III, qui depuis un an venait d'hériter du pouvoir souverain, avait pensé que ses sujets ayant été, comme les disciples et apôtres de notre Seigneur Jésus-Christ, plongés dans une longue et profonde tristesse à propos de la mort du seigneur comte son père, il devait, la Pâques arrivant, choisir ce saint jour pour faire ressusciter en sa personne la royauté défunte. En conséquence, il avait, pour le jour dit, convoqué par lettres scellées, dans sa bonne ville de Barcelonne, les prélats, les barons, les chevaliers et les messagers des cours étrangères, leur annonçant qu'en leur présence il se ferait armer chevalier, et prendrait sur l'autel et poserait sur sa tête la guirlande de roses d'or, qui était la couronne des comtes d'Aragon.

Aussi, au jour dit, non-seulement tous les prélats, barons et chevaliers d'Espagne, mais encore un grand nombre de princes et de seigneurs étrangers, s'étaient rendus à cette fête. Le juge et l'archevêque d'Arborée y étaient venus de Sardaigne; le roi d'Aragon, de Saragosse; le roi de Castille, de Madrid. Les rois maures de Tlemcen et de Grenade, n'y pouvant assister eux-mêmes, y avaient envoyé de riches présens, comme leurs ancêtres, les rois mages, l'avaient fait à l'occasion de la naissance de notre Seigneur Jésus-Christ. Enfin, l'assemblée était si nombreuse, comme nous l'avons dit, la veille du saint jour de Pâques, que l'on comptait bien trente mille chevaucheurs de la première noblesse du monde, en la ville de Barcelone et ses environs.

Dès le matin, le seigneur comte Raymond Bérenger III avait fait publier à son de trompe dans la ville, qu'à l'heure de midi, aussitôt après l'*Alleluia* chanté, et au premier coup des cloches qui annoncerait leur retour, tout le monde devait quitter le deuil, couper sa barbe et se disposer à la fête. Aussi, dès que l'*Alleluia* fut repris et qu'on entendit frémir le branle joyeux des cloches, chacun se disposa ainsi que le roi avait ordonné; si bien que les rues, qui une heure auparavant étaient tristes et silencieuses, se trouvèrent, une heure après, pleines de monde et de rumeurs; car on avait ouvert à la fois les barrières et les portes, et les chevaliers étrangers étaient entrés dans la ville, et les bourgeois étaient sortis de leurs maisons.

Et cependant il n'y avait à Barcelone que ceux qui n'avaient pu être invités au palais de l'Aljaferia ; et, comme nous l'avons dit, leur affluence était grande, car le seigneur comte avait été obligé de décider qu'il ne recevrait à sa table et dans son château, que quiconque serait roi ou envoyé de roi, gouverneur de province, archevêque, prince, duc ou comte ; et rien que de ceux-ci et de leur suite, il y avait quatre mille personnes qui s'étaient trouvées le droit d'être hôtes et convives du seigneur comte de Barcelone.

Tout le jour cette multitude parcourut la ville, visitant les églises, s'arrêtant devant les bateleurs, et passant de la prière aux jeux profanes, et des jeux profanes à la prière ; mais quand le soir vint, chacun s'achemina vers le palais du comte, situé à deux grands milles de la cité, car le comte, le soir même, devait faire la veillée des armes dans l'église de Saint-Sauveur. Tout le long de la route, des torches et des brandons avaient été placés pour éclairer le cortége, et de peur que ces torches et ces brandons ne fussent déplacés et ne laissassent des intervalles sans lumière, leurs places avaient été fixées d'avance, et il était défendu, sous aucun prétexte, de les déplacer.

Au moment où sonna l'heure de vêpres, on alluma tous ces brandons, quoiqu'il fît encore jour, de sorte qu'en un instant une longue ligne de flamme s'étendit du palais de l'Aljaferia jusqu'à l'église de Saint-Sauveur ; puis au même moment des hérauts d'armes, portant les bannières du comte, parcoururent tout le chemin pour que le peuple se rangeât aux deux côtés de la route, et n'empêchât aucunement le cortège de s'avancer.

Au dernier coup de la cloche de vêpres, la porte du palais s'ouvrit aux grands cris de joie de la multitude, qui attendait depuis l'heure de midi.

Les premiers qui parurent furent les fils des plus nobles chevaliers de la Catalogne; ils étaient à cheval et portaient les épées de leurs pères; et c'étaient de vaillantes épées tout ébréchées dans les tournois ou dans les batailles, dont chacune avait un nom, comme l'épée de Charlemagne, de Renaud et de Roland.

Derrière eux venaient les écuyers des chevaliers qui devaient être armés dans la journée du lendemain; ils portaient nues les épées de leurs maîtres : celles-là, au contraire des premières, étaient vierges et brillantes; mais on savait qu'aux mains qui devaient les recevoir, elles perdraient bientôt leur virginité dans le sang et leur lustre dans la bataille.

Puis venait l'épée du seigneur comte, faite en forme de croix pour lui rappeler toujours qu'il était soldat de Dieu avant d'être prince de la terre : c'était l'épée la plus riche et la mieux garnie qu'ait peut-être jamais portée comte, roi ni empereur; et cette épée, en attendant qu'elle passât aux mains de son maître, était dans la main du vieux don Juan Ximénès de la Roca, l'un des plus vaillans chevaliers du monde, lequel marchait lui-même entre d'autres chevaliers qui étaient, l'un le baron Guillaume de Cervallo, et l'autre sir Otho de Moncada.

Après l'épée du seigneur comte venaient deux chariots de ses écuries, chargés de torches et portant chacun plus de dix quintaux de cire qu'il offrait en don à l'église de Saint-Sauveur, ayant fait vœu d'un clergé qui faisait le tour de la ville de Barcelone ; et cela, parce que, retenu dans ses États par la maladie du roi son père, il n'était point parti pour la croisade ; ce qui lui était une douleur comme chevalier, et un remords comme chrétien. Ces torches étaient allumées, quoiqu'il n'y en eût aucun besoin, tant les autres luminaires jetaient de clarté.

Après ces deux chariots venait le seigneur comte lui-même, chevauchant sur un cheval caparaçonné d'un magnifique harnais : c'était un beau jeune homme de dix-huit à dix-neuf ans, portant de longs cheveux qui tombaient de chaque côté sur ses épaules, et maintenus sur son front par un fil d'or. Il était vêtu de son justaucorps de guerre, car pendant la veillée il devait revêtir sa cuirasse ; mais ce justaucorps était caché par un grand manteau de drap d'or qui tombait jusqu'à ses étriers. Derrière lui venaient ses armes portées par deux nobles : c'était un casque à visière fermante, une cotte de mailles d'acier et d'or, et un bouclier sur lequel était gravée la guirlande de roses, signe du souverain pouvoir chez les comtes de Barcelone. Le noble qui portait ces armes était accompagné de deux autres nobles qui avaient nom, l'un, Roger, comte de Pallars, et l'autre, Alphonse Ferdinand, seigneur d'Ixer ; et tous deux tenaient leur épée nue, comme pour défendre ces armes royales, ainsi qu'ils eussent couvert la tête et la poitrine de leur noble maître et seigneur.

Après les armes du seigneur comte, venaient, deux par deux, les nobles qu'il allait armer chevaliers ; ils étaient au nombre de douze, et devaient à leur tour, aussitôt qu'ils auraient reçu l'ordre, armer chacun dix chevaliers ; et ces cent vingt les suivaient chevauchant aussi deux par deux sur leurs beaux chevaux tout couverts de draps d'or et de magnifiques harnais.

Puis derrière eux, car ils avaient pris le pas sur tous, comme héros de la fête, venaient, suivant leur rang et quatre par quatre, d'abord les prélats, puis les rois et envoyés des rois, puis les ducs, puis les comtes, puis les simples chevaliers, séparés les uns des autres par des musiciens qui faisaient retentir l'air du bruit de leurs trompettes, de leurs timbales et de leurs flûtes. Ce dernier groupe était suivi d'une multitude de jongleurs vêtus en sauvages, courant à pied ou montés sur des petits chevaux sans selle et sans bride, dont ils se servaient pour leurs tours, et qu'ils faisaient manœuvrer à la voix : tous faisant un tel bruit et poussant de telles clameurs, qu'il eût semblé à quelqu'un qui les eût entendus sans en connaître la cause, que le ciel et la terre s'abîmaient comme à la dernière heure du dernier jour.

Ainsi, et par la grâce de Dieu, à la lueur des brandons qui changeaient la nuit en jour, et les ténèbres en lumière, au bruit le plus éclatant des tambours, des timbales, des trompettes et autres instrumens, aux cris des jongleurs et des hérauts, qui criaient tous : Barcelone ! Barcelone ! on vint à l'église de Saint-Sauveur. Quoiqu'il n'y eût eu, comme nous l'avons dit, que deux milles à faire, le cortége avait marché si lentement, afin que chacun eût tout le temps de le voir, que minuit sonnait au moment où le comte mettait pied à terre sous le portail, où l'attendait avec tout son clergé l'archevêque de Barcelone, qui devait le sacrer le lendemain.

Alors tous les nobles qui devaient être armés le lendemain, le seigneur comte en tête, entrèrent dans l'église et firent ensemble la veillée des armes, récitant des oraisons, se réjouissant et chantant les cantiques de Notre Seigneur Jésus-Christ. Ils passèrent ainsi toute cette bienheureuse nuit pendant laquelle ils entendirent très dévotement les matines, auxquelles assistèrent les archevêques, évêques, prieurs et abbés, qui dirent tous leurs heures avec un si grand recueillement, que ce fut une édification pour tous les assistans.

Quand le jour fut venu, on ouvrit l'église aux fidèles, et elle se remplit que c'était merveille comment tant de créatures humaines pouvaient tenir sans être suffoquées dans un pareil espace. Alors l'archevêque se revêtit pour dire la messe, et le seigneur comte à son tour passa un surplis comme s'il allait la servir, puis par dessus le surplis il mit la dalmatique la plus riche dont jamais empereur ou roi ait été revêtu ; ensuite il passa à son cou une étole si magnifique et si surchargée de perles et de pierres précieuses, qu'il serait impossible de dire ce qu'elle valait ; enfin, il prit le manipule, qui était aussi très splendide, et à chaque vêtement qu'il prenait l'archevêque répétait une oraison. Puis tout cela fait, il commença de dire la messe : et lorsque l'épître fut achevée, il s'arrêta un instant, tandis qu'au son grave et sonore de l'orgue, les deux parrains du comte, qui étaient l'un don Juan Ximènes de la Roca, et l'autre Alphonse Ferdinand seigneur d'Ixer, s'approchèrent de lui, et l'un lui chaussa l'éperon droit, et l'autre l'éperon gauche. Alors le comte s'approcha de l'autel, se prosterna devant le tabernacle et dit tout bas une oraison, tandis que l'archevêque, debout à côté de lui, priait tout haut. Enfin, cette prière finie, il se retira, prit l'épée sur l'autel, baisa humblement la croix qui en faisait la poignée, la ceignit autour de ses reins, et lorsqu'il l'eut ceinte, la tirant du fourreau, il la brandit trois fois. A la première fois qu'il la brandit, il défia tous les ennemis de la sainte foi catholique ; à la seconde, il jura de secourir tous les orphelins, les pupilles et les veuves ; à la troisième, il promit de rendre justice pendant toute sa vie, aussi bien aux plus grands qu'aux plus petits, aussi bien aux étrangers qu'à ses propres sujets.

A ce dernier serment, une voix pleine et sonore répondit : *Amen;* et chacun se retourna pour voir d'où venait cette voix : c'était celle d'un jongleur provençal qui s'était introduit dans l'église, et qu'on voulut chasser comme n'étant pas digne de se trouver en si bonne compagnie ; mais le comte ayant demandé ce que c'était, et l'ayant appris, il ordonna qu'on le laissât à sa place, disant qu'en un pareil moment il ne devait repousser aucune prière, de noble ou de vilain, de riche ou de pauvre, de fort ou de faible, pourvu qu'elle sortît d'un cœur droit et bien intentionné. Le jongleur fut donc laissé à sa place, et le seigneur comte, ayant remis son épée au fourreau, offrit sa personne et son glaive à Dieu, le priant de le tenir toujours en sa sainte garde et de lui accorder la victoire contre tous ses ennemis. Alors l'archevêque l'oignit du saint-chrême sur l'épaule et au bras droit. Aussitôt il prit la couronne sur l'autel et la posa sur sa tête, où ses deux parrains l'affermirent. Au même instant, les archevêques, les évêques, les abbés, les princes et les deux parrains du comte s'écrièrent à haute voix : *Te Deum laudamus,* et tandis qu'ils entonnaient ce chant, le seigneur comte prit le sceptre d'or dans sa main gauche et le globe dans sa main droite, et les porta ainsi tant que dura le *Te Deum* et l'Évangile. Il les reposa ensuite sur l'autel et alla s'asseoir sur le siége comtal, où passèrent devant lui les douze nobles, qu'il arma l'un après l'autre chevaliers, et qui se rendirent aussitôt chacun dans une des douze chapelles, où ils armèrent à leur tour chacun dix chevaliers.

La cérémonie terminée, le comte, couronne en tête, reprit de nouveau le globe dans sa main droite et le sceptre dans sa main gauche, et ainsi couronné et portant les insignes du pouvoir, il sortit de l'église et remonta sur son cheval, revêtu de la dalmatique, de l'étole et du manipule. Mais comme il ne pouvait conduire lui-même sa monture, à la courbure du frein étaient attachées deux paires de rênes ; une paire, qui était celle qui s'attachait au côté gauche, était tenue par les deux parrains ; les autres rênes, qui étaient de soie blanche et qui avaient bien quarante pieds de long chacune, étaient tenues par les barons, les chevaliers et les plus notables citoyens de la Catalogne ; et après ceux-ci venaient les six députés de Valence, les six députés de Saragosse et les quatre députés de Tortose ; tous ceux qui tenaient les rênes, soit à droite, soit à gauche, marchaient à pied en signe de respect et d'infériorité. Ce fut ainsi et en suivant le même ordre et la même route, que le seigneur comte, toujours accompagné du même cortége, et au milieu des cris et des fanfares, rentra vers nones en son palais d'Aljaferia, dont il était sorti la veille après vêpres. Arrivé là, il mit pied à terre et entra dans la salle à manger, où on lui avait préparé un trône très élevé au milieu de deux siéges d'or, sur lesquels il déposa le sceptre et la couronne. Alors ses deux

parrains s'assirent à une petite distance de lui, et à côté
d'eux les rois d'Aragon et de Castille, l'archevêque de Barcelone, l'archevêque de Saragosse et l'archevêque d'Arboise ;
puis à une autre table s'assirent à leur tour les évêques, les
ducs et tous les nobles qui avaient été faits chevaliers ce
jour-là ; enfin prirent place les barons, les envoyés des différentes provinces et les plus notables citoyens de Barcelone, tous en fort bon ordre, car leurs places leur étaient
assignées selon leurs rangs, et ils avaient pour les servir
des serviteurs nobles et des fils de chevaliers.

Quant au seigneur comte, il était servi par douze nobles,
et son majordome était le baron Guillaume de Cervallo, lequel vint, apportant un plat et chantant une ronde, accompagné des douze nobles, qui chacun apportaient un mets différent et répondaient tous en chantant. La ronde achevée, il
posa le plat devant le comte et en tailla un morceau qu'il lui
servit ; puis, quittant son manteau et sa cotte de drap d'or à
fourrure d'hermine et ornée de perles, il les donna à un jongleur. Aussitôt, on lui apporta d'autres riches vêtemens qu'il
mit sur lui, et il alla avec les douze nobles chercher le second service. Un instant après il revint, chantant une nouvelle ronde et apportant d'autres mets ; et cette fois comme
l'autre, après avoir taillé et servi, il donna de nouveau les
vêtemens qu'il portait à un autre jongleur ; et il y eut dix
services, et à chaque service, il fit ainsi largesse ; ce qui fut
grandement approuvé de toute la noble assemblée.

Après être resté trois heures à table à peu près, le comte
se leva, reprit le globe et le sceptre, et passant dans la chambre voisine, il alla s'asseoir sur un siége élevé sur des gradins. A côté de lui s'assirent les deux rois, et tout autour

d'eux, sur les degrés du trône, tous les barons, chevaliers et notables citoyens. Alors un jongleur s'approcha et chanta une nouvelle sirvente qu'il avait composée; elle était intitulée : *la Couronne, le Sceptre et le Globe*; voilà ce qu'elle disait :

« La couronne étant toute ronde et le rond n'ayant ni
» commencement ni fin, cela signifie : Notre Seigneur vrai
» Dieu tout puissant, qui n'a point eu de commencement et
» n'aura pas de fin; et parce que cette couronne signifie
» Dieu tout puissant, on vous l'a placée sur la tête, et non
» au milieu du corps ou aux pieds, mais bien sur la tête,
» signe de l'intelligence; et parce qu'on vous l'a placée sur
» la tête, vous devez toujours vous souvenir de Dieu tout
» puissant. Puissiez-vous avec cette couronne humaine et
» périssable gagner la couronne de la gloire céleste dont le
» royaume est éternel.

» Le sceptre signifie la justice, que vous devez exercer
» entre tous; et comme le sceptre est une verge longue et
» tendue, et frappe et châtie, ainsi la justice châtie, afin que
» les méchans ne fassent plus le mal et que les bons deviennent
» encore meilleurs.

» Le globe signifie que comme vous tenez le globe en vo-
» tre main, vous tenez aussi dans votre main votre comté et
» votre pouvoir; et puisque Dieu vous les a confiés, il faut
» que vous les gouverniez avec vérité, justice et clémence,
» et que vous ne souffriez point que qui que ce soit leur
» cause du dommage, ou par vous ou par autrui. »

Cette sirvente, que le comte parut entendre avec plaisir et en prince qui, en comprenant bien le sens, se promet de le mettre en œuvre, fut suivie d'une chanson nouvelle que chanta un second jongleur, et d'un poème que récita un troisième; puis tout cela étant chanté et dit, le roi reprit le globe et le sceptre, et monta dans sa chambre pour se reposer, car il en avait bien besoin; mais au moment où il venait d'ôter son manteau royal, on vint lui annoncer qu'un jongleur voulait absolument lui parler, ayant, disait-il, à lui annoncer une nouvelle du plus haut intérêt, et qui ne souffrait pas le moindre retard.

Le comte ordonna qu'on le fit entrer.

Le jongleur entra, et ayant fait deux pas dans la chambre, il mit un genou en terre.

— Parle, lui dit le comte.

— Qu'il plaise d'abord à votre seigneurie, répondit le jongleur, d'ordonner qu'on nous laisse seuls.

Raymond Bérenger fit un signe et chacun se retira.

— Qui es-tu? demanda le comte lorsque la porte se fut refermée derrière le dernier de ses serviteurs.

— Je suis, dit le jongleur, celui qui a répondu *amen* lorsqu'aujourd'hui, dans l'église de Saint-Sauveur, vous avez, cette épée à la main, promis de rendre justice pendant toute votre vie aussi bien aux plus grands qu'aux plus petits, aussi bien aux forts qu'aux faibles, aussi bien aux étrangers qu'à vos propres sujets.

— Et au nom de qui demandes-tu justice?

— Au nom de l'impératrice Praxède, injustement accusée d'adultère par Gunthram de Falkembourg et Walther de Than, et condamnée par son mari, l'empereur Henry IV, à mourir dans le délai d'un an et un jour, s'il ne se présente pas un champion pour la défendre.

— Et comment a-t-elle choisi pour une pareille mission, un aussi étrange messager?

— Parce que nul que moi peut-être, pauvre jongleur, ne se fût exposé à la colère d'un aussi puissant empereur que l'empereur Henry IV, et à la vengeance de deux chevaliers aussi redoutables que Gunthram de Falkembourg et Walther de Than; et certes, je ne l'eusse point fait moi-même si je n'y eusse été convié par ma jeune maîtresse, la marquise Douce de Provence, qui a de si beaux yeux et une si douce voix, que nul ne peut lui refuser ce qu'elle demande, et qui m'a demandé de me mettre en quête d'un chevalier assez brave et assez quêteur de renommée pour venir défendre sa noble souveraine. Alors je suis parti, allant de ville en ville et de château en château; mais à cette heure, toute la plus vaillante chevalerie est en Terre-Sainte, de sorte que j'ai vainement parcouru l'Italie et la France, toujours cherchant un champion à cette infortune impériale et n'en trouvant nulle part. J'ai entendu parler de vous, monseigneur, comme d'un brave et aventureux chevalier, et je me suis mis en route pour Barcelone, où je suis arrivé aujourd'hui même. J'ai demandé où vous étiez. On m'a répondu que vous étiez dans l'église; j'y suis entré, monseigneur, comme vous teniez cette noble épée à la main, jurant de rendre justice aussi bien aux grands qu'aux petits, aussi bien aux forts qu'aux faibles, aussi bien aux étrangers qu'à vos propres sujets, et il m'a semblé que c'était la main de Dieu qui me conduisait à vous dans un pareil moment, et j'ai crié : Ainsi soit-il.

— Ainsi soit donc, répondit le comte, car pour l'honneur de mon nom et l'agrandissement de ma renommée, au nom de Dieu, j'entreprendrai cette aventure.

— Grâces vous soient rendues, monseigneur, répondit le jongleur, mais sauf votre bon plaisir, le temps presse, car déjà dix mois se sont écoulés depuis le jugement porté par l'empereur, et il ne reste plus à l'accusée que deux mois et un jour, ce qui est à peine ce qu'il nous faut de temps pour nous rendre à Cologne.

— Eh bien ! dit le comte, laissons achever les fêtes qui doivent finir jeudi soir ; vendredi nous rendrons grâce à Dieu, et samedi nous nous mettrons en voyage.

— Qu'il soit fait à votre volonté, monseigneur, dit le jongleur en se retirant.

Mais avant qu'il ne sortît, le comte Raymond détacha de ses épaules et lui mit autour du cou une magnifique chaîne d'or qui valait bien cinq cents livres, car le seigneur comte était un prince aussi magnifique que brave, à telle preuve que ses contemporains l'ont surnommé le Grand, et que la postérité lui a laissé le nom que lui avaient donné ses contemporains.

Et encore, c'était un homme religieux, car ces fêtes, dont il demandait au jongleur d'attendre la fin, avaient été données, comme nous l'avons dit, en imitation de Notre Seigneur Jésus-Christ, qui, en ce bienheureux jour de Pâques, réconforta, par sa résurrection, la Vierge, madame Sainte-Marie, ses apôtres, ses évangélistes et ses autres disciples, qui étaient auparavant tristes et affligés à cause de sa Passion ; aussi, dit le chroniqueur auquel nous empruntons ces détails, le vendredi au matin il survint, par la grâce de Dieu, une bonne pluie qui enveloppa toute la Catalogne, l'Aragon, le royaume de Valence et de Murcie, et qui dura jusqu'à la fin du jour. Ainsi la terre qui en avait grand besoin, eut aussi son complément de joie, afin que rien ne manquât aux présages d'un règne qui fut l'un des plus grands et des plus heureux dont la noble cité de Barcelone ait gardé le souvenir.

―

II.

LE CHAMPION.

L'empereur Henry IV, d'Allemagne, était à cette époque l'un des plus malheureux princes qui fût sur le trône. L'an 1056, à l'âge de six ans, il avait succédé à son père Henry-le-Noir, et la diète avait donné à Agnès d'Aquitaine l'administration des affaires publiques pendant sa minorité; mais les princes et barons d'Allemagne, humiliés d'obéir à une femme étrangère, s'étaient révoltés contre l'empereur, et Othon, margrave de Saxe, avait commencé cette série de guerres civiles, au milieu desquelles Henry, toujours armé, soit contre ses vassaux, soit contre ses oncles, soit contre son fils, devait consumer sa vie, tantôt empereur, tantôt fugitif, aujourd'hui proscripteur, demain proscrit. Après avoir déposé le pape Grégoire VII, après avoir, en expiation de ce sacrilége, traversé en plein hiver les Apennins à pied, un bâton à la main et comme un mendiant*, après avoir at-

---

* *Voir* pour plus amples renseignemens sur les démêlés de l'Empire et de la Papauté, le procès de Dante.

tendu trois jours dans la cour du château de Canossa, sans habits, sans feu, sans pain, qu'il plût à Sa Sainteté de lui en ouvrir la porte, il avait enfin été admis en sa présence, lui avait baisé les pieds et avait fait serment sur la croix de se soumettre à sa décision. A ce prix, le pape l'avait absous de ce sacrilége; mais alors les seigneurs lombards l'avaient accusé de lâcheté. Menacé par eux d'être déposé à son tour s'il ne rompait le honteux traité auquel il venait de se soumettre, il avait accepté leur alliance; mais tandis qu'il faisait ce pacte, les barons allemands avaient élu empereur Rodolphe de Souabe. Henry, qui était venu vers l'Italie en suppliant, était retourné vers l'Allemagne en soldat, et tout excommunié qu'il était, et quoique Rodolphe son rival eût reçu de Grégoire VII une couronne d'or en signe d'investiture temporelle, et une bulle qui appelait la malédiction du ciel sur son ennemi, il l'avait battu et tué à la bataille de Wolskeim, près de Gera. Alors il se retourne vainqueur et furieux contre l'Italie, conduisant avec lui l'évêque Guibert, qu'il avait fait élire pape. Cette fois c'était à Grégoire de trembler, car il ne devait pas attendre plus de miséricorde qu'il n'avait accordé de merci: aussi, à son approche, s'était-il enfermé dans Rome, et lorsque Henry arriva en vue des murailles de la ville éternelle, trouva-t-il un envoyé de Grégoire, qui lui faisait proposer l'absolution et la couronne. Henry répond en s'emparant de Rome. Alors le pape se réfugie dans le château Saint-Ange. Henry l'y poursuit, établit le blocus, et sûr que son ennemi ne peut lui échapper, il établit sur le trône de Saint-Pierre l'anti-pape Guibert, et reçoit de sa main la couronne impériale. C'est alors qu'il apprend la nouvelle que les Saxons ont élu empereur Hermann, comte de Luxembourg. Henry repasse les Apennins, bat les Saxons, soumet la Thuringe et s'empare d'Hermann, à qui il permet de vivre et de mourir ignoré dans un coin de l'empire. Il rentre aussitôt en Italie, où il fait élire son fils Conrad roi des Romains. Croyant la paix bien assurée de ce côté, il revient tourner ses armes contre la Bavière et une partie de la Souabe, restées insoumises et rebelles. Son fils, qu'il vient de faire roi et qui rêve l'empire, se révolte, lève des troupes et fait excommunier une seconde fois son père par le pape Urbain II. Henry convoque une diète à Aix-la-Chapelle, met à nu son cœur paternel tout déchiré de la rébellion de Conrad, et demande que Henry, son second fils, soit élu à la place de son frère roi des Romains. Au milieu d'une séance, il reçoit un avis mystérieux. Sa présence est nécessaire à Cologne, où l'on a, dit-on, un grand secret à lui révéler. Henry quitte la diète. Deux des plus nobles barons de l'empire, Gunthram de Falkembourg et Walther de Than, l'attendaient à la porte de son palais. Henry les invite à entrer avec lui, les conduit dans sa chambre, et leur voyant le visage sombre et sévère, il leur demande pourquoi ils sont ainsi tristes et soucieux.

— Parce que la majesté du trône est en péril, répondit Gunthram.

— Et qui l'y a mise? demanda Henry.

— L'impératrice Praxède, votre épouse! dit Gunthram.

A ces mots, Henry pâlit davantage qu'il ne l'eût fait à toute autre nouvelle qu'il eût pu apprendre, car cette impératrice Praxède, qu'il avait épousée depuis deux ans seulement, et pour laquelle il avait à la fois un amour d'époux et de père, était le seul ange auquel il eût dû les quelques heures de repos et de bonheur qu'il avait goûtées au milieu de cette vie fatale et maudite que nous avons racontée; aussi eut-il besoin d'un moment pour rappeler les forces de son cœur et demander ce qu'elle avait fait.

— Elle a fait des choses que nous ne pouvons souffrir pour l'honneur du trône impérial, répondit Gunthram, et qui nous mériteraient le nom de traîtres envers notre seigneur si nous hésitions à les lui dire.

— Mais enfin, qu'a-t-elle donc fait? demanda une seconde fois Henry.

— Elle a en votre absence, reprit Gunthram, encouragé l'amour d'un jeune cavalier, et cela si publiquement que s'il vous naissait un fils à cette heure, cet événement qui mettrait le peuple en joie mettrait la noblesse en deuil; car tout maître est bon pour le peuple, tandis que la noblesse de l'empire, étant la première de toutes les noblesses, ne peut et ne veut recevoir d'ordres que d'un fils d'empereur.

Henry s'appuya au dossier d'un fauteuil pour ne pas tomber, car il avait, un mois auparavant, reçu une lettre de l'impératrice dans laquelle elle lui annonçait avec une joie d'enfant qu'elle avait l'espoir d'être mère.

— Et qu'est devenu ce chevalier? demanda Henry.

— Il a quitté Cologne comme il y était venu, tout à coup et sans qu'on sache où il est allé. Quant à son pays et à son nom, il ne l'a dit à personne, mais vous pourrez le demander à l'impératrice, car si quelqu'un peut le savoir, elle le sait.

— C'est bien, dit Henry; entrez dans ce cabinet.

Les deux seigneurs obéirent. Alors l'empereur appela un chambellan et lui donna l'ordre de faire venir l'impératrice.

Puis resté seul, cet élu du malheur qui avait tant souffert, et à qui il restait tant à souffrir encore, manqua de force et se laissa tomber dans un fauteuil. Lui qui avait supporté sans plier la guerre civile, la guerre étrangère, l'excommunication romaine et la révolte filiale, se sentit briser par un doute. Sa tête qui avait porté quarante-cinq ans la couronne, et qui ne s'était pas courbée sous ce fardeau, faiblit sous le poids d'un soupçon et s'inclina sur sa poitrine comme si la main d'un géant avait pesé sur elle. Un instant le vieillard oublia tout, empire, guerre, malédiction, révolte, pour ne penser plus qu'à cette femme, qui était le seul être humain à qui il eût conservé sa confiance, et qui l'avait trompé plus indignement encore que les autres, et une larme coula de sa paupière et roula sur ses joues creusées. La verge du malheur avait frappé si profondément le rocher que, comme celle de Moïse, elle en avait fait jaillir une source cachée et inconnue.

L'impératrice entra, ignorant quelle cause avait ramené Henry, et s'avança d'un pas si léger qu'il ne l'entendit point venir. C'était une belle fille du Nord, aux yeux bleus et au teint de neige, blonde et élancée comme une vierge d'Holbein ou d'Owerbeck. Elle s'arrêta devant le vieillard, sourit d'un sourire chaste, et s'inclina pour l'embrasser d'un baiser moitié de fille moitié d'épouse ; mais alors ses cheveux touchèrent le front de l'empereur et il tressaillit comme si un serpent l'avait piqué.

— Qu'avez-vous, monseigneur ? dit Praxède.

— Femme, répondit le vieillard en relevant la tête et en lui montrant ses yeux humides, vous n'avez depuis quatre ans vu porter des peines plus lourdes que la croix du Christ, et ma couronne impériale se changer en couronne d'épines ; vous avez vu ruisseler la sueur sur mes joues et le sang sur mon front, mais vous n'avez pas vu tomber de mes yeux une larme. Eh bien ! regardez-moi, voilà que je pleure.

— Et pourquoi pleurez-vous, monseigneur bien-aimé ? répondit l'impératrice.

— Parce qu'abandonné par mes peuples, renié par mes vassaux, proscrit par mon fils, maudit par Dieu, je n'avais plus dans le monde entier que vous, et que vous m'avez trahi.

Praxède se releva pâle et raide comme une statue.

— Monseigneur, dit-elle, sauf votre grâce, cela n'est point vrai. Vous êtes mon empereur et mon maître, et vous avez le droit de dire ce que vous voudrez ; mais si tout autre homme que vous répétait ces mêmes paroles, je répondrais que cet homme ment, ou par envie ou par mauvais vouloir.

— Entrez, dit Henry d'une voix forte en se retournant vers le cabinet.

Aussitôt la porte s'ouvrit, et Gunthram de Falkembourg et Walther de Than parurent. A leur vue l'impératrice frissonna par tous ses membres, car elle les avait toujours instinctivement regardés comme ses ennemis. Ils s'avancèrent lentement de l'autre côté du fauteuil de l'empereur, et étendant la main,

— Seigneur, dirent-ils, la chose que nous avons dite est vraie, et nous la soutiendrons au péril de notre corps et de notre âme, en combattant, deux contre deux, tous chevaliers qui oseraient nous démentir.

— Écoutez bien ce qu'ils disent, madame, répondit l'empereur, car il sera fait ainsi qu'ils le demandent ; et sachez que si d'ici à un an et un jour vous n'avez pas trouvé de chevaliers qui vous disculpent par la bataille, vous serez brûlée vive sur la grande place de Cologne, en face du peuple et par la torche du bourreau.

— Seigneur, dit l'impératrice, je prie Dieu qu'il me soit en aide, et j'espère que par sa grâce la vérité et l'innocence seront reconnues.

— Ainsi soit-il ! dit Henry ; et appelant des gardes, il fit conduire l'impératrice dans une salle basse du château qui ressemblait fort à une prison.

Et elle y était renfermée depuis trois cent soixante-quatre jours sans avoir pu, malgré les promesses qu'elle avait faites et les dons qu'elle avait votés, trouver un seul chevalier qui voulût s'armer pour sa défense, tant la crainte qu'inspirait la renommée de ses accusateurs était grande. Dans cette retraite, Praxède qui, ainsi qu'elle l'avait écrit à l'empereur, se trouvait enceinte lors de l'accusation portée contre elle, était accouchée d'un fils, et elle nourrissait de son lait et elle élevait de ses mains, comme eût fait une femme du peuple, son pauvre enfant condamné comme elle à la honte et au bûcher. Seule entre toutes ses femmes, Douce de Provence, qui depuis trois ans avait abandonné son beau pays, tout plein de guerres en ce moment, pour venir chercher un asile à la cour de sa suzeraine, lui était restée fidèle au plus profond de son malheur. Mais il n'y avait plus que trois jours pour que le délai accordé par l'empereur fût écoulé, et elle ne voyait pas revenir son envoyé, et elle n'en entendait point parler. Elle commençait à désespérer elle-même, elle qui avait jusqu'alors soutenu l'impératrice de son espérance.

Quant à Henry, nulle douleur ne pouvait se comparer à la

sienne. Frappé à la fois comme empereur, comme père et comme époux, il avait fait vœu public, pour détourner la colère de Dieu, d'aller rejoindre les croisés en Terre-Sainte; et ce jour qu'il avait fixé lui-même pour le supplice de l'impératrice, lui était à cette heure d'une attente aussi cruelle qu'à Praxède elle-même. Aussi avait-il tout abandonné à la garde du Seigneur, intérêts politiques, affaires privées; et retiré au plus profond de son palais de Cologne, il attendait, n'ayant plus de force que pour attendre; car, ainsi que nous l'avons dit, trois cent soixante-quatre jours s'étaient écoulés, et le soleil venait de se lever sur le trois cent soixante-cinquième.

Ce jour-là, après nones, et comme Henry sortait de son oratoire, on lui annonça qu'un chevalier étranger, arrivant d'un pays fort distant de l'Allemagne, demandait à lui parler à l'instant même. Le vieillard tressaillit, car, au fond du cœur, il n'avait pas perdu tout espoir; il ordonna qu'il fût introduit.

Henry le reçut dans la même chambre et assis sur le même fauteuil où il avait rendu l'arrêt contre l'impératrice. Le chevalier entra et mit un genou en terre. L'empereur lui ayant fait signe de se relever, il lui demanda quelle cause l'amenait.

— Seigneur, dit le chevalier inconnu, je suis un comte d'Espagne; j'ai entendu dire en matines que l'impératrice votre épouse était accusée par deux chevaliers de votre cour, et que si dans l'espace d'un an et un jour elle n'avait pas trouvé un champion qui la défendît en bataille, elle serait brûlée devant le peuple. Or, par le grand bien que j'ai entendu dire d'elle, et pour la sainte renommée de vertu qu'elle a dans le monde, je suis venu de ma terre afin de demander le combat à ses deux accusateurs.

— Comte, s'écria l'empereur, soyez le bien venu ; certes, c'est un grand honneur et un grand amour que vous lui faites, et vous arrivez à temps, car il n'y avait plus que trois jours avant qu'elle ne subit la peine des adultères, selon la coutume de l'empire.

— Seigneur, reprit le comte, maintenant j'ai une grâce à vous demander, c'est de me laisser parler avec l'impératrice, car dans cet entretien je saurai bien si elle est innocente ou coupable ; si elle est coupable, je n'exposerai ni ma vie ni mon âme pour elle, soyez-en certain ; mais si elle est innocente, je combattrai, non pas contre un, non pas contre deux, mais s'il le faut contre tous les chevaliers de l'Allemagne.

— Il sera fait ainsi que vous désirez, car c'est justice, répondit l'empereur.

Le chevalier inconnu salua et fit quelques pas vers la porte, mais Henry le rappela.

— Seigneur comte, lui dit-il, avez-vous fait vœu de rester le visage couvert ?

— Non, monseigneur, répondit le chevalier.

— Alors, continua l'empereur, faites-moi la grâce de lever votre casque que je puisse graver dans ma mémoire les traits de celui qui se met en pareil péril pour sauver mon honneur.

Le chevalier détacha son casque, et Henry vit apparaître une tête brune et fortement accentuée, mais qui paraissait appartenir à un jeune homme de dix-huit à vingt ans. L'empereur le regarda un instant en silence et avec tristesse, puis soupirant malgré lui en pensant que Gunthram de Falkembourg et Walther de Than étaient tous les deux dans la force de l'âge.

— Que Dieu vous ait en sa sainte garde, dit-il, seigneur comte, car vous me paraissez bien jeune pour mettre à bonne fin l'aventure que vous avez entreprise. Réfléchissez donc, car il est encore temps de retirer votre parole.

— Faites-moi conduire vers l'impératrice, répondit le chevalier.

— Allez donc, dit l'empereur en lui présentant une bague, car voilà mon sceau, et devant lui toute porte s'ouvrira.

Le chevalier mit un genou en terre, baisa la main qui lui présentait l'anneau, le passa à son doigt, et s'étant relevé salua l'empereur et sortit.

Ainsi que l'avait dit Henry, le sceau impérial ouvrit toutes les portes au chevalier inconnu, si bien que dix minutes après avoir quitté le juge il se trouva en face de l'accusée.

L'impératrice était assise sur son lit, allaitant son enfant, et comme depuis longtemps elle ne recevait d'autres visites que celles de ses geôliers, car il lui était défendu de communiquer même avec ses femmes, elle ne leva pas même la tête lorsque la porte s'ouvrit ; seulement, par un mouvement de pudeur instinctive, elle ramena son manteau sur sa poitrine, berçant son fils d'un mouvement lent d'épaules et d'un chant triste et doux. Le chevalier contempla un instant en silence ce tableau éloquent des misères royales ; puis enfin, voyant que l'impératrice ne paraissait pas songer à lui,

— Madame, lui dit-il, ne daignerez-vous pas lever les yeux sur un homme qui est venu d'un bien lointain pays pour l'amour de votre renommée ? Vous êtes accusée, et j'offre de vous défendre, mais auparavant répondez-moi comme vous répondriez à Dieu, et songez que dans l'aventure que j'ai entreprise, j'ai non-seulement besoin de la force de mon bras, mais encore de la conviction de ma conscience. Au nom du ciel dites-moi donc toute la vérité ; car s'il m'est démontré, comme je l'espère, que vous êtes innocente, je vous jure par la chevalerie que j'ai reçue que vous serez défendue par moi et que je ne vous faillirai pas au moment de la bataille.

— Et d'abord grand merci, dit l'Impératrice, mais ne puis-je savoir à qui je vais raconter les choses que j'ai à dire, et avez-vous fait vœu de cacher votre nom et votre visage ?

— Mon visage, madame, répondit le chevalier en ôtant son casque, peut être vu de tout le monde, car il est, je le crois, bien connu dans l'empire ; quant à mon nom, c'est autre chose, car j'ai juré qu'il ne serait su que de vous.

— Alors, dites-le-moi, reprit l'impératrice.

— Madame, continua le chevalier, je suis un prince d'Espagne qu'on appelle Raymond Bérenger, comte de Barcelone.

A ce nom, si célèbre de père en fils, l'impératrice, qui avait souvent entendu parler de la grande noblesse et du grand courage de cette famille, joignit les mains, joyeuse et consolée ; puis, regardant le comte à travers le nuage de larmes qui voilait ses beaux yeux :

— Seigneur, lui dit-elle, jamais, en aucune occasion, je ne pourrai vous rendre la centième partie de ce que vous faites aujourd'hui pour moi ; mais, comme vous l'avez dit, je dois tout vous dire et vais vous dire tout.

« Il est vrai qu'il est venu, en l'absence de monseigneur Henry, un jeune et beau chevalier en cette cour de Cologne ;

mais, soit qu'il eût fait un vœu à sa dame ou à son roi, il y vint sans dire son nom, et nul ne le sait, pas plus moi que les autres; mais l'on disait que c'était quelque fils de prince, tant il était magnifique et généreux; or, il est encore vrai que je le rencontrais partout sur mon passage, mais toujours si respectueusement placé et se tenant à une telle distance, que je n'en pouvais rien dire sans que ce fût moi qui eusse l'air de faire attention à lui. Cela dura ainsi quelque temps, sans que le chevalier de l'Émeraude, car on l'appelait ainsi, ne sachant pas son nom, d'une bague précieuse qu'il portait au doigt, fît rien autre que me suivre ou me précéder ainsi partout où j'allais. Donc, un jour il advint que j'étais sortie avec mes femmes et les deux méchans chevaliers qui m'ont accusée, pour chasser à l'oiseau le long du Rhin; et comme nous étions venus jusqu'à Lusdorf sans rencontrer de gibier, il arriva que là seulement un héron se leva et que je déchaperonnai mon faucon, qui prit son vol dessus. Comme c'était un faucon de fine race norvégienne, il eut bientôt rejoint le fuyard, et je mis ma haquenée au galop pour arriver à la mort. J'étais tellement emportée d'ardeur, que mon cheval sauta par-dessus une petite rivière. Arrivées au bord, mes femmes n'osèrent faire le même saut que moi; de sorte qu'il n'y eut que Douce qui me suivit, parce que, où j'allais, disait-elle, elle devait y aller aussi. Mes femmes prirent donc un long détour pour chercher un endroit moins escarpé, et les deux chevaliers les suivirent; car ils étaient montés sur de lourds chevaux qui ne pouvaient sauter qu'un espace beaucoup moins grand que celui que j'avais franchi. Nous continuâmes donc notre route sans nous inquiéter d'eux, et, lorsque nous arrivâmes à l'endroit où étaient tombés les combattans, il nous sembla voir, à travers un bois qui descendait jusqu'à la rive, fuir un cavalier sur un cheval si rapide que nous ne sûmes si c'était une vision ; d'ailleurs, nous étions trop occupées de la chasse pour prendre attention à autre chose. Nous piquâmes droit au vaincu que nous voyions se débattre, tandis que le vainqueur lui rongeait déjà la cervelle. Mais nous fûmes bien étonnées lorsque, mettant pied à terre, nous vîmes que l'on avait passé au long bec du héron une magnifique émeraude enchâssée dans un anneau d'or. Douce et moi nous nous regardâmes, ne comprenant rien à cette aventure, mais soupçonnant que cette ombre que nous avions vue disparaître était le chevalier inconnu ; puis, et ce fut un tort de ma part, je l'avoue, mais vous savez notre vanité à nous autres femmes, au lieu de jeter la bague dans le fleuve, comme j'aurais dû le faire peut-être, je la pris et la mis à mon doigt ; et, comme en ce moment ma suite arrivait, je racontai ce qui s'était passé et je montrai l'émeraude. Chacun s'émerveilla de cet événement, car nul, excepté les chevaliers, ne pensa à soupçonner que je ne disais pas la vérité ; mais Gunthram et Walther sourirent d'un air de doute. Leur donner des explications, c'était leur reconnaître le droit de me soupçonner. Je passai mon gant, je repris mon faucon sur le poing, et nous continuâmes notre chasse sans qu'il nous arrivât rien autre chose d'extraordinaire. Le lendemain, je rencontrai à l'église le chevalier inconnu. Mes yeux se portèrent sur sa main ; il n'avait plus sa bague. Dès ce moment, je n'eus plus de doute que mon émeraude ne fût la sienne, et je résolus de la lui rendre.

» C'était huit jours après la fête de Cologne ; vous savez combien cette fête est célèbre par toute l'Allemagne : les mé-

nestrels, les baladins et les jongleurs y abondent. Parmi ces
derniers, il y avait un montreur de bêtes féroces qui, ayant
été en Barbarie, en avait ramené un lion et un tigre ; il avait
bâti son cirque sur la grande place, et l'on pouvait voir ces
deux magnifiques animaux d'une galerie élevée de douze ou
quinze pieds au-dessus d'eux. J'y allai avec toutes mes femmes, et là, comme partout, je rencontrai l'étranger mystérieux dont je portais la bague au doigt. Ce moment me parut
favorable pour la lui rendre. Je tirai la bague de ma main et
j'allais charger Douce d'aller la lui rendre, lorsque le tigre,
excité par le bateleur qui le piquait avec une lance, fit un
bond si prodigieux et poussa un cri si terrible, que je laissai
tomber la bague, qui roula jusque dans la cage du lion. Au
même moment, et avant que j'eusse eu le temps de prononcer une seule parole, le chevalier était dans le cirque, l'épée
à la main. Le tigre resta un instant comme étonné d'une pareille audace, puis, d'un seul bond, il s'élance sur le chevalier. Alors on vit comme une espèce d'éclair, et la tête du
monstre alla rouler d'un côté, ouvrant sa gueule ensanglantée, tandis que le corps tomba de l'autre, se cramponnant
hideusement de ses quatre pattes sur le sable. Le chevalier
prit sa toque, en arracha une agrafe de diamant, la jeta au
bateleur, puis, passant son bras à travers les barreaux de la
cage, il alla entre les griffes du lion prendre la bague que
j'avais laissée tomber et me l'apporta au milieu des applaudissemens de la multitude. Mais, comme j'avais résolu de la lui
rendre, je profitai de cette occasion ; et, repoussant sa main :

« — Non, lui dis-je, seigneur chevalier, cette bague a failli
vous coûter trop cher pour que je vous la reprenne ; gardez-
la donc en souvenir de moi.

» Ce sont les seules paroles que je lui aie jamais adressées, car le soir même, et comme cette aventure avait fait du bruit, je chargeai Douce d'aller trouver le chevalier de l'Émeraude et de le prier en mon nom de quitter Cologne ; ce qu'il fit dans la même soirée, sans que je sache moi-même ce qu'il est devenu depuis. »

Voilà tout ce qu'il y a eu entre nous, seigneur comte, et, si j'ai été imprudente, j'ai payé cette imprudence d'une année de prison et d'une accusation mortelle.

Alors tirant son épée et l'étendant vers la reine :

— Jurez-moi, dit le comte, sur cette épée que tout ce que vous m'avez dit est vrai, madame.

— Je le jure ! s'écria la reine.

— Eh bien ! par cette épée, reprit le comte, vous sortirez de cette prison où vous êtes restée un an, et vous serez lavée de l'accusation mortelle qui pèse sur vous.

— Dieu vous entende ! dit l'impératrice.

— Et maintenant, continua le comte, je vous prie, madame, de me donner un de vos joyaux en signe que vous m'acceptez pour votre chevalier.

— Seigneur comte, dit-elle, voici une chaîne d'or ; c'est le seul témoin qui me reste de mon ancienne puissance ; prenez-la comme preuve que je remets ma cause entre vos mains.

— Grand merci, madame, dit le comte.

Et à ces mots, ayant remis son épée dans le fourreau et son casque sur sa tête, il salua la prisonnière et retourna vers l'empereur qui l'attendait avec anxiété.

— Sire, lui dit-il, j'ai vu madame l'impératrice. Faites

savoir à ceux qui l'ont accusée qu'ils se tiennent prêts à me combattre, soit ensemble, soit séparément.

— Seigneur comte, répondit l'empereur, ils vous combattront l'un après l'autre, car il ne sera pas dit qu'un chevalier défendant une aussi noble cause n'aura pas trouvé de nobles ennemis.

III.

LE JUGEMENT DE DIEU.

Au jour dit, le comte de Barcelone, qui avait passé la veille en messes et en prières, se présenta à la porte du camp monté sur son bon cheval de Séville, qui semblait plutôt, tant ses jambes étaient fines et sa marche légère, un coursier de fête et de chasse qu'un destrier de bataille. Il était vêtu d'une cotte de maille d'or et d'acier, travaillée par les Maures de Cordoue, au milieu de laquelle brillait un soleil de diamans qui jetait autant de rayons que s'il eût été de flammes, et portait au cou la chaîne d'or que lui avait donnée l'impératrice. Il frappa trois fois à la barrière, trois fois on lui demanda qui il était, et chaque fois il répondit en se signant qu'il était le champion de Dieu. A la troisième fois la porte s'ouvrit, et le comte de Barcelone fut introduit dans la lice.

C'était une grande arène ovale, à peu près élevée sur le modèle des cirques antiques et entourée comme eux de gradins surchargés à cette heure de monde, tant la noblesse des bords du Rhin s'était empressée d'accourir à ce spectacle. A l'une de ses extrémités, Henry, revêtu des habits impériaux, était placé sur un trône, tandis qu'à l'autre, dans une loge de charpente brute et sans ornement aucun se tenait l'impératrice, vêtue de noir et portant son enfant dans ses bras. De l'autre côté de la porte de la lice, et formant le pendant de la case où elle était enfermée, s'élevait le bûcher sur lequel elle devait être brûlée, au cas où son chevalier serait vaincu, et près du bûcher se tenait debout le bourreau, vêtu d'une tunique rouge, ayant les jambes et les bras nus, tenant à la main une torche, et ayant près de lui un réchaud. Vers le milieu de la courbe que formait la lice s'élevait un autel sur lequel étaient les saints Évangiles sur lesquels était posé un crucifix. De l'autre côté était un cercueil ouvert.

Le comte de Barcelone entra dans la lice et en fit le tour au son des fanfares, qui annonçaient à ses adversaires que le champion de Dieu était à son poste ; puis s'arrêtant devant l'empereur, il le salua en abaissant jusqu'à terre le fer de sa lance. Alors il força son cheval de reculer en piétinant, la tête toujours tournée vers Henry, et, arrivé au milieu, il lui fit faire sur ses pieds de derrière seulement, une volte si habile que chacun reconnut bien que c'était un bon et expert cavalier. Puis il s'avança à petits pas, toujours malgré l'ardeur que montrait son bon coursier, vers la loge de l'impératrice. Arrivé là, il sauta à bas de son cheval, qui demeura aussi immobile dans la lice que s'il eût été de marbre, monta les degrés qui conduisaient à l'accusée, et pour indiquer que si tout le monde avait encore quelque doute, lui était convaincu de son innocence, il mit un genou en terre et lui demanda si elle l'acceptait toujours pour son chevalier. L'impératrice était si émue qu'elle ne put lui répondre qu'en étendant la main vers lui. Aussitôt le comte de Barcelone détacha son casque et baisa respectueusement la main impériale qui lui était offerte; puis se relevant les yeux pleins de flamme, il attacha son casque à l'arçon, se remit en selle d'un seul saut et sans plus se servir de ses étriers que s'il eût été vêtu d'un simple justaucorps de soie. Reconnaissant en face de l'autel, et de l'autre côté de la lice le jongleur qui l'était venu chercher, assis aux pieds d'une belle et noble jeune fille, il pensa que cette jeune fille était l'héritière du marquisat de Provence. Il s'avança vers elle au milieu des applaudissemens de la multitude qui, surprise de sa jeunesse et émerveillée de sa belle figure, faisait dans son cœur des vœux d'autant plus ardens qu'il paraissait bien jeune et bien faible de corps pour entreprendre un combat mortel contre deux si terribles chevaliers.

Arrivé devant la galerie où était assise la belle Provençale, il s'inclina jusque sur le cou de son cheval, de manière que ses cheveux lui voilaient le visage, puis se relevant en secouant la tête pour les écarter :

— Noble damoiselle, lui dit-il dans la langue d'oc et avec un sourire plein de reconnaissance, mille grâces vous soient rendues de la bonne entreprise que vous me valez; car sans vous et sans votre message, je serais aujourd'hui en ma terre et je n'aurais pas eu cette occasion de mettre au jour mon amour pour les dames et ma confiance en Dieu.

— Beau seigneur, répondit la jeune fille dans la même langue, toute reconnaissance est à moi; car sur la parole que vous a donnée en mon nom un pauvre jongleur, vous avez traversé mers, rivières et montagnes, et vous êtes venu, si bien que j'ignore comment je reconnaîtrai jamais une aussi grande courtoisie.

— Il n'y a pas de voyage si long ni d'entreprise si dangereuse, madame, reprit le comte, qui ne soient payés et bien au-delà par un sourire de vos lèvres et par un regard de vos yeux. Ainsi donc, si vous me voyez faiblir, madame, regardez et souriez-moi, et vous me rendrez force et courage.

A ces mots qui firent rougir la belle marquise, le comte de Barcelone s'inclina une seconde fois ; et comme en ce moment les trompettes annonçaient que l'on ouvrait la porte à son adversaire, il remit son casque, et en trois élans de son merveilleux cheval, il se trouva à l'extrémité opposée du champ, en face de l'impératrice et du bûcher : le champion de Dieu était toujours placé de cette manière, afin qu'il pût être encouragé par les gestes de l'accusée.

Gunthram de Falkembourg entra alors à son tour. Il était vêtu d'une armure de couleur sombre et monté sur un de ces lourds chevaux allemands qui semblent de race homérique. Un écuyer portait devant lui sa lance, sa hache et son épée. A la porte de la lice, il mit pied à terre et s'avança vers l'autel. Arrivé sur les degrés, il leva la visière de son casque, étendit sa main nue sur le crucifix, et jura sur sa foi de baptême, sa vie, son âme et son honneur qu'il croyait avoir bonne et juste querelle, ajoutant par serment encore qu'il n'avait ni sur son cheval, ni en ses armes, herbes, charmes, paroles, prières, conjurations, pactes ou incantations dont il veuille se servir. Puis, ayant fait le signe de la croix, il alla s'agenouiller à la tête du cercueil afin d'y faire sa prière.

Le comte de Barcelone mit pied à terre à son tour, s'avança vers l'autel, comme avait fait son adversaire, prononça les mêmes sermens, et après avoir aussi fait le signe de la croix, il alla s'agenouiller à l'autre bout de la bière. En ce moment le *Libera* se fit entendre, chanté par des voix invisibles qui semblaient un appel des anges. Les assistans, s'agenouillant chacun à sa place, répétèrent tout bas les prières des agonisans. Il n'y eut que le bourreau qui resta debout, comme si sa voix n'avait pas le droit de se mêler à la voix des hommes et n'avait pas de chance d'arriver aux pieds de Dieu.

A la dernière note du *Libera*, les trompettes sonnèrent de nouveau, les assistans reprirent leurs places, et les deux champions se retirèrent, puis retournant à leurs chevaux, se remirent en selle et semblèrent un instant deux statues équestres, tant ils restèrent immobiles, leurs lances en arrêt et leurs boucliers leur couvrant toute la poitrine. Enfin les fanfares cessèrent, et l'empereur, se levant, étendit son sceptre, et dit d'une voix forte :

— Laissez aller.

Les deux adversaires s'élancèrent l'un contre l'autre avec un même courage, mais avec une fortune bien différente. A peine Gunthram de Falkembourg, porté sur son lourd cheval, parcourut-il le tiers de la carrière, tandis que, franchissant en trois élans un espace double, le comte de Barcelone fut sur lui. Il y eut un instant pendant lequel on ne vit rien qu'un choc effroyable, des tronçons de lance, des milliers d'étincelles, une confusion d'hommes et de chevaux ; mais presqu'au même moment le destrier de Gunthram se releva sans cavalier, tandis que le cadavre de son maître, percé de part en part par la lance de son ennemi, restait gisant sur la poussière teinte de sang. Le comte de Barcelone courut aussitôt au cheval de son adversaire, le saisit par les rênes et le força de toucher en reculant les barrières du camp avec la croupe, ce qui était signe que son maître se relevât, — il était vaincu ; mais la précaution était inutile, Gunthram de Falkembourg ne devait plus se relever qu'à la voix de Dieu.

Il y eut un grand cri de joie dans toute cette multitude, car les vœux les plus ardens étaient pour le jeune et beau chevalier. L'empereur se leva debout en criant :

— Bien frappé.

Douce agita son écharpe ; l'impératrice tomba à genoux.

Alors le bourreau descendit lentement de son estrade, dénoua le casque de Gunthram qu'il jeta par le camp, traîna jusqu'auprès de la bière le cadavre par les cheveux, et retournant vers l'extrémité de la lice, remonta sur son bûcher.

Aussitôt le comte de Barcelone alla de nouveau saluer l'empereur, l'impératrice et la marquise de Provence ; puis étant revenu à sa place,

— Sauf votre plaisir, sire empereur, dit-il d'une voix forte, veuillez ordonner que Walther de Than soit introduit à son tour.

Et il sortit de la lice.

— Que Walther de Than soit introduit, dit l'empereur.

La barrière s'ouvrit une seconde fois et Walther de Than fut introduit ; mais lorsqu'il vit Gunthram couché près de la bière, qu'il apprit qu'un seul coup avait suffi pour le porter à terre et le mettre à mort, au lieu de s'avancer vers l'autel pour faire le serment, il alla droit à l'empereur, et là, descendant de cheval et s'agenouillant devant lui,

— Sire empereur, lui dit-il, ça été peine inutile à vous d'ordonner que je fusse introduit, car pour rien au monde je ne combattrai pour la cause que j'avais embrassée : c'est une cause fausse et mauvaise, ainsi que Dieu l'a bien prouvé par son jugement. Qu'il vous plaise donc que je me mette à votre merci, à celle de madame l'impératrice et à celle du chevalier inconnu, qui doit être un noble chevalier, je le proclame devant toute la cour, car ce que nous avons dit de madame l'impératrice est faux, de toute fausseté, et nous l'avons dit poussés que nous étions par les dons et les promesses du prince Henry, votre fils, qui craignait que vous ne le privassiez de son héritage en faveur de l'enfant que madame l'impératrice portait dans son sein. Encore une fois, monseigneur, en faveur de mon aveu, je vous demande grâce et merci.

— Vous n'aurez d'autre merci, répondit l'empereur, que celle que voudra bien vous accorder l'impératrice ; allez donc la lui demander, car d'elle seule maintenant dépendent votre vie et votre honneur.

Walther de Than se releva, traversa la lice au milieu des murmures et des huées de la multitude, et alla s'agenouiller en face de l'impératrice, qui, tenant tendrement son fils dans ses bras, semblait une madone caressant l'enfant Jésus.

— Madame, lui dit-il, je viens à vous par ordre de l'empereur pour que vous ayez merci de moi, car je vous ai faussement et déloyalement accusée; ordonnez donc de moi tout ce qu'il vous plaira.

— Ami, dit l'impératrice, allez-vous-en sain et sauf ; je ne prendrai ni ferai prendre vengeance de vous, car Dieu saura bien la prendre à son plaisir et à sa justice. Allez donc et que je ne vous revoie jamais.

Le chevalier se releva et sortit. Jamais depuis ce jour on ne le revit en Allemagne.

Alors l'empereur ordonna que la porte fût rouverte pour le vainqueur ; et comme il vit que celui-ci, après être entré, cherchait avec étonnement son adversaire,

— Seigneur chevalier, lui dit-il, Walther de Than ne veut pas vous combattre ; il est venu à moi demandant merci, et je l'ai renvoyé à l'impératrice, qui la lui a accordée, toute joyeuse qu'elle est de l'honneur que Dieu et vous lui avez rendu.

— Puisqu'il en est ainsi, dit le comte de Barcelone, tout est bien, et je n'en demande pas davantage.

Alors l'empereur descendit de son trône, et prenant le cheval du vainqueur par le frein, il le conduisit en face de l'impératrice.

— Madame, lui dit-il, voici le chevalier qui vous a si vaillamment défendu ; il va vous donner une main et moi l'autre, et nous vous conduirons à mon trône, où nous resterons en vue de tous, jusqu'à ce que justice soit faite au cadavre de Gunthram de Falkembourg ; puis vous l'emmènerez à votre palais, où vous lui ferez tout l'honneur que vous pourrez, afin qu'il reste le plus longtemps possible auprès de nous.

L'impératrice descendit de son échafaud et voulut s'agenouiller devant l'empereur ; mais il la releva aussitôt, et l'embrassant comme preuve qu'il lui rendait tout son amour, il la prit par une main et le comte de Barcelone par l'autre, puis il la ramena vers le trône où elle s'assit à sa droite, tandis que le vainqueur s'asseyait à sa gauche.

Lorsqu'ils furent assis, le bourreau descendit une seconde fois dans la lice, et s'avançant vers le cadavre de Gunthram, il coupa avec un couteau toutes les attaches de son armure, qu'il lui arracha pièce par pièce et qu'il jeta çà et là par le camp en disant, à mesure qu'il les jetait : Ceci est le casque d'un lâche, ceci est la cuirasse d'un lâche, ceci est le bouclier d'un lâche ; enfin, lorsqu'il l'eut mis tout-à-fait nu, les deux valets du bourreau firent entrer un cheval traînant une claie, puis le cadavre fut attaché sur cette claie et traîné par les rues de Cologne jusqu'au gibet public, où il fut pendu par les pieds et où chacun put voir l'affreuse blessure par laquelle son âme maudite s'était envolée.

Et chacun dit que c'était bien véritablement le jugement de Dieu, car nul ne pouvait comprendre comment un si jeune et si gentil damoiseau avait pu mettre à mort un si terrible chevalier.

IV.

CONCLUSION.

L'empereur et l'impératrice emmenèrent le chevalier à leur palais, et là ils lui firent grande fête et grand honneur, le retenant à dîner et disant qu'ils ne voulaient plus qu'il les quittât; mais le soir il sortit du palais sans que personne le vit, et rentrant à son hôtel il fit donner l'avoine à son cheval, et ayant ordonné à son écuyer de s'appareiller, il partit en grand mystère et chemina toute la nuit pour retourner en sa terre de Barcelone, qu'il avait quittée avec plus de chevalerie que de prudence, et dont il n'avait reçu aucune nouvelle depuis deux mois.

Mais quand vint le lendemain et que l'empereur vit que le chevalier ne venait pas au palais, il envoya un chevalier à son hôtel pour lui faire dire qu'il l'attendait. On répondit au messager que le chevalier était parti dans la nuit, et qu'à cette heure il devait être au moins à douze ou quinze lieues de Cologne. Alors le messager retourna devers l'empereur et lui dit :

— Seigneur, le chevalier qui a combattu pour madame l'impératrice est parti cette nuit et l'on ne sait point où il est allé.

A cette nouvelle inattendue, Henry se retourna vers l'impératrice, et d'une voix altérée par la colère,

— Madame, lui dit-il, vous avez entendu ce que me rapporte cet homme, c'est-à-dire que votre cavalier a quitté Cologne cette nuit sans prendre congé de nous, ce qui me déplaît fort.

— Oh! monseigneur, répondit l'impératrice, vous serez bien autrement courroucé encore lorsque vous saurez quel était ce chevalier, car vous ne le savez pas, je présume.

— Non, reprit l'empereur ; il ne m'a rien dit, si ce n'est qu'il était un comte d'Espagne.

— Seigneur, ce chevalier que vous avez vu et qui s'est

battu pour moi, est le gentil comte de Barcelone, dont la renommée est déjà si grande que l'on ne saurait dire laquelle l'emporte de sa réputation ou de sa noblesse.

— Comment! s'écria l'empereur, il serait vrai que ce chevalier était le seigneur Raymond Berenger. Alors, Dieu me soit en aide, madame, car la couronne de l'empire n'a jamais reçu un si grand honneur que celui qu'elle vient de recevoir aujourd'hui ; mais, merci Dieu ! il me le fait bien payer par la honte dont me couvre un si prompt départ. C'est pourquoi je vous dis, madame, que jamais vous ne rentrerez dans ma grâce ni dans mon amour que vous ne l'ayez cherché jusqu'à ce que vous le trouviez et ameniez avec vous. Appareillez-vous donc le plus vite que vous pourrez, et que je ne vous revoie pas ou que je vous revoie avec lui.

— Il sera fait ainsi que vous désirez, monseigneur, répondit l'impératrice en se retirant.

Comme elle avait vu que le gentil comte de Barcelone n'avait point été insensible à la beauté de la marquise Douce de Provence, elle amena celle-ci avec elle, pensant qu'elle serait la chaîne qui lierait le plus sûrement le fugitif ; et s'étant fait accompagner, comme il convient à une reine, de cent chevaliers, de cent dames et de cent damoiselles, elle chevaucha tant par jour et par nuit qu'elle arriva deux mois après son départ dans la noble cité de Barcelone. Qui fut fort étonné lorsqu'il apprit que madame l'impératrice d'Allemagne était arrivée dans sa ville? ce fut le comte, je vous assure. Aussitôt qu'il eut certitude que cette nouvelle était vraie, il monta à cheval et se rendit à l'hôtel où elle était descendue. Là il n'eut plus de doute, car à peine l'eut-il aperçue qu'il reconnut parfaitement celle pour laquelle il avait combattu. Tous deux eurent grande joie de se revoir. Après qu'il se fut agenouillé devant elle et lui eut baisé la main, le comte lui demanda courtoisement par quelle aventure elle était venue en sa terre.

— Seigneur comte, lui répondit Praxède, il m'est défendu de retourner vers l'empereur mon époux avant que je ne vous ramène ; car c'est votre seule vue, dont il a été trop privé, qui peut me rendre son amour et sa grâce. Lorsqu'il a su que c'était le gentil comte de Barcelone qui lui avait fait l'honneur de venir d'un si lointain pays pour me défendre, et qu'il était parti le même soir, il a dit qu'il n'aurait pas un instant de fête jusqu'au jour où il l'aurait remercié du grand honneur qu'il avait fait à la couronne de l'empire. Voilà pourquoi, monseigneur, je viens à vous, non plus comme impératrice d'Allemagne, mais comme votre servante pour vous supplier humblement de m'accompagner devant l'empereur si vous voulez que je sois appelée encore impératrice.

— Madame, répondit le comte, c'est à vous de commander et à moi d'obéir ; je suis prêt à vous suivre partout où vous me voudrez conduire : faites de moi comme d'un vaincu et d'un prisonnier.

A ces mots le comte mit un genou en terre en lui présentant ses mains comme pour les enchaîner, ce que voyant l'impératrice, elle détacha une magnifique chaîne d'or qui faisait huit fois le tour de son cou, et en attachant un bout au poignet du comte de Barcelone, elle remit l'autre aux mains de la marquise de Provence. Alors, en se voyant au pouvoir d'un si gentil gardien, le comte Raymond jura qu'il ne romprait ni détacherait une si douce chaîne que du consentement de la marquise, qui lui donna aussitôt congé d'aller tout préparer pour son départ.

Trois jours après, l'impératrice d'Allemagne repartit pour Cologne accompagnée de ses cent chevaliers, de ses cent dames et de ses cent damoiselles, emmenant le seigneur comte enchaîné par une chaîne d'or que tenait la jolie fille d'honneur, et ils traversèrent ainsi le Roussillon, le Languedoc, le Dauphiné, la Suisse et le Luxembourg. Le seigneur comte, ainsi qu'il l'avait juré, ne dénoua sa chaîne qu'avec le congé de son gardien.

A cinq lieues en avant de Cologne, le cortége rencontra l'empereur qui, ayant appris l'arrivée du seigneur comte, venait au-devant de lui. En apercevant le brave chevalier qui avait sauvé l'honneur de sa femme bien aimée, Henry mit pied à terre ; ce que voyant Raymond Berenger, il se hâta d'en faire autant ; et toujours conduit par la marquise de Provence, il s'avança vers l'empereur, qui l'embrassa tendrement, lui demandant quel don il pouvait lui accorder pour le remercier du grand et honorable service qu'il lui avait rendu.

— Seigneur, répondit le comte, je demande qu'il vous plaise ordonner, qu'ainsi que je ne pouvais rompre ni délier ma chaîne sans le congé de la marquise, elle ne puisse plus, dès aujourd'hui, la rompre ni délier sans le mien, et par ainsi, monseigneur, nous serons enchaînés à toujours, et s'il plaît à Dieu, non-seulement dans ce monde-ci, mais encore dans l'autre.

Douce de Provence rougit et voulut se défendre; mais elle relevait de l'empereur, et à tout ce qu'il lui plaisait ordonner il lui fallait obéir.

Or, l'empereur ordonna que le mariage serait fait dans les huit jours. Douce de Provence était une vassale si fidèle, qu'elle ne songea pas même à demander une heure de retard.

Ce fut ainsi que Raymond Berenger III, déjà comte de Barcelone, devint marquis de la terre de Provence.

FIN DE PRAXÈDE.

PIERRE-LE-CRUEL.

I.

Vers la fin de l'année 1550, par une chaude soirée du mois de septembre, un de ces orages comme peuvent seuls s'en faire une idée ceux qui ont habité les pays méridionaux, éclatait sur Séville et ses environs. Le ciel n'était qu'une nappe de flamme que le tonnerre grondant parcourait d'une extrémité à l'autre, et cependant des torrens de pluie semblaient tomber, au lieu de lave, de ce volcan renversé. De temps en temps un sillon de feu se détachait de ce vaste cratère, parcourait rapidement la distance et s'enroulait comme un serpent à la cime de quelques sapins. L'arbre prenait feu comme un phare gigantesque, illuminait un instant le précipice sur lequel il avait poussé; puis, s'éteignant bientôt, laissait le cercle qu'il avait éclairé dans une obscurité rendue plus profonde encore par l'absence de la lumière accidentelle qui l'avait un instant tiré de sa nuit.

C'était par ce temps qui semblait l'annonce d'un nouveau déluge, que deux chasseurs séparés de leur suite descendaient, en traînant par la bride leurs chevaux qui n'avaient plus la force de les porter, par une espèce de chemin pierreux qui, pour l'heure, servait de lit à un des mille torrens qui se précipitaient du versant méridional d'une des montagnes de la Sierra-Morena, dans la vallée au fond de laquelle roule le Guadalquivir. De temps en temps ces voyageurs, qui marchaient en silence comme font des hommes perdus, s'arrêtaient écoutant s'ils n'entendraient pas d'autre bruit que celui du tonnerre ; mais tout semblait faire silence sur la terre pour écouter la grande voix qui parlait au ciel. Enfin, dans un moment où la foudre comme lassée se reposait un instant, le moins âgé des deux chasseurs, qui était un grand jeune homme de vingt-deux à vingt-quatre ans, aux longs cheveux blonds, au teint blanc comme celui d'un homme du Nord, aux traits réguliers et à l'air noble et majestueux, porta à sa bouche un cor d'ivoire et en tira des sons si aigus et si prolongés, qu'au milieu de cette tempête et de ce chaos, ils durent sembler à ceux qui les entendirent un appel de l'ange du jugement dernier. C'était la troisième ou quatrième fois que le chasseur égaré avait recours à ce moyen sans qu'il amenât aucun résultat. Cette fois il fut plus heureux, car au bout d'un instant les accens d'un cor montagnard répondirent au sien, mais si faibles et si éloignés, que les deux chasseurs doutèrent un instant si ce n'étaient pas quelques moqueries de l'écho. Le jeune homme porta donc une seconde fois le cor à ses lèvres et en sonna de nouveau avec une force accrue par l'espérance ; et cette fois il ne conserva aucun doute, car les sons qui lui répondirent, se graduant sur les siens, lui arrivèrent assez distincts pour qu'il reconnût la direction de laquelle ils venaient. Aussitôt le jeune homme aux cheveux blonds jeta la bride de son cheval aux mains de son compagnon, monta sur l'une des éminences qui bordaient le chemin creux, et plongeant ses regards dans la vallée, que de temps en temps un éclair illuminait jusque dans ses profondeurs, il aperçut, à une demi-lieue à peu près, aux flancs de la montagne opposée à celle qu'ils suivaient, un grand feu brûlant sur la pointe d'un rocher. Un instant il douta s'il avait été allumé par la main des hommes ou par celle de Dieu ; mais ayant donné du cor une troisième fois avec une nouvelle force, le sons qui lui répondirent lui semblèrent si directement partis du même lieu où brillait la flamme, qu'il n'hésita pas un instant à redescendre dans le ravin où l'attendait son compagnon et à marcher avec lui droit de ce côté. En effet, après une heure de marche au milieu des sinuosités de ce sentier, non sans avoir de temps en temps renouvelé leur appel, qui chaque fois leur apportait une réponse plus rapprochée, les voyageurs arrivèrent au bas de la montagne et virent directement de l'autre côté le feu qui leur avait servi de phare, éclairant une petite maison qui semblait une ferme ; mais entre eux et cette maison roulait, torrentueux et menaçant, le Guadalquivir.

— Que San-Iago nous protége ! s'écria à cette vue le plus jeune des deux chasseurs, car j'ai bien peur, Ferrand, que nous ayons fait un chemin inutile, et que ce qui nous reste à faire maintenant soit de chercher quelque trou où passer la nuit.

— Et pourquoi cela, monseigneur, répondit celui auquel il s'adressait.

— Parce qu'il n'y a guère que Caron qui se hasarde à naviguer à cette heure sur ce fleuve infernal, que les poètes ont appelé le Guadalquivir et qu'ils auraient mieux fait de nommer l'Achéron.

— Peut-être que vous vous trompez, sire, nous sommes assez près maintenant de cette maison pour qu'on entende notre voix, et sans doute qu'en promettant à ceux qui l'habitent une grande récompense et en disant qui vous êtes...

— Par les blanches mains de Maria, s'écria don Pèdre, car le grand jeune homme blond était le roi de Castille lui-même, garde-t'en bien, Ferrand ; il pourrait se trouver là quelque partisan de mes bâtards de frères pour me donner l'hospitalité de la tombe et doubler la récompense que je lui aurais offerte avec le prix de mon sang. Non, non, Ferrand, sur ton âme, pas un mot de mon rang ni de ma fortune.

— Cela suffit, sire, répondit Ferrand s'inclinant en signe d'obéissance et de respect.

— D'autant plus que ce serait inutile, s'écria don Pèdre, car, Dieu me pardonne ! voilà une barque qui se détache du rivage.

— Votre Altesse voit bien qu'elle juge mal les hommes.

— C'est que je les juge par ceux qui m'entourent, Ferrand, dit en souriant le roi ; et, à quelques exceptions, je dois avouer que l'échantillon n'est pas à l'avantage de l'humanité.

Soit que Ferrand fût au fond du cœur de l'avis du roi,

soit qu'il ne trouvât rien à lui répondre, il garda le silence, et ses yeux, comme ceux de don Pèdre, se fixèrent sur la barque qui s'avançait vers eux, prête à chaque minute à être entraînée par le courant, ou brisée par les arbres déracinés qui suivaient le fil de l'eau. Elle était montée par un homme de quarante à quarante-cinq ans, aux traits prononcés, mais francs et ouverts ; et, chose remarquable, cet homme au milieu du danger ramait avec un calme et une égalité de mouvemens qui indiquaient un de ces courages froids qu'ont en partage ces quelques âmes élues et vigoureusement trempées qui, selon que Dieu les a fait naître au bas ou en haut de la société, font l'admiration d'un village ou d'un empire. Il s'avançait donc lentement, mais cependant avec une adresse et une force telles que le roi don Pèdre, grand appréciateur de tous les exercices du corps, auxquels il excellait, le regardait venir avec étonnement. Arrivé à quelques pieds du rivage, il s'élança sur le bord avec une sûreté et une élasticité toute montagnarde ; puis, tirant la barque avec une corde jusqu'à ce qu'elle touchât la rive, il étendit la main vers elle, et d'un ton aussi simple que s'il ne venait pas de risquer sa vie :

— Entrez, messeigneurs, leur dit-il en s'inclinant avec respect, mais sans humilité.

— Et nos chevaux, demanda don Pèdre, que vont-ils devenir ?

— Ils vous suivront en nageant, messeigneurs ; et en leur tenant la bride courte, ce qui leur soutiendra la tête hors de l'eau, il n'y a pour eux aucun danger.

Don Pèdre et Ferrand firent ainsi que leur recommandait le montagnard, et effectivement ils arrivèrent à l'autre bord à travers mille dangers, mais sans aucun accident, tant leur pilote avait déployé d'habileté et de force. Aussitôt eux et leurs chevaux prirent terre, et leur guide, marchant devant eux pour leur montrer le chemin, les conduisit par un sentier facile jusqu'à la cabane qui depuis une heure faisait l'objet de leur ambition. Devant la porte, un jeune homme de vingt ans qui les attendait prit leurs chevaux par la bride et les conduisit vers un hangar.

— Quel est ce jeune homme? demanda don Pèdre en le regardant s'éloigner.

— C'est mon fils Manuel, monseigneur.

— Et comment a-t-il laissé son père s'exposer pour venir nous chercher, tandis qu'il restait ici à nous attendre?

— Sauf votre plaisir, monseigneur, répondit le montagnard, il était à Carmona, où je l'avais envoyé chercher quelques provisions, du moment où j'avais entendu pour la première fois le son de votre cor; car, sachant qu'il y avait eu aujourd'hui grande battue dans la forêt voisine, je me suis bien douté que vous étiez des chasseurs égarés et que vous arriveriez mourans de faim; or, je voulais vous offrir quelque chose de mieux que ce que contient ordinairement la cabane d'un pauvre montagnard, et voilà qu'il vient d'arriver sans doute à l'instant même. S'il eût été ici, il n'eût point été vous chercher sans moi ni moi sans lui: nous eussions été ensemble.

— Comment t'appelles-tu? demanda don Pèdre.

— Juan Pasquale, pour servir votre seigneurie.

— Eh bien, Juan Pasquale, dit le roi, je voudrais avoir beaucoup de serviteurs comme toi, car tu es un brave homme.

Juan Pasquale s'inclina comme fait un homme qui reçoit un compliment qu'il sait avoir mérité ; et, indiquant de la main la porte de sa cabane, il invita les voyageurs à y entrer.

Ils trouvèrent le couvert mis par les soins de la ménagère et un bon feu dans la cheminée ; ce qui prouvait que Juan Pasquale avait pensé aux deux choses les plus importantes en pareille circonstance : au froid et à la faim.

— Voilà, dit don Pèdre en le jetant dans un coin de la cabane, un manteau qui pèse bien une centaine de livres, et je crois qu'en le tordant il rendrait assez d'eau pour donner une honnête question au digne Albuquerque, s'il n'avait pris la précaution de se sauver à la cour de Lisbonne.

— Si vous le trouvez bon, messeigneurs, dit Pasquale, je puis vous prêter, tant de ma garderobe que de celle de mon fils, des habits qui, bien que grossiers, vaudront mieux que ceux que vous portez et qui sècheront pendant ce temps.

— Si nous le trouvons bon ! je le crois pardieu bien, mon digne hôte, et c'est une de ces propositions qu'un chasseur trempé ne refuse jamais ! Vite donc les habits, car je t'avoue que voilà un souper qui m'attire, et que je ne voudrais mettre que juste le temps nécessaire à mon changement, afin de revenir lui dire deux mots le plus tôt possible.

Juan Pasquale ouvrit la porte d'une petite chambre où un lit était dressé et un feu allumé, puis, tirant d'un bahut des habits et du linge, il les étendit sur un escabeau et laissa ses hôtes seuls. Les deux chasseurs commencèrent aussitôt leur toilette.

— Eh bien ! Ferrand, dit don Pèdre, crois-tu que quand j'aurais dit mon nom j'aurais été mieux reçu ?

— Le fait est, répondit le courtisan, que notre hôte aurait pu y mettre plus de respect, mais non plus de cordialité.

— C'est justement cette cordialité qui me charme. J'ai souvent fait dans mes excursions incognito bon profit des avis que l'on a donnés à l'inconnu, jamais des louanges que l'on a faites au roi. Je veux faire causer ce brave homme, Ferrand.

— Ce ne sera pas difficile, sire, et je crois d'avance que vous pourrez être certain de la sincérité de ce qu'il vous dira. Au reste, Votre Altesse ne peut rien entendre que de flatteur.

— Ainsi soit-il, dit don Pèdre. Et comme la toilette était achevée, ils rentrèrent dans la salle où était servi le souper.

— Eh bien, dit don Pèdre, qu'est-ce donc ? Je ne vois que deux couverts sur la table.

— Attendez-vous quelque nouveau compagnon ? demanda Pasquale.

— Non pas, Dieu merci ; mais vous et votre famille, avez-vous donc soupé ?

— Non, pas encore, monseigneur ; mais il n'appartient pas à de pauvres gens comme nous de nous mettre à la table d'aussi nobles seigneurs. Nous vous servirons pendant que vous souperez, et nous souperons après vous.

— Par saint Jacques ! brave homme, s'écria don Pèdre, il n'en sera pas ainsi. Toi et ta femme vous vous mettrez à table et ton fils nous servira, non pas que je veuille établir une distinction entre lui et nous, mais parce qu'il est le plus jeune et que c'est le devoir du plus jeune de servir ceux qui sont plus âgés que lui. Allons, Manuel, je te fais mon échanson et mon panneticr ; acceptes-tu cette charge ?

— Oui, pour ce soir, monseigneur, répondit Manuel, et parce que vous êtes notre hôte.

— Comment, demanda don Pèdre, refuserais-tu, si elle t'était offerte, une pareille place près de quelque riche seigneur ?

— Je la refuserais.

— Près de quelque puissant prince ?

— Je la refuserais encore.

— Mais près du roi ?

— Je la refuserais toujours.

— Et pourquoi cela ?

— Parce que j'aimerais mieux être le dernier des montagnards que le premier des valets.

— Diable ! maître Pasquale, dit don Pèdre en s'asseyant, tu m'as l'air d'avoir là un garçon diablement dégoûté. Je ne lui en suis au reste que plus reconnaissant de déroger aujourd'hui à ses habitudes.

— C'est qu'aujourd'hui, répondit Pasquale, vous êtes plus qu'un seigneur, vous êtes plus qu'un prince, vous êtes plus qu'un roi.

— Eh ! que suis-je donc ? demanda don Pèdre.

— Vous êtes notre hôte, répondit en s'inclinant Pasquale ; vous nous êtes envoyé par Dieu, tandis que les seigneurs, les princes et le roi...

— Vous sont envoyés par le diable ! n'est-ce pas ? s'écria don Pèdre en se renversant en arrière et en tendant son verre à Manuel.

— Ce n'est pas cela que j'allais dire, répondit Pasquale, et cependant, au train dont vont les choses dans ce pauvre royaume de Castille, je serais parfois tenté de le croire.

— Et vont-elles mieux en Aragon?

— Non, par ma foi ! dit le montagnard, Pèdre pour Pèdre, cruel pour cruel *, Tibère pour Néron, il n'y a pas de choix.

Don Pèdre se mordit les lèvres et reposa, sans l'avoir vidé, son verre sur la table; Ferrand de Castro pâlit.

— Allons, voilà que tu vas encore parler, dit Juana, lorsque tu ferais bien mieux de te taire.

— Laissez parler le père, dit Manuel, ce qu'il dit est bien dit.

— Oui, sans doute, reprit le roi, ce qu'il dit est bien dit; cependant il devrait faire une distinction entre don Pèdre d'Aragon et don Pèdre de Castille, et ne pas oublier que si tous nomment l'un le *Cruel*, quelques-uns appellent l'autre le *Justicier*.

— Oui répondit Pasquale, avec cela que la justice est bien faite et qu'il ne se commet à Séville ni vol ni assassinat!

— Ceci n'est point la besogne du roi, maître Pasquale, mais celle du *primer assistente*.

— Alors, pourquoi le *primer assistente* ne fait-il pas sa besogne?

— Mais il ne peut connaître les auteurs de tous les crimes qui se commettent dans une grande ville.

— Il le doit cependant, et si j'étais le roi don Pèdre, ce qu'à Dieu ne plaise, je saurais bien le forcer, moi, à les découvrir.

---

* Pierre-le-Cruel, fils d'Alphonse IX, régnait sur l'Aragon en même temps que Pierre-le-Cruel, fils d'Alphonse XI, régnait sur la Castille.

— Et comment ferais-tu, Pasquale?

— Je le rendrais responsable des vols, argent pour argent, et des assassinats, tête pour tête.

— A cette condition, qui voudrait accepter une pareille charge?

— Le premier honnête homme venu, monseigneur.

— Mais par le temps qui court, dit en riant don Pèdre, sais-tu que c'est chose rare qu'un honnête homme?

— C'est qu'on les cherche dans les villes, monseigneur, dit Manuel.

— Pardieu! s'écria le roi, vous avez là, maître Pasquale, un garçon qui a plus de sens qu'on n'en devrait attendre de son âge, et qui, s'il ne parle pas souvent, toutes les fois qu'il parle, parle bien ; néanmoins, je voudrais vous voir *primer assistente*, mon hôte, car vous avez certainement la principale qualité que vous demandez pour une pareille charge.

— Vous riez, monseigneur, dit Pasquale, mais si ma position m'avait mis à même d'occuper jamais une si haute place, je vous jure que je n'eusse reculé devant aucune considération, et que si je n'avais pu aller au-devant du crime, du moins, le crime commis, j'aurais poursuivi le coupable, si puissant qu'il fût, fût-ce un baron, fût-ce un prince, fût-ce le roi.

— Mais, dit don Pèdre après un moment de silence et de réflexion, il y a de ces actions que le peuple qualifie de crime, parce qu'il voit les résultats et non les causes, et qui sont des nécessités politiques imposées à ceux qui règnent.

— Cela va sans dire, répondit Pasquale ; il est évident que je n'irais pas demander compte au roi de l'exil de sa femme, de l'exécution du grand-maître de San-Iago, ni de ses amours avec la courtisane Padilla. Toutes ces choses sont dans les apanages du trône, et les rois n'en doivent compte qu'à Dieu. Mais je parle de ces vols à main armée qui ruinent en un instant toute une famille ; je parle de ces assassinats par l'épée ou le poignard qui ensanglantent toutes les nuits les rues de Séville. Je parle enfin de tout ce qui serait de ma juridiction, laissant au roi sa prérogative.

— Ces nobles seigneurs sont fatigués, dit Juana, qui voyait avec peine son mari s'engager dans une telle discussion, et ils aimeraient mieux aller se reposer que d'écouter toutes tes folies.

— Tu as raison, femme, répondit Pasquale, et ces messieurs m'excuseront ; mais lorsqu'on me met par hasard sur ce sujet, il faut que je dise tout ce que j'en pense.

— Et comme vous n'avez probablement pas tout dit, mon brave homme, ajouta don Pèdre, nous reprendrons un jour ou l'autre cette conversation, je vous le promets.

— Prenez garde, monseigneur, dit Pasquale, car c'est un engagement que vous prenez de repasser par ma pauvre cabane.

— Et que je tiendrai avec plaisir, si ton lit est aussi bon que ton souper. Bonsoir, mon hôte.

— Dieu vous garde, seigneur chevalier.

Et faisant de la tête et de la main un geste d'adieu à Manuel et à Juana, le roi rentra dans la chambre avec don Ferrand de Castro.

A peine furent-ils seuls que Juana continua ses reproches.

— Vous pouvez vous vanter d'avoir fait là de belle besogne, Pasquale, lui dit-elle en se croisant les bras et en le regardant en face. Et que diriez-vous si ces seigneurs allaient répéter votre conversation au roi? Mais, je vous le demande, n'y a-t-il pas folie à parler du roi, des courtisans, des magistrats et de tous les grands de Séville comme vous l'avez fait? Et que vous importe, je vous le demande, que le roi répudie sa femme, tue son frère et vive avec une courtisane? Que vous fait que l'on assassine la nuit dans les rues de Séville, puisque vous êtes si bien en sûreté ; et d'où vous vient cette pitié pour ceux qui sont assez bêtes pour se laisser enlever leur coffre-fort? Eh! mon Dieu, occupez-vous de vos vaches et de vos récoltes que vous conduisez à merveille, et ne vous occupez pas des affaires d'État, auxquelles vous n'entendez rien.

— Mais, femme, dit Pasquale, parvenant enfin à placer un mot entre le flux de paroles qui l'inondait, ai-je dit autre chose que la vérité?

— La vérité, la vérité ! vous croyez avoir tout dit, n'est-ce pas, quand vous avez lâché ce mot-là? Oui, vous avez dit la vérité ; mais vous l'avez dite à plus grand que vous, voilà où est la faute. Vous pensez qu'il suffit d'être honnête, de payer ses dettes, d'aller à la messe, d'ôter son chapeau à tout le monde, et qu'avec cela on peut dire tout ce qui vous passe par la tête ! Eh bien ! Dieu veuille que vous n'appreniez pas à vos dépens ce qu'il en coûte.

— Tout ce que Dieu voudra m'envoyer sera le bien venu, femme, dit Pasquale en embrassant Juana. Car, comme tous les caractères forts, il était d'une douceur extrême, et, dans les occasions pareilles, il cédait le champ de bataille et se retirait dans sa chambre. La bonne Juana demeura un instant à grommeler dans la salle à manger, mais comme il n'y restait que Manuel et qu'elle savait que sous le rapport de la rigidité le fils était l'enthousiaste de son père, elle ne se hasarda point à continuer la discussion avec lui, et au bout d'un instant elle alla rejoindre Pasquale. Quant à Manuel, resté seul, il s'assit à la table que venaient de quitter ses hôtes et ses parens, ne mangea que d'un plat, ne but que de l'eau, puis, après ce repas montagnard, il étendit une peau d'ours devant la porte de la chambre de ses hôtes, se coucha dessus et s'endormit.

Le lendemain, au point du jour, le roi don Pèdre et le comte Ferrand de Castro prirent congé de Juan Pasquale en lui promettant qu'avant peu de jours il entendrait parler d'eux.

II.

Huit jours à peine s'étaient écoulés depuis les événemens que nous venons de raconter, lorsqu'un messager se disant porteur de nouvelles très importantes vint frapper à la porte de Juan Pasquale. Le digne fermier était absent, mais Juana n'en fit pas moins entrer le voyageur; et comme elle avait grand désir de savoir ce qui l'amenait, et que celui-ci n'avait aucun motif de le lui cacher, elle apprit bientôt que son mari, par ordre du roi, était mandé à l'Alcazar de Séville. A cette nouvelle, qui réalisait ses pressentimens, il se fit chez la bonne femme une telle révolution, que l'inconnu fut obligé de la rassurer en lui affirmant que, d'après la voix et le visage qu'avait don Pèdre lorsqu'il lui avait donné l'ordre de le venir chercher, il croyait pouvoir affirmer que son mari ne courait aucun risque. Malgré cette protestation, Juana n'était rien moins que rassurée encore, lorsque Pasquale rentra avec son fils.

Le fermier reçut la nouvelle qui avait bouleversé sa femme avec la sérénité de visage qui lui était habituelle ; il écouta avec le calme d'un homme qui n'a rien à se reprocher ce que lui dit le messager, et comme le repas était servi, il l'invita à se mettre à table, lui demandant seulement le temps de dîner et de changer d'habits.

Pasquale dîna comme d'habitude, mais Juana ne put manger, et Manuel lui-même, quoiqu'il se modelât sur son père, ne put avoir une telle puissance sur lui qu'il ne manifestât quelques inquiétudes. Le repas fini, Pasquale passa dans sa chambre et revint un instant après revêtu de ses plus beaux habits : il était prêt à partir.

C'était le moment terrible : Juana éclata en sanglots, criant qu'elle voulait le suivre, qu'on l'envoyait prendre pour le faire mourir et qu'elle ne devait pas, dans une occasion pareille, se séparer de lui. Ce ne fut pas sans peine que Pasquale parvint à lui faire entendre que c'était impossible. Alors elle se renversa sur une chaise, se tordant les bras et jetant de grands cris. Pasquale connaissait ce paroxysme pour être la fin de la crise ; aussi il se retourna vers Manuel : Manuel était à genoux.

Pasquale lui recommanda trois choses, quelque événement qui arrivât : c'était d'aimer Dieu, d'obéir au roi et de ne jamais quitter sa mère ; puis il lui donna la bénédiction qu'il attendait, et remettant Juana entre ses bras, il sortit avec le messager.

Deux chevaux les attendaient ; le messager monta l'un, Pasquale l'autre ; et comme c'étaient d'excellens coursiers andalous, deux heures après ils étaient à Séville.

Un officier attendait à la porte de la ville. Le messager remit Pasquale entre ses mains, et tous deux s'acheminèrent vers l'Alcazar. Au fond du cœur le montagnard n'était point sans inquiétude en voyant la tournure mystérieuse que cette affaire prenait ; mais fort de la conviction de n'avoir rien fait de mal, il conserva ce maintien grave et calme qui lui était habituel. L'officier l'introduisit, sans lui avoir dit jusque-là une seule parole, dans un magnifique appartement, où il l'invita à attendre, puis il se retira le laissant seul. Quelque temps après une porte secrète s'ouvrit et Juan Pasquale vit paraître un de ses hôtes : c'était le jeune homme aux cheveux blonds.

— Juan Pasquale, lui dit-il d'un ton grave mais affectueux, vous vous rappelez qu'en prenant congé de vous, je vous ai promis que nous nous reverrions bientôt?

— Je me le rappelle, répondit Pasquale.

— Vous rappelez-vous aussi la conversation que nous eûmes pendant le souper, et comment vous me dîtes la vérité sur la manière dont la police était faite à Séville?

— Je me le rappelle encore, répondit Juan Pasquale.

— Et vous rappelez-vous toujours ce que vous avez dit à l'égard de l'exil de Blanche, de la mort du grand-maître de San-Iago et du pouvoir de Maria Padilla?

— Rien de ce que j'ai dit, monseigneur, n'est sorti de ma mémoire.

— Eh bien ! le roi est instruit de notre conversation.

— J'en suis fâché, monseigneur.

— Et pourquoi cela ?

— Parce que tout en continuant de pratiquer l'hospitalité comme je l'ai fait jusqu'aujourd'hui, je serai forcé de m'interdire la franchise, puisque les cavaliers que je reçois reconnaissent ma confiance en la trahissant.

— Tu as raison, Pasquale, répondit l'inconnu, et cela serait infâme si les choses s'étaient passées ainsi ; mais rien de tel n'est arrivé.

— J'attends alors, monseigneur, que vous daigniez m'expliquer cette énigme.

— L'explication est bien facile, l'un de vos hôtes était don Pèdre lui-même.

— Si l'un des deux était don Pèdre, répondit Pasquale en fléchissant le genou, alors celui-là, sire, c'était Votre Altesse.

— Comment sais-tu cela ?

— Comme il n'y avait qu'un lit dans votre chambre, il était bien simple, ou que mes deux hôtes couchassent ensemble, ou que ce fût le plus âgé qui prît le lit. Or, quand je suis entré dans la chambre, c'était le plus jeune qui était couché et le plus vieux qui dormait sur une chaise. De ce moment je me doutai que vous étiez un très grand seigneur ; mais j'étais loin de penser que vous fussiez le roi lui-même.

— C'est bien, dit don Pèdre, tu es observateur. Eh bien ! maintenant que tu sais que je suis le roi de Castille, don Pèdre-le-Cruel, comme on l'appelle, ne crains-tu pas de te trouver en ma présence ?

— Je ne crains rien au monde, monseigneur, que d'offenser Dieu ou de trahir mon roi en ne disant pas la vérité.

— Ainsi tu persistes dans les opinions que tu as émises l'autre jour ?

— Oui, sire.

— Tu sais cependant à quoi tu t'exposes, si ce que l'on rapporte de moi n'est point un mensonge?

— Je le sais.

— Et tu penses toujours que lorsqu'il est impossible de prévenir un crime il est toujours possible de le punir?

— Oui, sire, j'en suis convaincu.

— Et s'il n'en était point ainsi, quelle est la cause?

— La corruption des magistrats.

— Par San-Iago! dit le roi, tu es un intrépide réformateur; et la chose se passerait autrement, je suppose, si tu étais *primer assistente,* par exemple.

— Quoique ce soit une supposition bien gratuite, je n'hésite pas à affirmer à Votre Altesse que je le crois.

— Et tu remplirais ta charge avec une rigueur inflexible?

— Oui, sire.

— Au risque de te faire des ennemis parmi les grands?

— N'ayant pas besoin de leur amitié, qu'ai-je à craindre de leur haine?

— Et le roi lui-même dût-il être compromis, tu ne reculerais pas devant une enquête?

— Dieu d'abord, dit Pasquale, la loi après Dieu, le roi après la loi.

— Il suffit, répondit don Pèdre. Puis, appelant un domestique avec un sifflet d'argent : Faites entrer les ventiquatros, continua le roi.

Au même instant les portes s'ouvrirent, et les officiers civils que l'on désigne sous ce nom, qui correspond à celui d'alderman en Angleterre, parurent dans le costume de leur charge.

— Messieurs, leur dit le roi, en plusieurs circonstances le

primer assistente don Telesforo, par une indulgence coupable, a failli à son devoir. Don Telesforo n'est plus *primer assistente*. Voici son successeur.

A ces mots, il étendit la main vers Juan Pasquale.

— Que dites-vous ? s'écria celui-ci.

— Je dis qu'à compter de cette heure, Juan Pasquale, vous êtes *primer assistente* de Séville, et que chacun vous doit respect et obéissance.

— Mais, s'écria le montagnard au comble de l'étonnement, que Votre Altesse considère que je n'ai pas un mérite suffisant...

— Vous avez plus que la science qui s'acquiert, interrompit le roi : vous avez les vertus que Dieu donne.

— Mais les grands voudront-ils m'obéir, à moi qui ne suis rien ?

— Oui, sur mon âme ! s'écria don Pèdre, car je donnerai l'exemple, moi qui suis le plus grand parmi les grands. Or, vous entendez ce que j'ai dit, messieurs : cet homme est revêtu par moi de la magistrature suprême. Que toute tête qui ne voudra pas tomber se courbe; tel est mon plaisir et ma volonté.

Il se fit un profond silence dans toute l'assemblée, car nul n'ignorait qu'avant toute chose le roi don Pèdre voulait être obéi. Un huissier remit alors aux mains de Juan Pasquale la *vara*, ou verge de justice, tandis qu'un autre lui passait la robe rouge doublée d'hermine, symbole de sa nouvelle charge.

— Et maintenant, messieurs, dit don Pèdre, passez dans la chambre voisine ; tout à l'heure le seigneur Juan Pasquale vous y rejoindra, et vous le conduirez au palais du gouvernement, où, à compter de cette heure, il tiendra ses audiences, auxquelles nul, entendez-vous bien, nul, même moi, s'il est cité, ne pourra se dispenser de comparaître. Allez.

Tous les assistans sortirent en s'inclinant en signe d'obéissance, et Juan Pasquale resta seul avec le roi.

— Maintenant, dit don Pèdre en s'approchant de lui, il nous reste à parler des accusations que vous avez portées contre le roi.

— Votre Altesse se rappellera, répondit Pasquale, que j'ai ajouté qu'elles n'étaient pas de la juridiction du *primer assistente*.

— Aussi n'est-ce point au juge que je veux faire des révélations, c'est à l'honnête homme que je fais une confidence.

— Parlez, sire, répondit Pasquale.

— Vous m'avez reproché d'avoir exilé Blanche de Castille, vous m'avez reproché d'avoir fait tuer le grand-maître de San-Iago, vous m'avez reproché de vivre publiquement avec une courtisane.

— C'est vrai, sire.

— D'abord, vous le savez comme tout mon royaume, Pasquale, Maria Padilla n'est point une courtisane, mais une jeune fille que j'avais rencontrée chez mon gouverneur Albuquerque longtemps avant mon mariage. Nous étions jeunes tous deux. Elle était belle; j'en devins amoureux : elle céda. Elle était libre, son honneur était à elle ; elle me sacrifia son honneur. J'étais son premier, je fus son seul amant. Les jours que je passai près d'elle à cette époque furent les plus heureux de ma vie. Malheureusement, ils furent peu nombreux : ma mère et mon gouverneur me dirent que le bien de l'État exigeait que j'épousasse Blanche de

Bourbon. Longtemps je refusai, car j'aimais Maria plus que mon royaume, plus que ma vie, plus que tout au monde. Mais un matin que, comme d'habitude, je me rendais chez elle, je n'y trouvai qu'une lettre dans laquelle elle me disait qu'apprenant qu'elle était un obstacle à la paix de la Castille et au bonheur de mes sujets, elle abandonnait Séville pour ne plus y revenir. Voilà sa lettre, lisez-la et dites-moi ce que vous en pensez.

Et le roi remit la lettre à Pasquale et attendit en silence qu'il l'eût achevée.

Pasquale la lut d'un bout à l'autre, et la remettant au roi :

— Sire, dit-il, c'est la lettre d'une fidèle sujette de Votre Altesse, et je ne puis nier qu'elle ne soit dictée par un noble cœur.

— Ce que je souffris est au-dessus de la parole humaine, continua don Pèdre ; je crus que je deviendrais fou. Mais à cette époque j'avais le cœur jeune et plein d'illusions ; je me dis que le bonheur public me tiendrait lieu du bonheur privé : je ne fis point chercher Maria. Je donnai mon consentement au mariage projeté, et pour faire oublier à don Fadrigue la mort d'Éléonore de Gusman, sa mère, je le chargeai d'aller en mon nom au-devant de ma jeune épouse. Il obéit, pour notre malheur à tous trois, car lorsqu'il arriva à Séville avec la reine, il aimait la reine et la reine l'aimait.

Je fus longtemps sans m'apercevoir de cette passion, qui, tout innocente qu'elle était par le fait, n'en était pas moins adultère par la pensée. J'attribuais la froideur de la jeune reine à son indifférence pour moi. Je vis bientôt que je me trompais et que je devais m'en prendre à son amour pour un autre. La reine parla pendant son sommeil et je sus tout. Le lendemain de la révélation fatale elle partit pour le château de Tolède, où, je vous le jure, Pasquale, sous la garde d'Hinestrosa, l'un de mes plus fidèles serviteurs, elle fut traitée comme une reine. Un mois ne s'était pas écoulé que je reçus une lettre d'Hinestrosa, qui me disait que don Fadrigue avait tenté de le séduire. Je répondis à Hinestrosa d'entrer en apparence dans les complots de mon frère et de m'envoyer les copies des lettres qu'il écrirait à Blanche, jusqu'au moment où il en trouverait une d'une assez grande importance pour m'adresser l'original lui-même. De ce jour le château de Tolède devait pour Blanche se changer en prison.

Deux mois après je reçus cette lettre.

Et don Pèdre, comme il l'avait déjà fait, présenta cette seconde preuve à Pasquale.

Le *primer assistente* la prit et la lut : cette lettre était tout entière de la main de don Fadrigue et contenait la révélation d'un complot contre le roi. Don Fadrigue s'était associé à la ligue des seigneurs commandée par Henri de Transtamarre, son frère, et écrivait à Blanche de se rassurer, lui promettant qu'elle ne demeurerait pas longtemps sous la puissance de celui qu'elle détestait. Pasquale rendit la lettre en soupirant.

— Que méritait l'auteur de cette lettre ? demanda le roi.

— Il méritait la mort, répondit le juge.

— Je me contentai de le dépouiller de sa maîtrise ; mais alors, comme il ignorait que je susse tout, savez-vous ce qu'il fit ? Il sauta sur un cheval, et plutôt que de fuir pour gagner les frontières de mon royaume, il vint droit à Séville, l'insensé ! Je ne voulais pas le voir. Il força la garde en disant qu'il était mon frère et que ce palais lui appartenait aussi bien qu'à moi. Alors je le laissai entrer. Savez-vous ce qu'il venait faire, Pasquale ? Il venait, disait-il, me demander raison de l'affront qu'il avait reçu. J'avais les copies de toutes les lettres qu'il avait écrites à la reine ; je les lui montrai. J'avais cette même lettre que vous venez de voir ; je la lui montrai encore ; et alors, Pasquale, savez-vous ce qui se passa entre nous deux ? Au lieu de tomber à mes genoux, au lieu de baiser la poussière de mes pieds, comme le devait un traître, il tira son épée, monsieur le juge.

— Grand Dieu ! s'écria Pasquale.

— Oh ! heureusement que je connais mes frères et que j'étais en garde, répondit en riant don Pèdre. Oh ! je l'avoue, oui, j'eus un moment d'atroce plaisir lorsque je sentis son fer contre le mien ; aussi je me gardai bien d'appeler, je voulais le tuer moi-même. Mais au bruit de notre combat *les balesteros de Mazza* accoururent, et avant que je n'aie eu le temps de proférer une parole, l'un d'eux lui brisa la tête d'un coup de masse. Ce n'était point ce que je voulais, je vous le répète ; ce que je voulais, je vous l'ai dit, c'était le tuer de ma propre main.

— Il avait mérité son sort, dit Pasquale. Dieu lui pardonne sa trahison !

— Oui ; mais lorsqu'il fut mort, celui que j'aimais comme un frère et qui m'avait trahi ; lorsqu'elle fut éloignée celle que j'aurais voulu aimer comme une épouse et qui m'avait trahi aussi, je me trouvai seul au monde, et je pensai à Maria Padilla, par laquelle j'avais eu de si heureux jours.

Je la fis chercher partout le royaume, et lorsque j'appris où elle était, je courus moi-même sans permettre qu'on l'avertît; et tandis que les autres conspiraient contre ma vie, je la trouvai dans son oratoire et priant pour moi. Maintenant vous savez ce que j'avais à vous dire. Voilà don Fadrigue et voilà don Pèdre : jugez entre nous. Voilà l'épouse et voilà la courtisane, jugez entre elles.

— Sire, répondit le juge, vous n'êtes encore que Pierre-le-Justicier; tâchez de ne pas devenir Pierre-le-Cruel

Et s'inclinant devant le roi, il alla rejoindre les ventiquatros, qui, ainsi que nous l'avons dit, l'attendaient dans la chambre à côté.

III.

Juan Pasquale était depuis un mois *primer assistente* de Séville, et pendant tout ce temps un seul assassinat avait été commis; mais l'auteur, don Juan de Nalverde, ayant été soupçonné de ce meurtre, avait été arrêté le lendemain. Convaincu par des témoignages irrécusables, le *primer assistente* l'avait condamné à mort; et malgré son grand nom et l'influence de sa famille, le roi don Pèdre ayant laissé son cours à la justice, il fut exécuté sans miséricorde. Cet exemple avait été efficace; il avait donné dès-lors une haute idée de l'incorruptibilité et de l'adresse du nouveau juge. Il est vrai que pour première mesure, le *primer assistente* avait commencé par renvoyer plus des trois quarts des alguazils en fonctions sous son prédécesseur; car presque tous recevaient, des grands seigneurs dont le libertinage ou la vengeance avait besoin de les trouver aveugles, une paie plus considérable que celle qu'ils tenaient de l'État. A leur place il avait mis des hommes sûrs, et ayant organisé un corps de montagnards de trois ou quatre cents hommes, il le divisait chaque soir en patrouilles nocturnes, qui, dès que neuf heures étaient sonnées à la Giralda, parcouraient en tous sens les rues de Séville. Ces hommes, ainsi que leurs surveillans, placés de distance en distance dans les rues les plus désertes comme sur les places les plus fréquentées, avaient l'ordre formel de ne laisser stationner personne dans l'enfoncement des portes ni devant les grilles des fenêtres. C'était un service pénible, mais ces hommes étaient généreusement payés; et comme sur son traitement, qui était considérable, le *primer assistente* ne prenait que ce qui lui était strictement nécessaire pour vivre, il pouvait avec le surplus faire face au surcroît des dépenses occasionné par l'augmentation de traitement qu'il avait cru devoir accorder à ses employés.

Or, comme nous l'avons dit, depuis douze ou quinze jours, contre toutes les habitudes nocturnes de la capitale de l'Andalousie, il ne s'était commis dans ses rues que quelques vols sans importance et dont les auteurs avaient été punis selon la loi, lorsque par une nuit des plus sombres, Antonio Mendez, un des gardes de nuit en qui Juan Pasquale avait la plus entière confiance, vit venir à lui, dans une rue suspecte et écartée, un homme enveloppé de son manteau : arrivé au milieu de la rue, cet homme s'arrêta un instant devant une fenêtre, frappa trois fois dans ses mains, écouta si on lui répondait, puis, voyant que tout restait muet, il pensa sans doute que celui ou celle qu'il appelait n'était point encore à son poste, et se promena en long et en large devant la maison. Jusque-là il n'y avait rien à dire ; le cavalier n'était point stationnaire, puisqu'il allait et venait d'un bout de la façade de la maison à l'autre bout. Aussi, Antonio Mendez, esclave de sa consigne, se garda même de paraître, pensant qu'il n'y avait pas encore violation des ordres donnés.

Cependant, au bout de quelques minutes, le cavalier parut se lasser d'attendre ; il s'arrêta de nouveau en face de la fenêtre, et de nouveau frappa dans ses mains. Cet appel, quoiqu'il eût haussé de diapason, n'ayant pas eu plus de succès cette fois que la première, il résolut de prendre patience encore quelque temps, quoiqu'il fût facile de voir à ses jurons étouffés, qu'il faisait, pour agir ainsi, violence à son caractère ; mais comme Juan Pasquale n'avait point défendu de jurer, pourvu qu'on jurât en marchant, et que le cavalier tout en jurant s'était remis à sa promenade, Antonio Mendez resta muet et immobile dans l'angle où il était caché et d'où il pouvait voir les moindres mouvemens, et même, pourvu qu'il parlât un peu haut, entendre jusqu'aux paroles du cavalier. Enfin, celui-ci s'arrêta une troisième fois, frappant cette fois ses mains l'une contre l'autre de manière à réveiller les plus endormis. Voyant que tout était inutile, il résolut de se mettre en rapport plus direct avec ceux à qui il avait affaire : il alla à la porte de la maison et y frappa du poing un coup si violent qu'à l'instant même, dans la conviction qu'un second coup pareil au premier mettrait la porte en dedans, une vieille femme ouvrit une fenêtre et, avançant la tête, demanda qui troublait le repos d'une maison honnête à pareille heure de la nuit.

Le cavalier demeura étonné ; ce n'était point la voix qu'il était accoutumé d'entendre. Croyant d'abord s'être trompé, il regarda autour de lui, mais reconnaissant parfaitement la maison pour être celle où sans doute il avait l'habitude d'être admis :

— Que se passe-t-il donc ici, demanda-t-il, et d'où vient que ce n'est point Paquitta qui me répond ?

— Parce qu'elle est partie depuis ce matin avec dona Léonor, sa maîtresse.

— Dona Léonor est partie ! s'écria le cavalier. Par San-Iago, qui a osé l'enlever ?

— Quelqu'un qui en avait le droit.

— Enfin, ce quelqu'un, quel est-il ?

— Son frère, don Saluste de Haro.

— Tu mens, vieille ! s'écria le cavalier.

— Je vous jure par Notre-Dame del Pilar...

— Ouvre-moi, et que je m'assure de la vérité par moi-même.

— J'ai l'ordre de ne recevoir personne en l'absence du seigneur don Saluste, et surtout à cette heure.

— Vieille, dit le cavalier arrivé au dernier degré de l'exaspération, je te dis d'ouvrir ou j'enfonce la porte.

— Oh ! la porte est solide, seigneur cavalier, et avant que vous ne l'ayez enfoncée la garde sera venue.

— Et que m'importe la garde ! s'écria l'inconnu. La garde est faite pour les voleurs et les bohémiens, et non point pour les gentilshommes comme moi.

— Oui, oui, c'était bien ainsi du temps de l'ancien *primer assistente*; mais depuis que le roi don Pèdre, que Dieu conserve, a nommé Juan Pasquale à la place du seigneur Telesforo, la garde est faite pour tout le monde. Frappez donc tant que bon vous semblera, mais prenez garde de n'enfoncer d'autre porte que celle de la prison.

A ces mots, la vieille referma sa fenêtre. Le cavalier se précipita vers la jalousie, secoua les barreaux avec rage, puis voyant qu'ils étaient trop fortement scellés dans la muraille pour céder, il revint à la porte, contre laquelle il frappa de toute sa force avec le pommeau de son épée. Alors Antonio Mendez, qui avait assisté, comme nous l'avons dit, à toute cette scène, crut que c'était le moment d'intervenir.

— Seigneur cavalier, lui dit-il, vous m'excuserez si je vous fais observer, avec tout le respect que je dois à votre seigneurie, que passé neuf heures du soir tout tapage est défendu dans les rues de Séville.

— Qui es-tu, drôle ? demanda le cavalier en se retournant.

— Je suis Antonio Mendez, chef des gardes de nuit du quartier de la Giralda.

— Eh bien ! Antonio Mendez, chef des gardes de nuit du quartier de la Giralda, passe ton chemin et laisse-moi tranquille.

— Sauf votre respect, monseigneur, c'est vous qui passerez le vôtre, attendu qu'il est défendu à tout promeneur nocturne de stationner à cette heure devant aucune maison, si ce n'est pas la sienne.

— J'en suis fâché, mon ami, répondit le cavalier en se remettant à frapper, mais je ne bougerai pas de cette place.

— Vous dites cela dans un moment de colère, seigneur, mais vous réfléchirez.

— Toutes mes réflexions sont faites, répondit le cavalier, et il continua de frapper.

— Ne me forcez pas à employer la violence ! dit le garde de nuit.

— Contre moi ? s'écria le cavalier.

— Contre vous aussi bien que contre quiconque désobéit à l'autorité suprême du *primer assistente*.

— Il y a une autorité au-dessus de cette autorité suprême, prends-y garde.

— Laquelle ?

— Celle du roi.

— Je ne la connais pas.

— Misérable !

— Le roi est le premier sujet de la loi, et le roi serait à votre place que je mettrais un genou en terre comme je dois le faire devant mon souverain, et qu'un genou en terre je lui dirais : Sire, retirez-vous.

— Et s'il refusait ?

— S'il refusait, j'appellerais la garde de nuit et je le ferais reconduire avec tout le respect qui lui est dû en son palais de l'Alcazar. Mais vous n'êtes pas le roi ; ainsi, une dernière fois, retirez-vous, ou bien....

— Ou bien ?... répéta le cavalier en riant.

— Ou bien je saurai vous y forcer, monseigneur, continua le garde de nuit en étendant la main pour saisir l'inconnu au collet.

— Misérable ! dit le cavalier en faisant un bond en arrière et en dirigeant la pointe de son épée vers le garde de nuit, va-t'en, ou tu es mort !

— C'est vous qui me forcez à tirer l'épée, monseigneur, dit Mendez. Que le sang versé retombe donc sur vous !

Alors un combat terrible commença entre ces deux hommes, dont l'un était enflammé par la colère et l'autre soutenu par le droit. Le cavalier était adroit et paraissait expert au plus haut degré dans le maniement de son arme ; mais Antonio Mendez était fort et agile comme un montagnard, de sorte que la lutte se soutint quelque temps sans avantage de part et d'autre. Enfin, l'épée du garde de nuit s'étant engagée dans le manteau de son adversaire, et le malheureux n'ayant pu la ramener assez promptement à la parade, celle du cavalier inconnu lui traversa la poitrine. Antonio Mendez jeta un cri et tomba. En ce moment une légère lueur s'étant répandue dans la rue, le cavalier leva la tête et aperçut à la fenêtre d'une maison en face une vieille femme qui tenait une lampe à la main. Il s'enveloppa promptement de son manteau et s'éloigna avec rapidité, sans qu'à son grand étonnement la vieille poussât un seul cri ; au contraire, la lueur disparut, la fenêtre se referma et la rue, retombée dans son obscurité, resta dans le silence.

IV.

Le lendemain, au point du jour, Juan Pasquale reçut l'ordre de se rendre au palais de l'Alcazar.

Il obéit aussitôt et trouva don Pèdre déjà levé et qui l'attendait.

— Seigneur Pasquale, dit le roi aussitôt qu'il aperçut le *primer assistente*, avez-vous entendu dire qu'il se soit passé quelque chose de nouveau cette nuit à Séville ?

— Non, sire, répondit Pasquale.

— Alors votre police est mal faite, car entre onze heures et minuit un homme a été tué dans la rue de la Candil, derrière la Giralda.

— Cela se peut, sire ; mais si le fait est vrai on retrouvera le cadavre.

— Mais votre tâche, seigneur *assistente*, ne se borne pas à retrouver les cadavres ; elle doit découvrir l'assassin.

— Je le découvrirai, monseigneur.

— Je vous donne trois jours ; et souvenez-vous que, d'après nos conventions, vous répondez du vol et du meurtre, argent pour argent, tête pour tête. Allez.

Juan Pasquale voulut faire quelques observations sur la brièveté du délai ; mais don Pèdre sortit de l'appartement sans les écouter.

Le *primer assistente* revint chez lui fort préoccupé de cette affaire et y trouva la garde de nuit qui, ayant relevé le corps d'Antonio Mendez, venait lui faire son rapport ; mais ce rapport ne contenait aucun éclaircissement. La patrouille, en passant par la rue de Candil, avait heurté un cadavre, et ayant porté ce cadavre au-dessous d'une lampe qui brûlait sur une place voisine devant une image de la Vierge, elle avait reconnu son chef Antonio Mendez ; mais de l'assassin aucune nouvelle, la rue de la Candil étant complétement solitaire au moment où le cadavre avait été retrouvé.

Juan Pasquale se rendit aussitôt sur le lieu de l'assassinat. Cette fois la rue était pleine de monde, et les curieux étaient rassemblés en demi-cercle devant une borne au pied de laquelle stagnait une mare de sang : c'était là qu'était tombé Antonio Mendez.

Le *primer assistente* interrogea tout le monde, mais nul n'en savait plus que le juge lui-même. Il entra dans les maisons environnantes ; mais soit qu'ils eussent peur de se compromettre, soit qu'effectivement ils ignorassent ce qui s'était passé, ceux qui les habitaient ne purent lui donner aucun détail. Pasquale revint chez lui, espérant que pendant son absence quelques découvertes auraient été faites.

On ne savait rien de nouveau ; la garde interrogée une seconde fois, déclara seulement qu'elle avait trouvé Mendez tenant encore son épée nue, ce qui prouvait qu'il s'était défendu contre son assassin. Juan Pasquale se rendit près du corps, l'examina avec soin. L'épée était entrée au sein droit et était sortie au-dessous de l'épaule gauche : le pauvre Antonio faisait donc bravement face à son ennemi. Mais tout cela ne disait pas quel était son ennemi.

Juan Pasquale passa la journée en conjectures ; mais toutes ces conjectures ne l'amenèrent pas même jusqu'à l'ombre d'une probabilité. La nuit se passa sans rien produire de nouveau. Au point du jour il reçut l'ordre de se rendre au palais.

— Eh bien ! lui demanda don Pèdre, connais-tu l'assassin ?

— Pas encore, monseigneur, répondit Pasquale ; mais j'ai ordonné les recherches les plus actives.

— Tu as encore deux jours, dit le roi. Et il rentra dans son appartement.

Juan Pasquale passa cette journée en nouvelles recherches ; mais ces recherches, comme celles qui les avaient précédées, furent infructueuses. La nuit vint sans avoir rien amené et s'écoula comme la précédente. Au point du jour, Pasquale fut mandé au palais.

— Eh bien ! lui demanda don Pèdre, qu'as-tu de nouveau ?

— Rien, monseigneur, répondit Pasquale, plus honteux encore de l'inutilité de ses recherches qu'inquiet pour lui-même.

— Il te reste un jour, dit froidement le roi, c'est plus qu'il n'en faut à un juge aussi habile que toi pour découvrir le coupable. Et il rentra dans son appartement.

Juan Pasquale réunit dans cette journée tous les témoignages qu'il put obtenir, mais ces témoignages réunis ne jetaient aucun jour sur l'affaire : tout était bien clair sur la victime, mais quelque chose que pût faire le *primer assistente*, le côté de l'assassin restait toujours dans l'ombre.

Le soir vint : Juan Pasquale n'avait plus qu'une nuit. Il résolut de visiter une dernière fois le lieu du meurtre, espérant que c'était de ces lieux et de ses environs que devait jaillir quelque clarté. Le meurtre d'Antonio Mendez était déjà oublié, et la pierre, rouge encore, était le seul témoignage qui restât.

Juan Pasquale s'arrêta devant cette dernière trace du crime, qui allait s'effaçant elle-même, comme si tous les indices dussent lui manquer. Il y était immobile et pensif depuis une demi-heure, lorsqu'il crut s'entendre appeler. Il retourna la tête, et à la fenêtre en face de la maison de Léonor de Haro, il vit une vieille femme qui lui faisait signe qu'elle avait quelque chose à lui dire. Dans la circonstance où se trouvait le juge, aucun avis n'était à négliger ; il s'avança donc sous la fenêtre. Au même moment une clé tomba à ses pieds, et la fenêtre se referma. Il comprit que la vieille ne voulait pas être vue. Il ramassa la clé et l'essaya à la porte : la porte s'ouvrit. Juan Pasquale entra, et voulant mettre de son côté le même mystère que la vieille mettait du sien, il referma la porte derrière lui.

Alors il se trouva dans une allée sombre et étroite au bout de laquelle il heurta un escalier. La fenêtre que la vieille avait ouverte était au second ; cet escalier devait naturellement conduire à sa chambre. Juan Pasquale saisit donc la corde qui servait de rampe et commença de monter les degrés. Arrivé au second étage, il vit une faible lumière qui se glissait à travers une porte entr'ouverte ; il arriva à cette porte, la poussa, et à la lueur d'une petite lampe de fer, il reconnut la vieille qu'il avait vue à la fenêtre. Elle lui fit signe de fermer la porte : il obéit, puis s'avançant vers elle :

— C'est vous, ma bonne femme, lui dit-il, qui m'avez fait signe de monter ?

— Oui, lui répondit-elle, car je me doutais de ce que vous cherchiez.

— Et pourriez-vous me donner quelques renseignemens sur ce que je cherchais ?

— Peut-être bien, si vous jurez de ne pas me compromettre.

— Je vous le jure, et de plus je vous promets une récompense considérable.

— Oh ! c'est moins la récompense, qui ne fera pas de mal cependant, car je ne suis pas riche, que le regret de voir un aussi brave homme que vous dans la peine, qui m'a décidée ;

car nous savons bien que vous n'avez plus que d'ici à demain pour trouver le meurtrier, et que si sa tête ne tombe pas, la vôtre doit tomber à sa place. Or, que deviendrait cette pauvre cité de Séville, si elle n'avait plus son bon juge !

— Eh bien, parlez donc, bonne femme ; au nom du ciel, parlez.

— Il faut vous dire, continua la vieille, que la maison en face de celle-ci appartient au comte Saluste de Haro.

— Je le sais.

— Elle était habitée par sa sœur Léonor.

— Je le sais encore.

— Eh bien ! la signora avait pour amant un beau cavalier qui venait toutes les nuits enveloppé de son manteau, s'arrêtait devant la maison et frappait trois fois dans ses mains.

— Alors ?

— Alors la porte s'ouvrait, le cavalier entrait et ne ressortait plus qu'une heure avant le jour.

— Après ?

— Hier matin le frère, qui avait sans doute appris l'intrigue, est venu et il a enlevé sa sœur, ne laissant dans la maison qu'une vieille gouvernante à qui il a défendu d'ouvrir à qui que ce soit, de sorte qu'hier, quand le cavalier est venu, il a trouvé la porte fermée.

— Continue, j'écoute.

— Eh bien ! comme cela ne faisait pas son affaire, et que la vieille gouvernante, fidèle à sa consigne, ne voulait pas lui ouvrir, il a tenté d'enfoncer la porte.

— Ah ! ah ! violence, murmura Pasquale.

— C'est dans ce moment qu'est venu le pauvre Antonio,

qui a essayé de le faire partir, mais le cavalier n'a rien voulu entendre ; et, tirant son épée, il a tué Antonio.

— Sur mon âme, voilà des détails précieux, s'écria Pasquale. Mais ce cavalier, quel est-il ?

— Ce cavalier ?

— Oui, ce cavalier qui venait toutes les nuits.

— Ce cavalier qui a tué Antonio ?

— Sans doute, ce cavalier qui a tué Antonio.

— Eh bien ! c'est.....

— C'est...

— C'est le roi, dit la vieille.

— Le roi ! s'écria Juan Pasquale.

— Le roi lui-même.

— Avez-vous donc vu son visage ?

— Non.

— Et à quoi l'avez-vous reconnu alors ?

— A ce que ses os craquent en marchant.

— C'est vrai ! s'écria le juge, j'ai remarqué en lui cette singularité. Femme, tu auras ce soir la récompense promise.

— Et le secret toujours ?

— Toujours.

— Dieu vous garde alors, mon bon juge, et ce sera un jour heureux pour moi que celui où j'aurai conservé votre vie, qui nous est précieuse à tous.

Alors Juan Pasquale, prenant congé de la vieille, rentra chez lui et envoya aussitôt un message à l'Alcazar.

C'était une assignation à don Pèdre, roi de Castille, de comparaître le lendemain par-devant le tribunal du *primer assistente*.

V.

Le lendemain, au point du jour, Juan Pasquale convoqua le tribunal des ventiquatros sans qu'ils sussent pour quelle cause ils étaient assemblés. Tous étaient dans le grand costume de leur charge, et le *primer assistente* les présidait en silence, la verge de la justice à la main, lorsque l'huissier annonça :

— Le roi !

Tous se levèrent étonnés.

— Asseyez-vous, messieurs, dit Juan Pasquale.

Ils obéirent et le roi entra.

— Eh bien ! senor *assistente*, dit don Pèdre s'avançant au milieu de cette grave assemblée, quel est votre bon plaisir ? car vous voyez que je me rends à vos ordres, quoiqu'ils auraient pu m'être transmis avec un peu plus de politesse et de courtoisie.

— Sire, répondit Pasquale, il ne s'agit en ce moment ni de politesse ni de courtoisie, mais de justice ; car à cette heure, je n'agis point en courtisan du roi, mais en magistrat du peuple.

— Ah ! ah ! reprit don Pèdre, il me semble pourtant, mon digne maître, que ce n'est pas le peuple, mais bien le roi qui vous a mis aux mains cette baguette blanche que vous avez l'air de prendre pour un sceptre.

— Et c'est justement, répondit gravement et respectueusement Pasquale, parce que c'est le roi qui m'a remis cette baguette entre les mains, que je dois me montrer digne de l'honneur qu'il m'a fait en me la confiant, et non la déshonorer par une lâche complaisance.

— Trêve de morale, interrompit don Pèdre, que me veux-tu ?

— Sire, dit Juan Pasquale, un meurtre a été commis dans la nuit du dernier vendredi au dernier samedi. Votre Altesse le sait bien, puisque c'est elle-même qui me l'a annoncé.

— Après ?

— Votre Altesse m'a donné trois jours pour découvrir l'assassin.

— Eh bien ?

— Eh bien ! dit Juan Pasquale en regardant fixement le roi, je l'ai découvert.

— Ah ! ah ! fit le roi.

— Alors je l'ai assigné à paraître à mon tribunal, car la justice est une, pour les forts comme pour les faibles, pour les grands comme pour les petits. Roi don Pèdre de Castille, vous êtes accusé d'assassinat sur la personne d'Antonio Mendez, chef des gardes de nuit du quartier de la Giralda. Répondez au tribunal.

— Et qui a l'audace d'accuser le roi d'assassinat ?

— Un témoin à qui j'ai juré le secret.

— Et si le roi de Castille nie qu'il soit coupable.

— Il sera soumis à l'épreuve du cercueil. Le corps d'Antonio Mendez est exposé dans l'église voisine, où il a été conservé dans ce but.

— C'est inutile, dit don Pèdre d'un air léger, c'est moi qui ai tué cet homme.

— Je regrette, répondit Pasquale d'un ton plus grave encore, que le roi de Castille paraisse attacher aussi peu d'importance au meurtre d'un de ses sujets, surtout lorsque ce meurtre a été commis de sa propre main.

— Doucement, senor *assistente*, reprit don Pèdre forcé par l'ascendant que prenait sur lui Pasquale de se défendre, doucement, il n'y a pas de meurtre ici, mais un combat. Je n'ai point assassiné Antonio Mendez, je l'ai tué en légitime défense.

— Il n'y a pas de légitime défense contre un agent de la justice qui accomplit un ordre et exerce ses fonctions.

— Mais peut-être aussi son zèle pour son devoir l'avait-il entraîné trop loin, reprit don Pèdre.

— La loi n'est point si subtile, sire, répondit l'*assistente* d'un ton ferme, et d'après votre propre aveu, vous êtes convaincu de meurtre.

— Tu mens, misérable ! s'écria le roi ; je t'ai dit que je l'avais tué, c'est vrai, mais je ne l'ai tué qu'après lui avoir dit de se retirer. L'insensé alors a tiré son épée, et il est tombé après un combat loyal. Tant pis pour lui, pourquoi a-t-il refusé d'obéir à mes ordres ?

— Parce que c'était à vous, sire, d'obéir aux siens, au lieu de leur opposer une résistance coupable. Oh ! la menace ne m'empêchera point, sire, d'accomplir mes fonctions terribles. Lorsque vous m'avez pris dans mes montagnes sans me demander ma volonté, sire, lorsque malgré moi, vous m'avez fait *primer assistente*, c'était pour avoir un juge et non pas un courtisan. Eh bien ! vous avez un juge ; répondez donc !

— J'ai dit ce que j'avais à dire. Oui, j'ai tué Antonio

Mendez dans un combat; c'est donc un duel et non pas un meurtre.

— Il n'y a pas de duel, sire, entre un roi et ses sujets. Tant qu'ils sont loyaux et fidèles, rien ne l'autorise à tirer contre eux son épée. Il les a reçus en compte de Dieu, et il en rendra compte à Dieu. D'ailleurs, vous saviez que vous vous opposiez violemment à l'exercice de la loi que vous-même vous avez faite; et votre rang royal, loin d'être une excuse en cette circonstance, aurait dû vous faire comprendre que plus haut vous êtes placé, plus grand devait être l'exemple. Écoutez donc votre arrêt.

Le roi fit un mouvement de fierté. Ses yeux étincelèrent, et il porta la main à la garde de son épée. Juan Pasquale continua :

— Demain à midi, je vous somme, don Pèdre de Castille, de vous trouver sur la place de la Giralda, la plus voisine de l'endroit où le crime a été commis, pour y écouter et subir la sentence que la justice trouvera convenable de prononcer. Si vous espérez dans la miséricorde de Dieu, je vous engage à ne pas manquer à cet appel, mais à vous y rendre avec tous les sentimens qui font la dernière espérance du coupable.

Et ayant ainsi prononcé l'arrêt d'une voix lente, mais ferme, Juan Pasquale fit signe au roi qu'il pouvait se retirer. Après quoi il se leva lentement lui-même et sortit de la salle d'audience suivi des ventiquatros.

Le premier mouvement de don Pèdre avait été la colère, le second fut l'admiration. A cette époque, le roi de Castille était encore dans cette première moitié de la vie qui lui avait fait donner le titre de justicier; son cœur était donc accessible à tout grand exemple, et c'était pour lui un exemple inouï et surtout inattendu, au milieu de ses courtisans agenouillés sur son passage, que celui d'un homme qui osait faire publiquement le procès d'un roi qui n'avait pas exécuté les lois de son royaume. Il se décida donc à obéir à la sommation de l'*assistente* et à comparaître le lendemain, revêtu des insignes du rang suprême, sur la place de la Giralda. Don Pèdre désigna pour l'accompagner Ferrand de Castro et Juan de Padilla, ne voulant pas d'autre suite, afin qu'on ne pût pas l'accuser d'intimidation.

Cependant la nouvelle de ce procès étrange s'était répandue dans Séville et y avait excité une vive curiosité. Cette citation faite au roi, et dont nul ne pouvait prévoir le résultat ; cette obéissance de don Pèdre à l'ordre d'un de ses magistrats, lui qui était habitué à commander à tout le monde ; cette fermeté d'un juge, inouïe jusqu'alors, et qui, en face, avait si imprudemment bravé l'autorité royale, tout présageait pour le lendemain une de ces scènes solennelles dont les peuples gardent le souvenir : aussi, dès le point du jour, toute la population de Séville se précipita-t-elle vers la place de la Giralda. Quant à don Pèdre, il attendait avec ses deux compagnons l'heure à laquelle il devait comparaître pour entendre la lecture de son jugement. Ceux-ci avaient bien essayé d'obtenir de lui qu'il prît un cortége plus nombreux et une garde armée ; mais le roi avait répondu positivement qu'il désirait que tout se passât ainsi qu'il l'avait ordonné, et qu'il n'y eût d'autre garde que celle qui présidait d'habitude aux jugemens du *primer assistente ;* seulement il permit qu'une douzaine de seigneurs le suivissent par derrière, mais sans armes, et après leur avoir fait jurer que, quelque chose qui arrivât, ils ne feraient rien sans un ordre positif de sa bouche.

A peine le peuple le vit-il paraître, qu'il le salua avec ces acclamations que les rois sont rarement habitués à entendre. Don Pèdre ne se trompa point à ce témoignage, car ce que le peuple applaudissait en lui, c'était son obéissance bien plus que sa majesté. Il continua donc de s'avancer vers la place de la Giralda, mais, arrivé à une certaine rue des gardes lui barrèrent le passage et lui indiquèrent un autre chemin. Les seigneurs voulaient continuer nonobstant la défense, mais don Pèdre leur rappela leur promesse et donna l'exemple de l'obéissance en prenant, sans objection aucune, la route indiquée. Les acclamations redoublèrent. Les seigneurs froncèrent le sourcil, car il leur sembla visible, cette fois, que les acclamations étaient une insulte au pouvoir royal abaissé dans leur souverain. Mais don Pèdre demeura impassible, et sa figure n'exprima rien dont ses courtisans pussent s'autoriser pour désobéir. Ils le suivirent donc en silence et arrivèrent ainsi par un long détour à la place de la Giralda. Une enceinte était réservée pour le cortége royal.

Au milieu de la place, adossé au Campanile, et sur une estrade élevée, siégeait le tribunal des ventiquatros, présidé par Juan Pasquale. A sa droite et formant une des extrémités du cercle, était la statue en pied du roi don Pèdre, revêtue des insignes royaux ; seulement le piédestal avait été masqué par un échafaud. Et le bourreau, sa grande épée à la main, se tenait debout sur la plate-forme. En face était réservée la place que, avons-nous dit, le roi était venu prendre avec sa suite ; toute l'autre partie du cercle était réservée aux spectateurs. Quant aux intervalles qui se trouvaient à droite entre le tribunal et l'échafaud, et à gauche entre le tribunal et le roi, ils étaient remplis par la garde montagnarde du *primer assistente*.

Aussitôt que le roi parut, un roulement de tambours, rendus plus lugubres par le voile de crêpe qui les recouvraient, se fit entendre et répandit aussitôt dans l'âme des assistans ce sentiment sourd et pénible que l'on éprouve malgré soi dans les circonstances suprêmes. Don Pèdre n'en fut pas plus exempt que les autres, et les seigneurs qui l'accompagnaient manifestèrent hautement leur indignation ; mais le roi leur imposa silence. Lorsque le roulement eut cessé, l'huissier se leva et appela à haute voix :

— Don Pèdre, roi de Castille.

— Me voici, dit le roi du haut de son cheval : que me voulez-vous ?

— Sire, répondit l'huissier, vous êtes cité pour entendre votre sentence et pour la voir mettre à exécution.

— Insolent ! s'écria Padilla en faisant franchir la barrière à son cheval et en le dirigeant vers l'homme de justice.

— Soldats, dit Juan Pasquale, qu'on amène le cavalier.

— Le premier qui me touche est mort ! cria Padilla tirant son épée.

— Sir castillan, dit don Pèdre d'une voix ferme et sonore, retirez-vous, je vous l'ordonne.

Padilla remit son épée au fourreau et fit sortir son cheval de l'enceinte. Un grand murmure d'étonnement courut par toute la foule et la curiosité redoubla.

— Don Pèdre de Castille, dit Juan Pasquale se levant à

son tour, vous êtes atteint et convaincu d'avoir commis un homicide volontaire sur la personne du garde de nuit Antonio Mendez lorsqu'il était dans l'exercice de ses fonctions ; ce crime mérite la mort.

Il se fit alors dans la foule une exclamation puissante qui dégénéra en un long murmure pareil au grondement d'une tempête. Le peuple lui-même commençait à trouver que le juge allait trop loin.

— Silence ! cria don Pèdre ; laissez le magistrat continuer son office.

On se tut.

— Je prononce donc contre vous, continua avec le même sang-froid Juan Pasquale, la sentence de mort ! Mais, comme votre personne est sacrée et que nul que Dieu, qui vous a mis la couronne sur la tête, ne peut toucher ni à votre tête ni à votre couronne, cette sentence sera exécutée sur votre effigie ; et maintenant que j'ai accompli autant qu'il est en moi le devoir que ma place m'impose, que le bourreau fasse le sien.

Le bourreau leva son épée, et la tête de la statue royale, brisée à la hauteur des épaules, roula au bas de l'échafaud.

— Maintenant, dit Juan Pasquale, que cette tête soit placée au coin de la rue où a été tué Antonio Mendez, et qu'elle y reste pendant un mois en mémoire du crime du roi.

Alors don Pèdre descendit de cheval, et s'avançant vers Juan Pasquale :

— Très digne *assistente* de Séville, lui dit-il d'une voix calme, je m'applaudis de vous avoir confié l'administration de ma justice, car je vois que je ne la pouvais remettre à personne qui la méritât autant que vous. Je vous confirme donc dans les fonctions que vous avez jusqu'à ce jour si loyalement et si impartialement remplies. Votre sentence est juste, qu'elle demeure entière ; seulement, ce n'est point un mois, mais toujours, que cette tête tranchée par la main du bourreau restera exposée, afin qu'elle transmette à la postérité le souvenir de votre jugement.

La volonté de don Pèdre fut exécutée, et de nos jours encore on peut voir au coin de la rue *del Candilejo* cette tête déposée dans une niche, et que le peuple assure être la même qui y fut déposée en l'an 1357 par la main du bourreau.

Voilà la légende de don Pèdre, telle qu'elle est racontée par l'historien Zurita dans ses *Annales de Séville*.

FIN DE PIERRE-LE-CRUEL.

CHEZ LES MÊMES ÉDITEURS:
BIBLIOTHÈQUE LITTÉRAIRE

ŒUVRES COMPLÈTES
DE
PAUL FÉVAL
Format in-18 anglais
à 2 francs le volume.
CHAQUE VOLUME SE VEND SÉPARÉMENT.
IL PARAIT DEUX OU TROIS VOLUMES PAR MOIS.

EN VENTE :

Le Fils du Diable........	3 vol.	6 fr.
Les Mystères de Londres...	3 —	6
Les Amours de Paris.....	2 —	4

EN PRÉPARATION :

La Quittance de minuit....	2 vol.	4 fr.
Les Fanfarons du Roi....	1 —	2
La Forêt de Rennes.....	1 —	2
Fontaine aux Perles.....	1 —	2
Le Mendiant noir.......	1 —	2
Le Père Job..........	1 —	2

Paris. — Typ. Lacrampe et Comp., rue Damiette, 2.

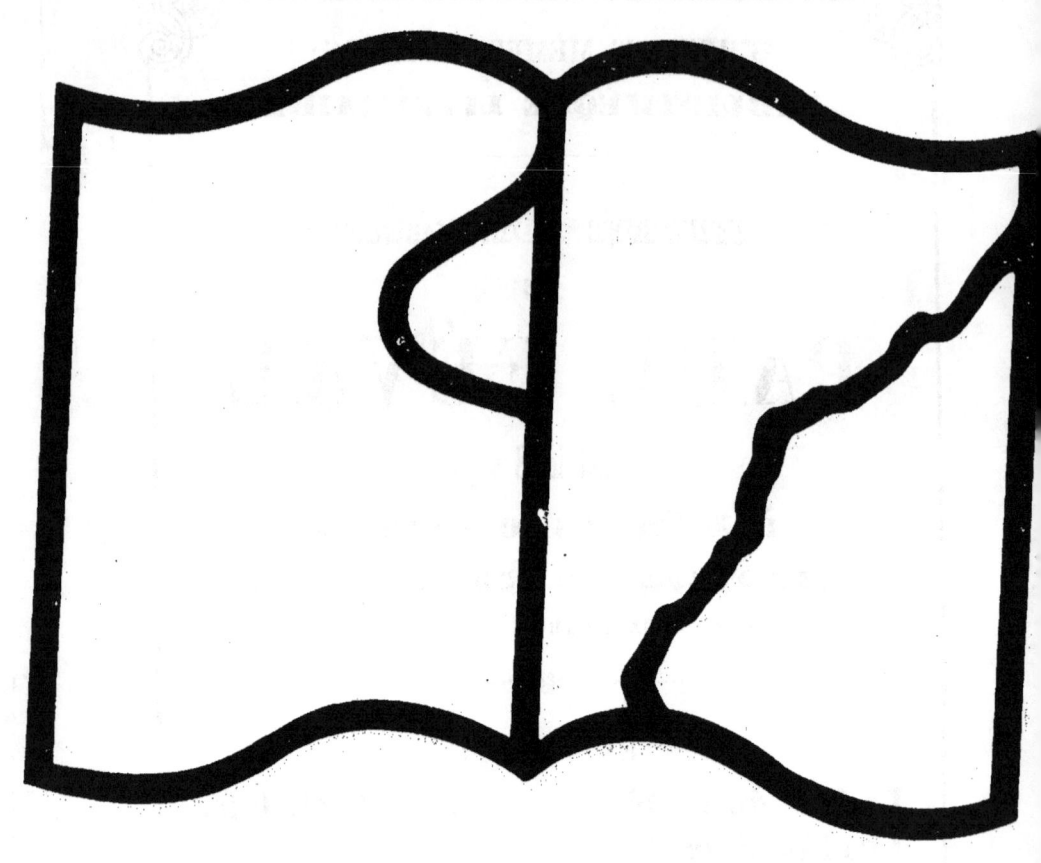

Texte détérioré — reliure défectueuse
NF Z 43-120-11

www.ingramcontent.com/pod-product-compliance
Lightning Source LLC
Chambersburg PA
CBHW071600170426
43196CB00033B/1507